Production, maquette : Jean-François Dormoy

Dépôt légal : septembre 2000

ISBN 2-87677-414-3

Imprimé en Espagne

INVITATION AUX
VINS de FRANCE

Œuvre originale réalisée en l'honneur du flacon antique de la Maison GOSSET, *la plus ancienne Maison de Vins de la Champagne, crée à* AŸ *en 1584.*

INVITATION AUX

VINS de FRANCE

Jean-François Dormoy

SOMMAIRE

DES VINS ET DES HOMMES

C'est à un fabuleux voyage que vous invite ce livre, une longue promenade dans la France des vins.

Voyage initiatique tout d'abord, car l'ensemble des opérations qui concourent à la création d'un vin semble relever d'une subtile alchimie. On y trouve pêle-mêle les influences géologiques, les éléments climatiques, l'harmonie des cépages, les techniques de culture, les réactions chimiques et les apports « artistiques » de l'homme. Autant dire combien est long et compliqué le chemin qui va de la vigne au verre. Pourtant, il n'y a rien de mystérieux dans cette aventure. Les vignerons ont conservé les techniques ancestrales, tels l'emploi des tonneaux remontant aux Gaulois ou certaines tailles découvertes au Moyen Âge. Ils ont adapté leur savoir-faire et suivi les conseils des chercheurs pour améliorer production et qualité. Ils ont su tirer le meilleur parti de l'extraordinaire potentiel géographique, climatique et géologique dont bénéficie le terroir.

Voyage gastronomique ensuite, au cœur de la dégustation. Avec patience et une certaine humilité on s'initiera à l'art du savoir boire et à celui de l'harmonie des vins et des mets. Bonne occasion ensuite de se constituer une cave intelligente en fonction de ses goûts, de ses découvertes et des bonnes années à conserver. Synonyme de bien vivre, le vin fut aussi pendant longtemps un adjuvant aux soins médicaux. Certains médecins continuent à conseiller son emploi. Et ce ne sont pas les malades qui s'en plaindront...

Voyage viticole enfin, au fil des grandes régions où sont passées en revue petites et grandes appellations. Du confidentiel Château-Grillet ou rarissime Château-Chalon au non moins minuscule La Palette, des étonnants Alsace Grands Crus aux seigneurs du Médoc, on va de découverte en découverte, guidés par ces vignerons qui mieux que quiconque connaissent chaque parcelle de leurs vignes. La richesse de tous ces terroirs ne s'exprime que par le travail de ces hommes et de ces quelques femmes à travers des vins d'exception. Ces passionnés ont su respecter leurs terroirs pour en tirer toute la quintessence.

Sommaire :

Les différents plants de vignes sont répertoriés et classés sous l'appellation de cépages, qui se distinguent par la couleur de la peau des raisins : rouges, gris et blancs. Leur nombre dépasse cinq mille. Cependant, tous n'ont pas le même intérêt œnologique et dégagent des arômes différents.

Moment essentiel, la dégustation est en fait l'art de découvrir un vin. Déguster un vin et savoir en parler n'est pas un rite réservé aux seuls initiés. Chacun peut y accéder en ouvrant les yeux et en laissant s'exprimer son nez et ses papilles. Tout est affaire de curiosité pour apprécier les qualités, déceler les défauts, retrouver éventuellement les origines et l'âge. Pour cela le dégustateur utilise trois de ses sens : la vue, l'odorat et le goût. Il faut d'abord respecter quelques principes de base relatifs au verre.

QUELQUES RÈGLES DE BASE.

Pour qu'un vin exprime le meilleur de lui-même, encore faut-il le lui permettre en le servant dans un verre adapté. En règle générale, les régions viticoles ont établi leur forme de verre et il est d'usage de les utiliser pour boire la production du cru. Ces verres favorisent la concentration ou l'élévation des arômes. Ainsi les verres à Alsace possèdent une très longue jambe opaque, teintée en vert, et un calice de forme sphérique. Les verres à Bourgogne sont plus larges et généreux. Ils ont la jambe plus courte et un gobelet profond en forme de tulipe. Les verres à Anjou dont la tige est relativement haute, se démarquent par un calice à fond plat. Les Bordeaux se boivent dans des verres tulipe évasés à la base et refermés au sommet. Pour le Champagne, on préfère la coupe, laissant échapper gaz et arômes, ou la flûte qui met en valeur le très joli pétillement et retient les odeurs. Le verre à Cahors est un élégant verre ballon, légèrement plus étroit à l'ouverture avec pour particularité l'anneau reliant le calice au pied. Un verre doit faire admirer le liquide qu'il contient, la matière doit se faire oublier. D'où l'utilisation de verre fin ou de cristal et du pied pour le tenir, afin que les doigts ne cachent pas la lumière ni ne réchauffent le verre. Ne le remplir qu'au tiers de sa hauteur pour pouvoir l'incliner aisément.

LA DÉGUSTATION

La dégustation se déroule en trois étapes, chacune ayant son importance. Pour qualifier le vin, le dégustateur possède un vocabulaire spécifique de plusieurs centaines de mots. Ce langage imagé et poétique recouvre des notions précises. À défaut, on peut très bien s'en sortir en se rappelant l'objectif de chacune des étapes.

L'ŒIL, POUR LES COULEURS.

La dégustation traditionnelle s'effectue encore avec un taste-vin. Cette petite coupe d'argent, munie d'une anse pour l'index et d'un reposoir pour le pouce, est toujours utilisée dans les caves. Sa taille peut varier, mais ses stries obliques et ses bosses sont toujours présentes. Elles sont là pour refléter et faire jouer la lumière à travers le vin. Sorte de petits miroirs convexes ou concaves, elles permettent de découvrir les aspects chatoyants de la robe. Le verre tulipe de type I.N.A.O. permet toutefois de réaliser un examen visuel plus aisé. Il s'agit en premier d'observer la limpidité. Regardé du dessus, puis latéralement en inclinant le verre pour que le liquide s'étale au maximum, le disque de surface doit être brillant, avoir des éclats et ne pas présenter de dépôts. Il s'agit en second d'observer la brillance et l'intensité. L'apparence doit être cristalline ou brillante. L'éclat et la brillance révèlent la vivacité. Il s'agit enfin de regarder les nuances de la robe qui présente des nuances de teintes qui vont, pour les vins blancs, de l'aspect jaune très pâle, quasi transparent, à l'ambre brûlé, en passant par toutes les nuances de jaune, paille ou vieil or. Pour les rouges, des teintes fraîches aux rouges profonds, violacés, en passant par des nuances de pourpre et des aspects brun tuilé apanage des vins plus vieux. Un léger mouvement circulaire va humecter les parois. Les rosés seront pivoine claire à gris en passant par des nuances saumonées, orangées ou abric[…] Le liquide ne doit pas présenter de tra[…] de bulles sur les bords du disque, sig[…] que le vin travaille encore, c'est-à-di[…] qu'il poursuit sa fermentation. Bi[…] entendu ceci ne concerne pas les perlan[…] mousseux et autres vins pétillants.

LE NEZ, POUR LES ARÔMES.

Le premier aperçu se fait en humant lég[…] rement au-dessus du verre. Cette pha[…] donne des indications sur l'intensité d[…] arômes. C'est en même temps un avan[…] goût de ce que l'on va découvrir par la su[…] te. L'intensité va de très puissante à faib[…] en passant par suffisante puis moyenne. [...] partir de cet instant, il est possible de [...] laisser conduire à une impression génér[…] qui peut-être élégante, racée, ouverte, d[…] crète et pourquoi pas fermée et simp[…] voire commune. Puis, en effectuant [...] léger mouvement rotatif, on oxygène [...] vin, c'est-à-dire qu'on augmente le phén[…] mène d'oxydation permettant aux pa[…] fums de s'épanouir. L'intensité de ces é[…] ments aromatiques permet une premi[…] analyse, formulée dans un vocabula[…] riche d'évocations florales, fruitées, ép[…] cées, végétales, boisées, animales, bals[…] miques ou encore empyreumatiques [...] minérales. Si ces sensations perduren[…] alors on pourra parler de persistance ar[…]

matique qui va de très longue à faible en passant par moyenne ou courte.

LA BOUCHE, POUR LES SAVEURS.

La dernière étape de l'examen gustatif, extrêmement liée à l'élément olfactif, permet d'affiner les sensations. La dégustation se fait avec une petite gorgée qu'on laisse glisser sur la langue, accompagnée d'un filet d'air pour favoriser sa diffusion. Tournée, mâchée, puis avalée, cette gorgée de vin laisse une dernière sensation : sa longueur en bouche. Cette persistance, suivant son importance, est signe d'un épanouissement du vin. Le dégustateur analyse de multiples sensations comme la température, l'acidité, les saveurs sucrées, amères, ou moelleux, la consistance et, enfin, d'autres éléments aromatiques qui complètent les analyses olfactives. L'équilibre et la persistance sont également à prendre en compte avant que de pouvoir se prononcer dans une conclusion.

LA CONCLUSION

La conclusion, c'est à la fois mélanger le passé, c'est-à-dire ce que l'on vient de ressentir, pour en tirer des conséquences. Le vin est-il jeune et d'évolution normale, peut-il encore se garder ou est il assez évolué, voire passé ? Ceci détermine son avenir : à consommer, à l'apogée ou à conserver. Il ne reste plus qu'à s'enrichir de dégustation en dégustation afin de remplir sa mémoire de souvenirs qui, avec l'expérience, rendront l'exercice de plus en plus facile.

En partant du centre de la roue, sept arômes primaires se déclinent ou se combinent avec des arômes secondaires.

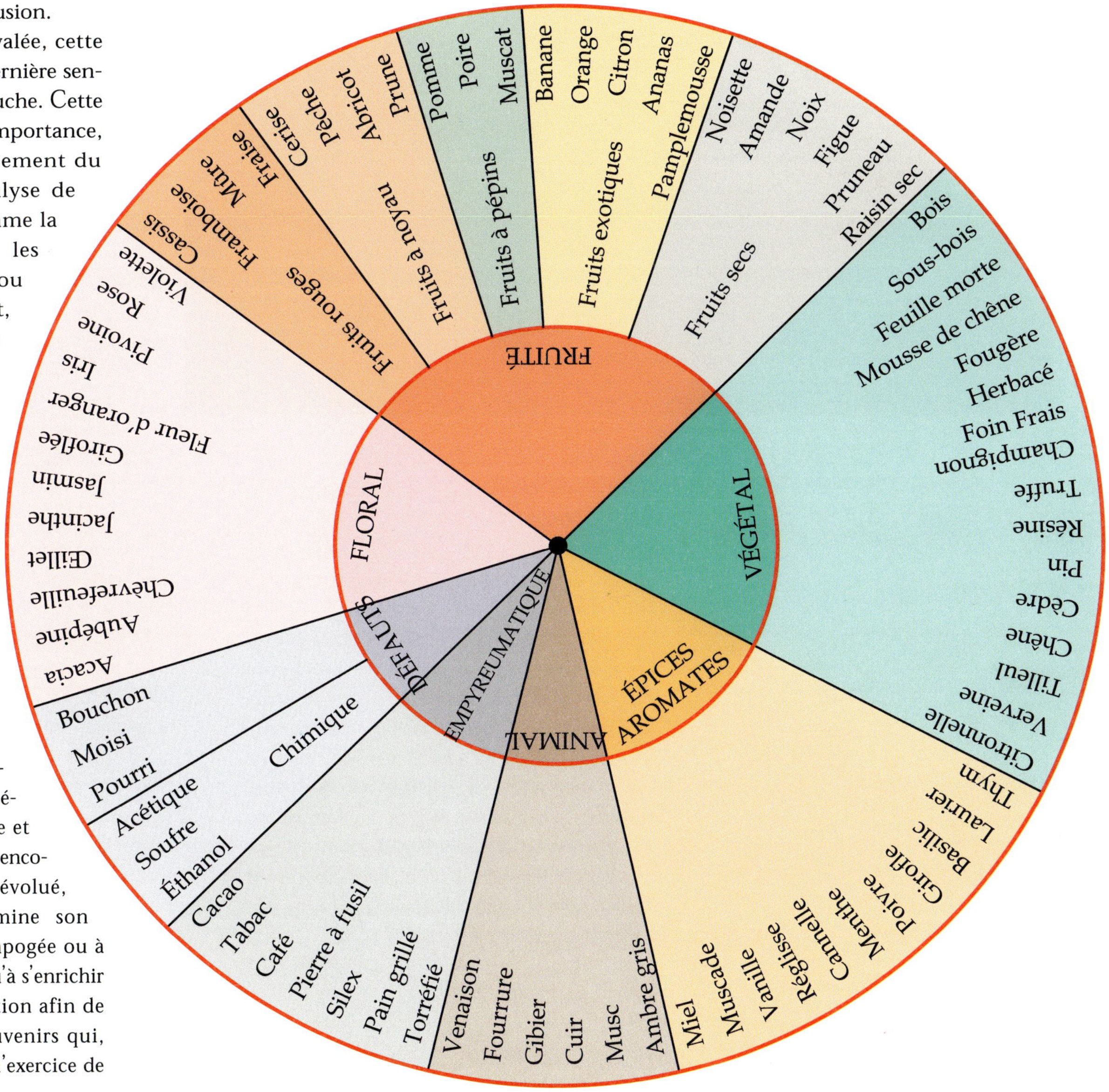

Il est délicat de vouloir prétendre à la création d'une cave idéale. Deux paramètres sont à prendre en compte. Tout d'abord, les goûts de chacun lui sont particuliers. Au gré des découvertes, les choix vont s'affiner. Ensuite, tout est affaire de budget et d'opportunités. Les vins pourront être choisis avec sérénité parmi les Domaines ou Châteaux référencés dans cet ouvrage. Même si certaines affaires sont intéressantes à l'occasion des foires aux vins de septembre dans la grande distribution, rien ne remplacera jamais l'achat direct auprès d'un vigneron. Il reste la personne la plus qualifiée pour vous faire découvrir son terroir. Il vous offrira même la possibilité de déguster ses vins.

Grande ou petite cave

Le choix est aussi de la place dont on dispose. On s'aperçoit vite qu'une base d'une centaine de bouteilles reste bien modeste et qu'il faudrait multiplier ce chiffre par cinq, voire par dix, si l'on doit en faire vieillir un certain nombre. Imaginons que vous possédiez 10 bouteilles par grande région, histoire de survoler toute la géographie viticole : Alsace, Bordeaux, Bourgogne, Beaujolais, Champagne, Vallée du Rhône, Languedoc-Roussillon, Sud-Ouest, Provence, Corse, Vallée de la Loire, Jura, Savoie, soit déjà 140 bouteilles. Elles ne sont pas représentatives du vignoble français, car il faut penser que pour certaines régions comme le Bordelais, on ne peut se limiter à un seul vin rouge. Les blancs moelleux et les blancs secs méritent qu'on s'y attarde également. D'ores et déjà, on constate qu'une cave éclectique est assez difficile à réaliser. On s'aperçoit vite qu'il faut savoir aussi jongler entre les différentes longévités de vin, en fonction des bonnes ou moins bonnes années, et que posséder des crus de toute la France relève de la gageure. Il faut donc établir quelques simples règles de base.

Le plaisir d'abord

Un vin est toujours une réjouissance que l'on aime faire partager. À part quelques bouteilles uniques, il vaut mieux disposer de quelques exemplaires d'un même cru. Même question pour le vieillissement : il est souvent nécessaire de goûter de temps à autre un vin de garde pour apprécier son taux de maturité. D'où l'intérêt de disposer d'une réserve suffisante. Enfin, un vin est un investissement. Il faut connaître son budget, mais aussi, comme un bon gestionnaire, prévoir l'avenir. Certains crus de tradition coûteront un prix raisonnable l'année de leur mise en vente. Cinq ans plus tard, ils auront fait un bond et seront peut-être inaccessibles. La constitution d'une cave doit donc faire l'objet d'une attention régulière. À vous d'être attentif aux informations communiquées, en particulier dans la presse.

Petite année 🍷 *Année moyenne* 🍷🍷 *Bonne année* 🍷🍷🍷 *Très bonne année* 🍷🍷🍷🍷 *Année exceptionnelle* 🟣

Années	BORDEAUX ROUGES	BORDEAUX BLANCS	BOURGOGNES ROUGES	BOURGOGNES BLANCS	CRUS DES CÔTES DU RHÔNE	ALSACE	VALLÉE DE LA LOIRE ROUGES	VALLÉE DE LA LOIRE BLANCS	CRUS DU BEAUJOLAIS
1 979	🍷🍷🍷	🍷🍷🍷🍷	🍷🍷🍷	🟣	🟣	🍷🍷🍷🍷			
1 980	🍷🍷🍷	🍷🍷🍷	🍷🍷	🍷🍷	🍷🍷	🍷🍷🍷			
1 981	🍷🍷🍷	🍷🍷🍷	🍷🍷	🍷🍷	🍷🍷🍷	🍷🍷🍷🍷			
1 982	🍷🍷🍷🍷	🍷🍷	🍷🍷	🍷🍷🍷	🍷🍷🍷🍷	🍷🍷🍷			
1 983	🍷🍷🍷	🍷🍷🍷🍷	🍷🍷🍷	🍷🍷🍷🍷	🍷🍷🍷	🟣			
1 984	🍷🍷🍷🍷	🍷🍷🍷🍷	🍷🍷🍷	🍷🍷🍷	🍷🍷🍷	🍷🍷			
1 985	🍷🍷🍷🍷	🍷🍷🍷🍷	🍷🍷🍷🍷	🍷🍷🍷🍷	🟣	🟣			
1 986	🟣	🍷🍷🍷	🍷🍷🍷	🍷🍷🍷	🍷🍷	🍷🍷	🍷🍷		
1 987	🍷🍷	🍷🍷	🍷🍷	🍷🍷	🍷	🍷	🍷🍷		
1 988	🍷🍷🍷	🍷🍷🍷	🟣	🍷🍷🍷🍷	🍷🍷	🟣	🍷🍷🍷	🍷🍷	
1 989	🍷🍷🍷🍷	🍷🍷	🍷🍷🍷🍷	🟣	🍷🍷🍷	🟣	🟣	🍷🍷🍷	
1 990	🟣	🍷🍷🍷	🟣	🍷🍷🍷🍷	🟣	🟣	🟣	🍷🍷🍷🍷	🍷🍷🍷🍷
1 991	🍷🍷	🍷🍷	🍷🍷🍷	🍷🍷🍷🍷	🍷🍷	🍷🍷🍷	🍷🍷	🍷	🟣
1 992	🍷🍷	🍷🍷🍷	🍷🍷	🍷🍷🍷	🍷	🍷🍷🍷	🍷🍷	🍷🍷	🍷
1 993	🍷🍷🍷	🍷🍷	🍷🍷🍷🍷	🍷🍷🍷	🍷🍷	🍷🍷🍷	🍷🍷	🍷	🍷🍷🍷
1 994	🍷🍷🍷	🍷🍷🍷	🍷🍷	🍷🍷	🍷🍷🍷	🍷🍷🍷	🍷	🍷	🍷🍷
1 995	🍷🍷🍷	🍷🍷🍷	🍷🍷🍷🍷	🍷🍷🍷	🟣	🍷🍷🍷	🟣	🍷🍷	🍷🍷🍷🍷
1 996	🍷🍷🍷🍷	🍷🍷🍷	🍷🍷🍷🍷	🍷🍷🍷	🍷🍷🍷🍷	🍷🍷🍷	🟣	🟣	🍷🍷
1 997	🍷🍷	🍷🍷🍷🍷	🍷🍷	🍷🍷🍷🍷	🟣	🟣	🍷🍷	🍷🍷🍷🍷	🟣
1 998	🍷🍷🍷🍷	🍷🍷🍷	🍷🍷🍷	🍷🍷🍷🍷	🍷🍷🍷🍷	🟣	🍷🍷	🍷🍷🍷	🍷🍷

La Vallée de la Loire et le Centre

Jardin de la France, La Vallée de la Loire est aussi un vignoble de plus de 80 000 hectares sous diverses appellations. Les cépages dominants sont le Chenin, le Muscadet, le Pinot Noir et le Sauvignon (vins blancs), les Cabernet (Franc et Sauvignon), le Gamay et le Malbec (vins rouges).

Beaujolais et Lyonnais

Quatre-vingt-seize communes des départements de Saône-et-Loire et du Rhône forment ce vignoble de plus de 22 000 hectares. Rattaché à la Bourgogne viticole, il s'en différencie par l'usage presque exclusif du cépage Gamay, quelques vins blancs étant produits à partir de cépage Chardonnay. Les coteaux du Lyonnais admettent en plus le cépage Aligoté.

Le Bordelais

Le vignoble, qui dépasse les 100 000 hectares, est organisé autour de la convergence de la Gironde, de la Dordogne. Les cépages Cabernet Franc Cabernet-Sauvigon et Merlot, sont les principales variétés utilisées en vins rouges. Les cépages Sauvignon et Sémillon dominent les vins blancs.

Le Sud-Ouest

La région viticole rassemble des vignobles très différents qui utilisent une grande diversité de cépages parmi lesquels dominent le Courbu, le Sauvignon et le Manseng, le Sémillon, le Muscadelle, pour les vins blancs, l'Auxerrois, les Cabernets, le Merlot et le Tannat pour les vins rouges.

Le Languedoc et le Roussillon

Sur les coteaux méridionaux du Gard, de l'Hérault, du Minervois, des Corbières et du Roussillon s'étire un vignoble aux cépages nombreux. Les cépages rouges sont le Carignan, les Cabernets, le Merlot, la Syrah, le Mourvèdre. Les blancs sont le Grenache, la Clairette et le Chardonnay.

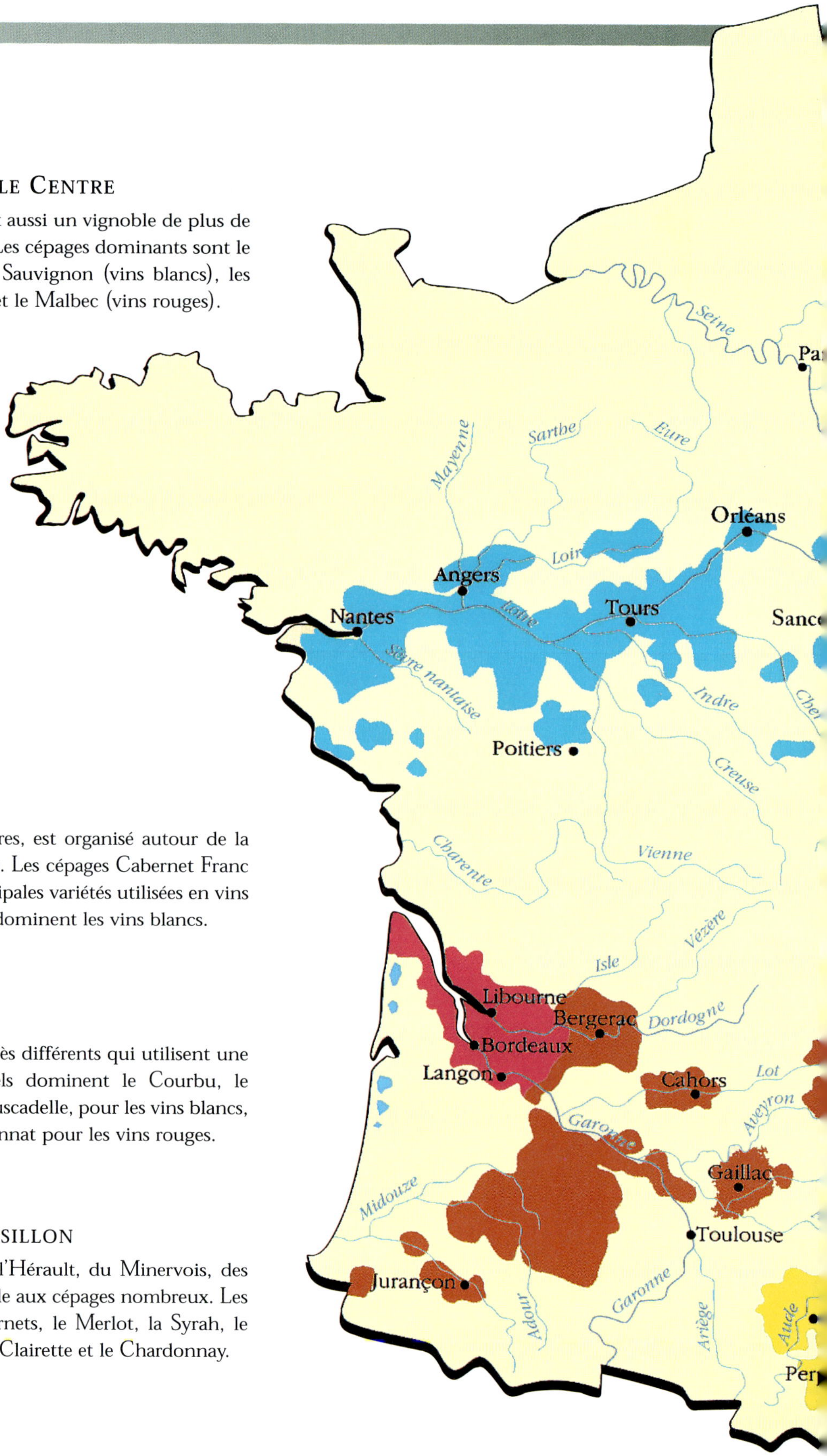

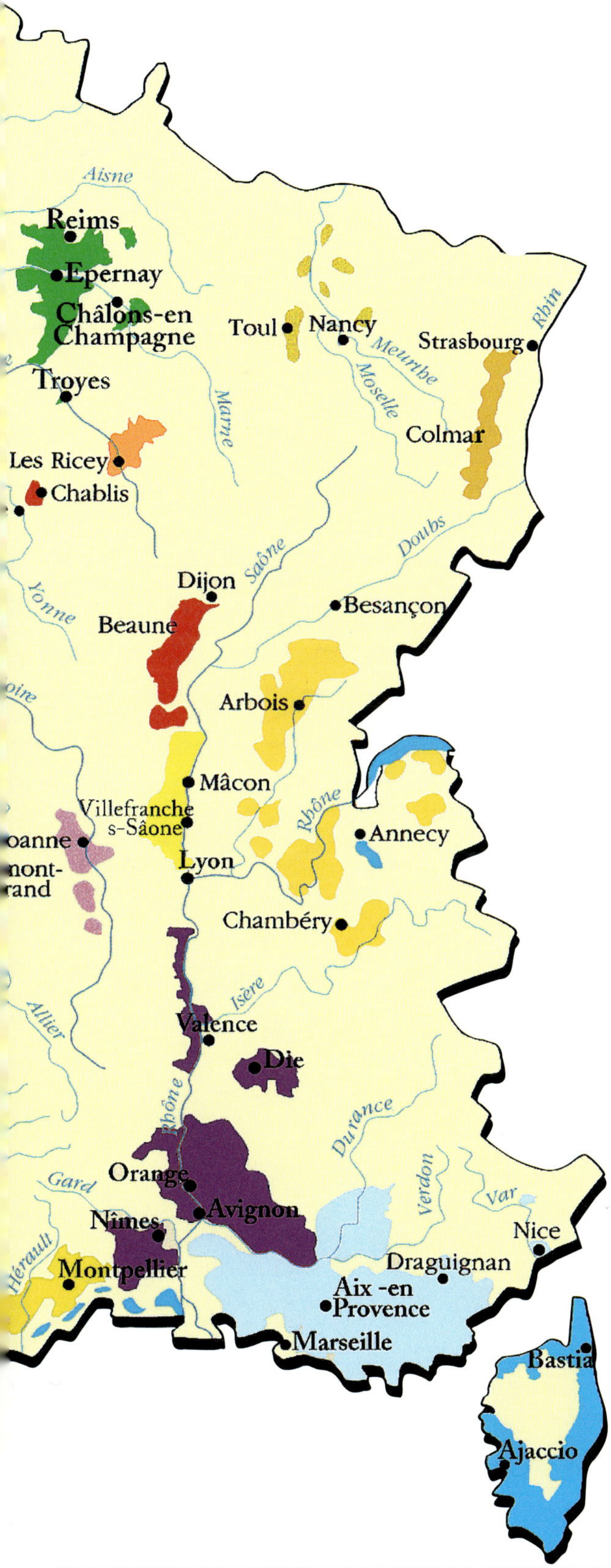

La Champagne

Le vignoble est situé à l'extrême nord de la zone de production de la vigne. Il s'étend sur 320 communes réparties dans les départements de la Marne, l'Aisne, la Haute-Marne et la Seine-et-Marne. Trois cépages sont utilisés en Champagne : le Chardonnay, le Pinot Noir et le Meunier.

L'Alsace

La zone d'appellation s'étend en bande étroite sur les coteaux du massif vosgien. Les 13 000 hectares en production utilisent les cépages Auxerrois, Chasselas, Gewurztraminer, Pinot (Blanc, Gris, Noir), Muscat, Rhénan, Riesling, et Sylvaner. C'est le plus important des vignobles de vins blancs.

Le Jura, la Savoie et le Bugey

Ces trois régions produisent des crus à partir des cépages locaux, Altesse, Jacquère, Mondeuse, Poulsard, Roussanne, Savagnin, Trousseau, qui cohabitent avec des cépages issus des vignobles voisins tels la Bourgogne avec le Chardonnay, le Chasselas, le Pinot Noir ou le Beaujolais avec le Gamay.

La Bourgogne et les Côtes Chalonnaises

Modelée par l'univers du vin, la Bourgogne viticole s'étend sur les départements de la Côte-d'Or, de la Saône-et-Loire et de l'Yonne. Les cépages utilisés sont essentiellement le Chardonnay pour les vins blancs, souvent confondu avec le Pinot blanc et le Pinot Noir pour les vins rouges.

La Vallée du Rhône

Ce vignoble de 77 000 hectares commence au sud de Lyon et se termine à la Provence. La production se distingue en deux régions en raison des cépages utilisés : le nord (Syrah, Viognier et Marsanne) et le sud (Picpoul, Roussane, Mourvèdre, Clairette et une nette dominance du Grenache).

La Provence

La Provence produit des vins blancs, rouges et rosés sur un vignoble extrêmement morcelé, ce qui explique la prolifération des Caves Coopératives. Plus de 14 cépages sont connus. Les plus utilisés sont la Clairette, le Cinsault, le Grenache, le Mourvèdre, l'Ugni Blanc et le Sauvignon.

La Corse

Fort de ses neuf Appellations d'Origine Contrôlées, le vignoble Corse couvre 7 200 hectares. Les cépages traditionnels utilisés sont le Niellucciu, proche cousin du Sangiovese utilisé dans la région de Chianti, le Sciaccarellu et le Vermentinu que l'on appelle aussi Malvoisie de Corse.

Sommaire :

En Alsace, la diversité des sols est sans équivalence. C'est ainsi que chaque commune viticole est établie sur quatre ou cinq formations géologiques différentes. Cette diversité favorise l'éclosion d'arômes d'une grande variété pour un même cépage.

Les vignobles d'Alsace

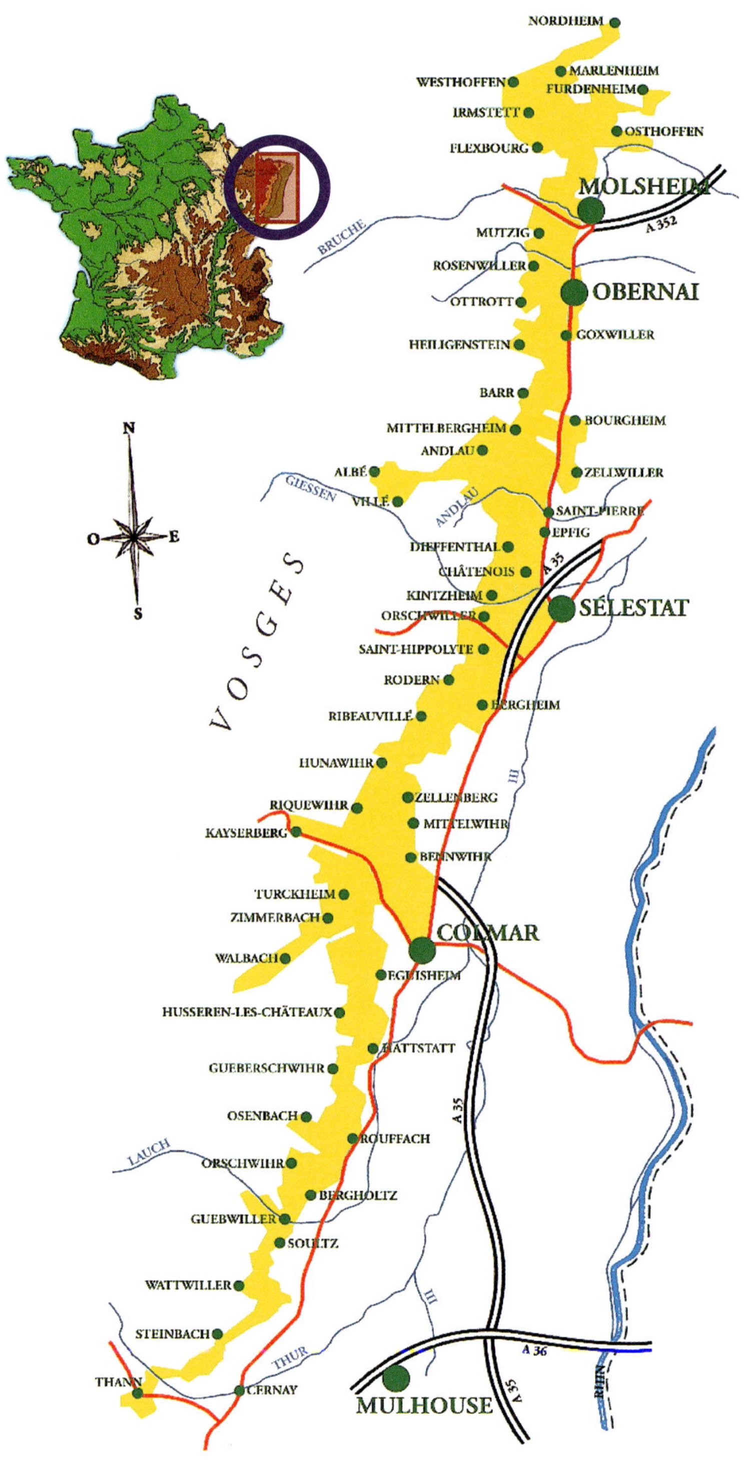

Les cépages et le terroir

Les vignobles se déploient en ruban, du Nord au Sud, sur une centaine de kilomètres, au pied du versant Est des Vosges dont ils couvrent les premières collines. Sa superficie totale de production s'étend sur 14 500 hectares. Abrité des influences climatiques par le massif vosgien qui contribue cependant à une bonne pluviométrie, le vignoble d'Alsace est propice à une bonne maturation du raisin. Les vins d'Alsace se distinguent traditionnellement par leurs cépages bien connus, Sylvaner, Pinot blanc, Riesling, Muscat d'Alsace, Tokay Pinot gris, Gewurztraminer et Pinot Noir. L'appellation Alsace Grand Cru consacre l'influence marquée des terroirs sur les vins. Cinquante terroirs délimités selon des critères géologiques et climatiques stricts constituent la mosaïque des Grands Crus d'Alsace. La superficie de ces vignobles d'exception varie entre 3 et 80 hectares, sur des sols d'une forte typicité. La géologie représente ici un vaste étalage qui va du granite au calcaire en passant par les schistes et les grès.
La géologie, l'exposition et la pente, contribuent à la forte personnalité de ces vins. Les Grands Crus d'Alsace représentent une production annuelle d'environ 40 000 hectolitres, soit 3 à 4 % seulement de l'ensemble des vins d'Alsace.

Les vins d'Alsace sont souvent connus par le nom du cépage dont ils sont issus. Contrairement aux usages des autres vignobles français, ce n'est pas ici le terroir qui donne son nom aux vins, mais les cépages eux-mêmes. Les vignobles d'Alsace, ce sont sept cépages qui se déclinent en trois appellations d'Origine Contrôlée.

Les sept cépages Alsaciens.

Les vins d'Alsace proviennent de sept cépages différents qui sont le Sylvaner, le Pinot-Blanc, le Riesling, le Muscat d'Alsace, le Tokay Pinot-Gris, le Gewurztraminer et le Pinot-Noir. Les vins sont toujours présentés dans leur bouteille typique et élancée qui se nomme ici la flûte d'Alsace. Ils sont obligatoirement embouteillés dans leur région de production.

Le Sylvaner donne un vin agréable, désaltérant, léger, au fruité discret. On y décèle parfois des arômes de fruits jeunes ou légèrement floraux. Il laisse souvent apparaître une belle vivacité. *Le Riesling* produit un nectar classé parmi les meilleurs vins blancs au monde, le Riesling est l'une des très grandes réussites de l'Alsace. Vif, racé, à la couleur cristalline, il est doté d'un fruité délicat, avec des nuances parfois minérales ou florales. Il allie la finesse, l'élégance et le caractère. Nerveux au premier abord, il apparaît ensuite bien équilibré et long en bouche. C'est un vin gastronomique par excellence. *Le Gewurztraminer* est exceptionnel. C'est même probablement le plus célèbre des vins d'Alsace, reconnu pour ses caractéristiques aromatiques hors du commun. Le Gewurztraminer est très expressif : couleur intense, complexité et variété des arômes fruités (coing, pamplemousse, litchi), floraux (acacia, rose) ou épicés (cannelle, girofle, poivre). De structure puissante et ronde, parfois légèrement moelleux, c'est un vin immédiatement séducteur qui peut se transformer aussi en un vin de garde. *Le Pinot blanc* va donner naissance à un vin rond et tendre, il allie fraîcheur et souplesse pour représenter un juste milieu dans la gamme des vins d'Alsace. Le cépage *Auxerrois*, appartenant à la même famille, est le plus souvent vendu sous la même dénomination. *Le Tokay Pinot-Gris* va transmettre sa force à un vin puissant, opulent, à la couleur soutenue. Il est charpenté, rond et persistant en bouche. Ses arômes sont d'une grande complexité, fruités et parfois légèrement fumés. De telles caractéristiques lui permettent souvent de remplacer avantageusement un vin rouge sur des viandes blanches et même avec des gibiers *Le Muscat d'Alsace* se distingue par son fruité inimitable et son caractère à la fois sec, contrairement aux muscats méridionaux, et aromatique. Il exprime à merveille la saveur du fruit frais. *Le Pinot-Noir* est le seul cépage rouge d'Alsace, Il est vinifié en rosé ou en rouge, et, dans ce dernier cas, en foudres traditionnels ou en pièces de chêne, qui ajoutent à son fruité, qui évoque si bien la cerise, une structure plus charpentée et plus complexe. Pour être complet, il convient de mentionner également un cépage plus rare, le *Klevener de Heiligenstein,* issu du cépage Savagnin rose. Le Klevener a été introduit à Heiligenstein, petite bourgade située près de Barr, au début du XVIIIe siècle. Depuis une date récente, la dénomination Klevener de Heiligenstein est désormais attribuée dans l'A.O.C. Alsace aux vins produits dans une aire strictement délimitée des superbes communes de Bourgheim, Gertwiller, Heiligenstein et Obernai. C'est un vin recherché, corsé et bien équilibré, dont le caractère discrètement aromatique en fait un compagnon attachant recherché de la gastronomie.

Le raisin Pinot-Blanc allie fraîcheur et souplesse. Il représente le juste milieu dans la gamme des vins d'Alsace.

Le vignoble est en coteaux dont les pentes peuvent atteindre jusqu'à 60 %.

DOMAINES SCHLUMBERGER
68500 GUEBWILLER

LYCÉE VITICOLE
68250 ROUFFACH

TROIS APPELLATIONS CONTRÔLÉES.

L'évolution du vignoble alsacien vers une production de vins fins s'est concrétisée par la reconnaissance de L'A.O.C. Alsace en 1962, rejointe par l'A.O.C. Alsace Grand Cru en 1975 puis l'année suivante par l'A.O.C. Crémant d'Alsace. Tous les vins d'Alsace bénéficient de l'une des trois Appellations d'Origine Contrôlées Alsace, Alsace Grand Cru, dans ce cas l'appellation est complétée du nom de l'un des cinquante terroirs admis dans l'appellation, et Crémant d'Alsace, un vin effervescent élaboré selon la méthode traditionnelle.

LES A.O.C. ALSACE.

Les vins de l'A.O.C. Alsace, dont le nom du cépage figure habituellement sur l'étiquette, proviennent à 100 % de ce cépage. Lorsqu'il n'est pas indiqué, il s'agit d'un assemblage de plusieurs cépages, parfois dénommé *Edelzwicker,* parfois *Gentil* ou encore portant un nom de marque. Le rendement à l'hectare autorisé actuellement dans l'appellation Alsace est de 80 hectolitres pour les blancs, et de 75 hectolitres pour les Pinots noirs, et ceci à compter de la récolte 1999. Une autre nouveauté est apparue cette même année avec la mise en place d'un rendement maximum par cépage. Cette règle vient remplacer l'ancien mode de calcul de rendement « tous cépages confondus » habituellement pratiqué en Alsace. De plus, les producteurs doivent désormais atteindre un degré minimum de 9° pour les Sylvaner, Pinot blanc et Edelzwicker, de 9,5° pour les Pinot noir, Riesling et Muscat et de 11° pour les cépages Tokay Pinot gris, Gewurztraminer et Klevener de Heiligenstein. Qui plus est, les vins de cette A.O.C. sont soumis à une dégustation préalable d'agrément. Ils sont toujours commercialisés dans la flûte typique qui leur est réservée par réglementation depuis 1972 et obligatoirement mis en bouteilles dans leur région de production.

LES A.O.C. ALSACE GRAND CRU.

Les vins de l'A.O.C. Alsace Grand Cru, instituée en 1975, ne peuvent utiliser que les cépages Riesling, Gewurztraminer, Tokay Pinot-Gris ou Muscat d'Alsace. Le degré minimum naturel d'alcool est de 100 pour le Riesling et le Muscat d'Alsace et de 120 pour le Gewurztraminer, le Tokay Pinot-Gris, avec un rendement autorisé de 60 hectolitres par hectare. Pour avoir droit à l'Appellation d'Origine Contrôlée Alsace Grand Cru, les vins doivent être issus de raisins récoltés dans des terroirs strictement délimités, à l'intérieur de l'aire de production du vignoble alsacien. L'étiquette des Alsaces Grands Crus doit obligatoirement comporter, outre l'appellation d'origine contrôlée Alsace Grand Cru, la mention du lieu-dit (terroir), du cépage et du millésime.

Pour déguster les Alsaces Grands Crus dans les meilleures conditions, il est bon de respecter quelques règles simples au niveau de leur conservation et de leur service. Si ces vins sont agréables à déguster dès leur jeunesse, ils savent aussi vieillir et gagneront à être conservés 5 ou 10 ans, voire davantage pour les grands millésimes. Il convient de les ranger dans une cave à température constante comprise entre 10 et 15 °C, obscure et bien aérée. Il est important que les bouteilles soient maintenues couchées pour que le vin reste au contact permanent du bouchon. Les vins d'Alsace Grands Crus se servent frais mais non glacés, à une température d'environ 8 °C, dans un verre fin en cristal incolore et à long pied afin d'éviter un réchauffement par la main. Les A.O.C. Grands Crus sont des vins gastronomiques par excellence qui ponctuent avec bonheur chaque étape du menu. Le Muscat d'Alsace est parfait à l'apéritif. Le Riesling Grand Cru accompagne merveilleusement les produits de la mer, poissons, crustacés et coquillages. Le Tokay Pinot-Gris relève judicieusement les viandes blanches. Un grand et magnifique Gewurztraminer régnera sur les fromages et les desserts.

DOMAINE DE L'ÉCOLE
68250 ROUFFACH

JEAN BECKER
68340 ZELLENBERG

CHÂTEAU D'ORSCHWIHR
68500 ORSCHWIHR

50 Grands Crus pour 50 lieux-dits

ALTENBERG DE BERGBIETEN
ALTENBERG DE BERGHEIM
ALTENBERG DE WOLXHEIM
BRAND (TURCKHEIM)
BRUDERTHAL (MOLSHEIM)
EICHBERG (EGUISHEIM)
ENGELBERG (DAHLENHEIM, SCHARRACHBERGHEIM)
FLORIMONT (INGERSHEIL, KATZENTHAL)
FRANKSTEIN (DAMBACH-LA-VILLE)
FROELM (ZELLENBERG)
FURSTENTUM (KIENTZHEIM, SIGOLSHEIM)
GEISBERG (RIBEAUVILLÉ)
GLOECKELBERG (RODERN, ST-HIPPOLYTE)
GOLDERT (GUEBERSCHWIHR)
HATSCHBOURG (HATTSTATT, VOEGTLINSHOFFEN)
HENGST (WINTZENHEIM)
KANZLERBERG (BERGHEIM)
KASTELBERG (ANDLAU)
KESSLER (GUEBWILLER)
KIRCHHERG DE BARR
KIRCHBERG DE RIBEAUVILLÉ
KITTERLÉ (GUEBWILLER)
MAMBOURG (SIGOLSHEIM)
MANDELBERG (MITTELWIHR, BEBLENHEIM)
MARCKRAIN (BENNWIHR, SIGOLSHEIM)
MOENCHBERG (ANDLAU, EICHHOFFEN)
MUENCHBERG (NOTHALTEN)
OLLWILLER (WUENHEIM)
OSTERBERG (RIBEAUVILLÉ)
PFERSIGHERG (EGUISHEIM, WETTOLSHEIM)
PFINGSTBERG (ORSCHWIHR)
PRAELATENBERG (KINTZHEIM)
RANGEN (THANN, VIEUX-THANN)
ROSACKER (HUNAWIHR)
SAERING (GUEBWILLER)
SCHLOSSBERG (KIENTZHEIM)
SCHOENENBOURG (RIQUEWIHR, ZELLENBERG)
SOMMERBERG (NIEDERMORSCHWIHR, KATZENTHAL)
SONNENGLANZ (BEBLENHEIM)
SPIEGEL (BERGHOLTZ, GUEBWILLER)
SPOREN (RIQUEWIHR)
STEINERT (PFAFFENHEIM, WESTHALTEN)
STEINGRUBLER (WETTOLSHEIM)
STEINKLOTZ (MARLENHEIM)
VORBOURG (ROUFFACH, WESTHALTEN)
WIEBELSBERG (ANDLAU)
WINECK-SCHLOSSBERG (KATZENTHAL, AMMERSCHWIHR)
WINZENBERG (BLIENSCHWILLER)
ZINNKOEPFLÉ (SOULTZMATT, WESTHALTEN)
ZOTZENBERG (MITTELBERGHEIM)

Le Crémant d'Alsace est souvent le résultat d'un assemblage de plusieurs cépages, chacun d'eux contribuant par ses qualités propres, à l'harmonie générale de la cuvée. Cette diversité fait dire en Alsace, qu'un Crémant sera différent d'un producteur à l'autre, d'une commune viticole à l'autre.

L'A.O.C. CRÉMANT D'ALSACE.

La personnalité originale et la qualité irréprochable du Crémant d'Alsace ont remporté un succès considérable. Elles ont largement dépassé l'Alsace pour être maintenant appréciées dans les autres régions françaises et par nos voisins européens. Les vins effervescents de l'A.O.C. Crémant d'Alsace sont obtenus en application a une sélection de cépages, la méthode traditionnelle de fermentation en bouteille. Le rendement annuel à l'hectare du Crémant d'Alsace est actuellement de 80 hectolitres le degré minimum d'alcool de 8,5°.

UNE TRADITION RECONNUE.

Le Crémant d'Alsace, c'est d'abord la reconnaissance d'une tradition. Dès la fin du siècle dernier, plusieurs entreprises établies tant dans le vignoble que dans les métropoles de Strasbourg et de Mulhouse, élaboraient des vins mousseux selon la méthode champenoise. Cette tradition, moins vivace durant la première moitié du XXe siècle, a été maintenue jusqu'à la reconnaissance de l'A.O.C., par le décret du 24 août 1976. Ce décret a apporté aux Maisons de vins d'Alsace le cadre nouveau nécessaire à l'élaboration d'un vin mousseux de qualité selon des règles aussi sévères que celles des champenois.

L'HARMONIE DES ASSEMBLAGES.

Au-delà de la méthode selon laquelle il est élaboré, le Crémant d'Alsace est aussi le résultat d'un assemblage harmonieux de cépages. En très large majorité ce sont des vins blancs qui s'élaborent à partir d'un ou parfois de plusieurs cépages. Ce sont principalement le Pinot-Blanc, mais aussi le Riesling, le Pinot-Gris, le Pinot-Noir, et quelques fois mais plus rarement, le Chardonnay. Le Crémant rosé est issu du Pinot-Noir. C'est le seul cépage autorisé à produire des rosés, et plus rarement des blancs de noirs, pleins de charme et de finesse. Lorsqu'un cépage est mentionné sur l'étiquette, le Crémant est produit à 100 % à partir de ce cépage. Il doit sa finesse et son originalité à la personnalité de chacun des cépages qui sera utilisé ainsi qu'aux conditions privilégiées dont bénéficie leur vignoble : un climat sec et ensoleillé, l'exposition des coteaux au soleil levant et des caractéristiques géologiques particulières. Pour son élaboration, les raisins sont en général récoltés les premiers, au tout début de l'ouverture du ban des vendanges, juste au moment propice où le raisin offre, pour la vinification, le meilleur de son équilibre et sa plus fine harmonie.
La plupart des Crémants blancs de blancs sont obtenus à partir du Pinot-Blanc, qui leur transmet toute sa délicatesse et sa souplesse. Le Riesling offre des Crémants aux notes vives et fruitées, pleines d'élégance et de noblesse. Le Pinot-Gris apporte richesse et charpenté, le Chardonnay transmet sa race et sa traditionnelle légèreté.

CHÂTEAU D'ORSCHWIHR
68500 ORSCHWIHR

Dans les caves, la fermentation est souvent conduite dans une imposante collection de foudres en chêne massif.

La méthode traditionnelle de vinification exige les soins attentifs et patients du vigneron. En attendant le moment du dégorgement, les bouteilles sont tournées jour après jour pour que le dépôt se rassemble dans le col.

CAVE VITICOLE
68250 PFAFFENHEIM

DOPF ET IRION
68340 RIQUEWIHR

CAVE VITICOLE
68240 KIENTZHEIM

DES RÈGLES DE PRODUCTION STRICTES.

Pour maintenir une qualité irréprochable, un cadre rigoureux et sévère a été mis en place. Il comporte plusieurs volets qui fixent et détaillent les conditions de la production. Les vins destinés à l'élaboration du Crémant d'Alsace ne peuvent provenir que des raisins blancs ou rouges récoltés dans l'aire de production des vins d'Alsace délimitée en application de l'ordonnance du 2 novembre 1945. La date des vendanges de l'A.O.C. Crémant d'Alsace est fixée par le Comité Régional d'Experts des Vins d'Alsace. Cette date précède généralement de plusieurs jours la date des vendanges de l'appellation Alsace. Les viticulteurs sont tenus de souscrire avant la récolte, une déclaration préalable à la mairie qui permet d'identifier les parcelles destinées à la production de Crémant d'Alsace. Chaque lot de vendange doit présenter une maturité convenable avec une richesse minimale de 145 grammes de sucre par litre, soit un titre alcoométrique en puissance de 8,5°. Le rendement annuel maximum de l'A.O.C. Crémant d'Alsace est le même que celui de l'A.O.C. Alsace (80 hl/ha). Le rendement au pressoir doit être de 150 kg pour 100 litres de moût destiné à l'élaboration de Crémant d'Alsace, avec obligation de séparer les vins de « rebêche » qui doivent représenter au minimum 7 % de la quantité ayant droit à l'appellation. Les raisins doivent être récoltés et transportés dans des récipients non étanches et mis entiers dans le pressoir. Les matériels de foulage et de pressurage doivent être dépourvus de vis d'Archimède et de chaînes. La tenue d'un carnet de pressoir est obligatoire. Le vin doit être élaboré par une seconde fermentation en bouteilles exclusivement en Alsace. Le tirage correspondant ne peut avoir lieu avant le 1er janvier de l'année qui suit la récolte. La durée de conservation en bouteilles sur lies ne peut être inférieure à neuf mois. Les vins revendiqués en A.O.C. Crémant d'Alsace sont soumis aux contrôles analytiques et organoleptiques prévus par la loi en matière d'appellation.

Les mentions Vendanges tardives ou Sélection de grains nobles peuvent compléter l'étiquette des appellations Alsace ou Alsace Grand Cru. Elles désignent des vins exceptionnels produits selon des critères parmi les plus sévères de toutes les A.O.C.

Domaine de l'École
68250 Rouffach

Domaines Schlumberger
68500 Guebwiller

Léon Baur
68420 Eguisheim

Vendanges tardives et Sélection de grains nobles.

Le climat du vignoble alsacien, caractérisé par une faible pluviométrie et un remarquable ensoleillement durant la période automnale, est tout particulièrement favorable, en grande année, au passerillage des raisins. le passerillage est une opération qui consiste à faire évaporer l'eau de constitution du raisin pour obtenir un vin liquoreux délivrant un degré alcoolique élevé. Ce climat est aussi favorable au développement de la pourriture noble sur la grappe. Cette pourriture est appelée *Botrytis Cinerea*. Cet ensemble de facteurs permet une récolte qui sera retardée bien au-delà des dates retenues pour les vendanges normales. Les cépages Gewurztraminer, Tokay, Pinot-Gris, Riesling ou Muscat se sont concentrés et offrent alors à ce moment toute leur opulence. Les Vendanges tardives et Sélections de grains nobles présentent une richesse en sucre à la récolte particulièrement élevée. Les minima exigés sont, avec ceux des Vins de Paille du Jura, les plus élevés des A. OC. françaises, sont des vins de classe exceptionnelle. La conjonction de tous ces impératifs est un art difficile. Le caractère délicat et aléatoire de leur production et de leur vinification, allié à un prix de revient nécessairement très élevé, explique qu'au cours de ces dernières décennies seules quelques maisons alsaciennes s'en soient fait les championnes. Ces vignerons qui ont engagé des efforts considérables en ont été récompensés par la reconnaissance officielle des vendanges tardives et sélections de grains nobles, par un décret ministériel.

Les Vendanges Tardives.

Elles concernent exclusivement des cépages Gewurztraminer, Tokay, Pinot-Gris, Riesling ou Muscat récoltés en sur-maturité, généralement plusieurs semaines après les vendanges officielles. À l'identité du cépage et à son caractère aromatique s'ajoute la puissance due au phénomène de concentration et au développement de la pourriture noble.

Les Sélections de grains nobles.

Elles sont obtenues par triages successifs des grains atteints de pourriture noble. L'identité du cépage se fait ici plus discrète au profit d'une expression liée à la concentration et au Botrytis Cinerea. L'intensité des arômes, une charpente très puissante, un caractère moelleux et une longue persistance en font de véritables chefs-d'œuvre.

Une production d'exception.

Des vins d'une telle qualité ne sont obtenus que grâce à des conditions de production tout particulièrement rigoureuses. Ainsi, ne pourront bénéficier des mentions spécifiques Vendanges tardives et

Sélections de grains nobles, que les vins des Appellations d'Origine Contrôlées Alsace et Alsace Grand Cru qui répondent aux conditions de production très strictes. Ils doivent impérativement être issus de raisins récoltés manuellement, être issus d'un cépage unique et être déclarés et vendus avec mention du nom de ce cépage. Ils doivent aussi être présentés obligatoirement avec l'indication du millésime et provenir de vendanges de l'un des cépages autorisés qui sont le Gewurztraminer, le Tokay, le Pinot-Gris, le Riesling ou le Muscat qui seuls présentent les richesses naturelles minimales du tableau réglementant le teneur en sucre et le degré d'alcool en puissance. Bien sûr, ils ne font l'objet d'aucun enrichissement et la vendange aura été préalablement déclarée auprès des services locaux de l'Institut National des Appellations d'Origine des vins et eaux de vie. Tout ce parcours effectué, ils devront encore être présentés, dégustés et agréés à l'examen analytique et organoleptique sous leur mention particulière.

Le Gewurztraminer donne son nom au plus célèbre des vins d'Alsace.

DOMAINE DE L'ÉCOLE
68250 ROUFFACH

CAVE VITICOLE
68250 PFAFFENHEIM

GEORGES

Sommaire :

*En Beaujolais,
les Appellations
partent dans le monde entier
précédées de leur célèbre
ambassadeur,
le Beaujolais Nouveau.
Dans ce pays, il
y a toujours un cru
pour satisfaire le
plus difficile des palais
ou accompagner
des mets.*

Les vignobles du Beaujolais

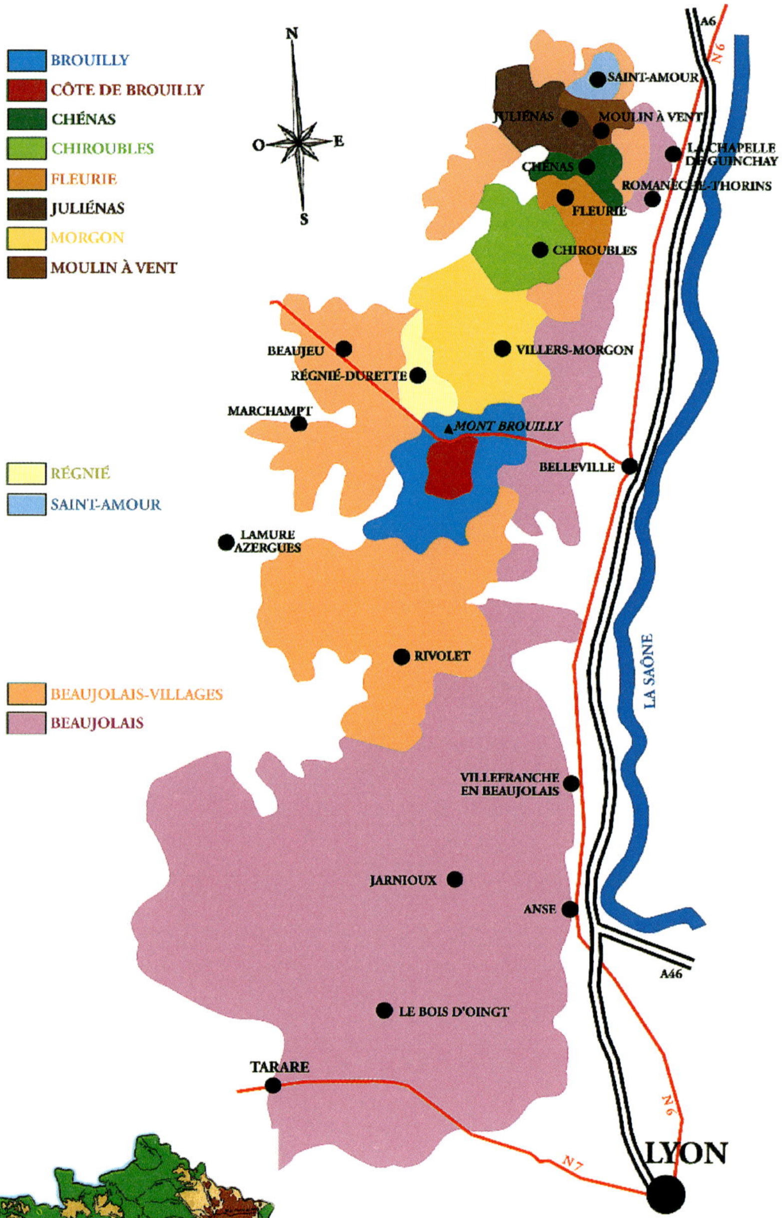

Les cépages et le terroir

Le vignoble fait suite à la Bourgogne. La région de production s'étend sur plus de 50 kilomètres du Sud au Nord, et sur 12 à 15 kilomètres dans la partie la plus large. Elle intègre 96 communes pour un vignoble de 22 000 hectares.
Les trois grandes familles, beaujolais, beaujolais villages et crus, occupent des aires parfaitement délimitées et reconnues par décret : 9 700 ha pour les Beaujolais génériques, 5 900 ha pour les Beaujolais-Villages, 6 200 ha pour l'ensemble des 10 Crus avec des rendements autorisés différents suivant les familles : 66 hectolitres/ha pour les Beaujolais, 60 hl/ha pour les Beaujolais-Villages, 58 hl/ha pour les crus.
Seuls les Beaujolais et Beaujolais-Villages peuvent être commercialisés en primeur.
L'unité du vignoble est réalisée pour les douze appellations par un cépage unique, le Gamay Noir à jus blanc, une densité de plantation de 9 000 à 13 000 pieds à l'hectare, une taille sévère à 12 bourgeons au maximum, qui permet de limiter le rendement et une vinification dite vinification beaujolaise, qui impose de mettre en cuve des grappes entières, ce qui exclut l'usage de la machine à vendanger. Le Beaujolais est, avec la Champagne le seul vignoble où la vendange manuelle est obligatoire.

LE RAISIN ET SA VINIFICATION.

Le Gamay Noir à jus blanc est le seul cépage autorisé dans l'aire de production. Mais il laisse une toute place au Chardonnay qui représente 2 % de l'encépagement. L'implantation à forte densité, une des plus élevée au monde, permet de produire des raisins adaptés au côté fruité des vins du Beaujolais. Elle permet également de maîtriser sa vigueur, tout autant que la taille qui est toutefois plus dirigée vers l'obtention d'une meilleure qualité des raisins. La taille courte à 2 yeux sur 3 à 5 sarments est obligatoire pour les vignes destinées à la production des Beaujolais-Villages et des Crus. Tous ces éléments vont permettre d'exploiter puis d'extérioriser dans le précieux breuvage, le potentiel du Gamay. La vinification beaujolaise permet d'extraire toute la richesse aromatique du raisin qui, selon le terroir où il a été récolté, développe une large gamme de saveurs et de senteurs fruitées et fleuries. La typicité est telle, qu'elle doit permettre d'identifier et de différencier les vins à l'intérieur même de l'Appellation. Elle se concrétise par des différences entre les terroirs, et pour un terroir donné, entre les millésimes. La vinification allie à la fermentation traditionnelle, une macération semi-carbonique qui nécessite l'encuvage des grappes entières. La vendange est déversée en préservant l'intégrité des grappes, dans la cuve. Le tassement provoqué par leur propre poids libère du jus qui représente au début 10 à 30 % du volume total de la cuvée. Cette quantité augmente progressivement pendant la macération pour atteindre 40 à 70 % en fin de cuvaison. Le dégagement de gaz carbonique maintient les grappes vers le haut de la cuve, et constitue le chapeau. Pendant la macération le contenu de la cuve est constitué de 3 parties. Tout au fond, le liquide est le siège d'une fermentation alcoolique qui transforme le sucre du raisin en alcool et révèle les constituants volatils. Au milieu, dans la zone intermédiaire, les grappes flottent dans le jus, subissant la macération, c'est-à-dire le passage des constituants de la pellicule, couleur et tanins, dans le vin en fermentation. Tout en haut et en surface, flottent les grappes en atmosphère gazeuse, où se développe la fermentation intracellulaire. Il en résulte une production d'alcool et progressivement vont apparaître des constituants aromatiques spécifiques. En fin de macération, 4 à 5 jours pour les beaujolais nouveaux, 6 à 12 jours pour les beaujolais villages et les crus, le jus de tire est soutiré. Le marc gras, partie solide du chapeau est transféré au pressoir pour y être pressé. Le liquide recueilli, appelé jus de presse, est généralement mélangé au jus de tire. La fermentation alcoolique s'achève. Le vin ne contient plus de sucre fermentescible. Ensuite démarre une deuxième fermentation qui se traduit par un assouplissement du vin, une diminution de l'acidité. Pour la majorité des vins elle permet d'atteindre la stabilité biologique dans le mois qui suit la récolte. La vinification beaujolaise permet de produire les trois principaux types de Beaujolais, uniquement en jouant sur les paramètres durée de macération, température, proportion grappes/jus ou choix de levure.

Le Beaujolais Blanc

Ce vin magique et trop rare, uniquement produit sur 160 hectares, est apprécié par un nombre croissant de connaisseurs. Élaboré à partir du cépage Chardonnay, il se découvre avec bonheur. Bien qu'un peu retenu dans ses élans, il sait malgré tout montrer des saveurs harmonieuses et fraîches tout en développant un plaisant nez aux parfums de fleurs blanches. C'est le seul Beaujolais qu'il est conseillé de servir très frais, à environ 10 °C.

Les 10 Crus du Beaujolais

BROUILLY
CÔTE DE BROUILLY
CHÉNAS
CHIROUBLES
FLEURIE
JULIÉNAS
MORGON
MOULIN-À-VENT
RÉGNIÉ
SAINT-AMOUR

JEAN-PAUL BRUN
69380 CHARNAY EN BEAUJOLAIS

L'Appellation Beaujolais concerne les cantons de Villefranche, d'Anse et Le Bois d'Oingt, auxquels s'ajoutent quelques villages en limite des communes vouées à la production du Beaujolais-Villages ou des Crus. Deux zones géologiques distinctes la composent. Le sud du vignoble est constitué de roches variées, grès, calcaire blanc et pierre dorée. La seconde zone se déroule sur une bande continue en direction du Nord. Les sols y sont constitués d'alluvions et de déchets d'érosion. qui forment des terres très caillouteuses en surface et argileuses en profondeur. La durée de cuvaison n'est jamais très longue, 5 à 6 jours au maximum. Ce sont des vins colorés et rustiques. Leur robe brillante varie d'une teinte cerise au pourpre violacé. Dans les zones d'altitude, ils sont légers, vifs et gouleyants. Ceux de l'Ouest de l'Appellation ont une mâche plus minérale accompagnée de pointes olfactives végétales qui les rend plus longs en bouche. Les uns comme les autres développent des arômes de raisin fraîchement pressé ou de petits fruits rouges à dominante groseille-cassis. Ils se servent frais, à 11 °C, et font merveille sur des entrées.

BEAUJOLAIS-VILLAGES.

L'Appellation s'étire du Nord au Sud sur 30 kilomètres et vient s'arrêter sur le Mâconnais. La production s'effectue sur des zones géographiquement éclatées, ce que les caractères des vins vont traduire chacun à leur façon. Chacun a sa personnalité. Ceux originaires des plaines alluviales sableuses seront fruités, souples et drapés dans une robe rouge pourpre brillante. Ce sont de superbes têtes de cuvée en primeur. Ceux qui naissent plus en altitude donnent des vins rouges aux reflets violacés, plus puissants, avec des parfums fruités complexes et intenses. Entre les deux, toutes les nuances sont représentées et allient harmonie et élégance. Ils accompagnent les charcuteries ou les volailles et se servent à 11 °C.

DOMAINE F. ET J. CALOT
69910 VILLIERS MORGON

Du haut de la montagne de Brouilly, Notre-Dame-du-Raisin veille sur les crus les plus méridionaux du Beaujolais. Les vignes entourent la colline et montent presque jusqu'à son sommet, puisant leurs ressources dans des sols granitiques, schisteux et de sables alluviaux. Elles couvrent environ une superficie de 1 490 ha. Les quatre-cinquièmes donnent le Brouilly tandis que le cœur du vignoble, sur les pentes de la montagne, est dévolu au Côte-de-Brouilly.

BROUILLY.

C'est le plus méridional des crus de Beaujolais. L'aire de délimitation cerne la colline de Brouilly et concerne 6 communes : Saint-Lager, Cercié, producteur du célèbre Pisse-Vieille, Quincié, Odenas, Saint-Etienne-la-Varenne, Charentay. Les vins du cru offrent une large gamme de nuances dans un registre commun : robe de carmin à rubis intense avec un nez d'arômes de fruits rouges ou de fruits à noyau évoluant vers quelques notes minérales. Ils se boivent jeunes et leur bonne structure les destine à être servis sur des viandes rouges ou sur du gibier à une température de 12 °C. Le brouilly exprime particulièrement bien le bouquet du gamay.

CÔTE DE BROUILLY.

Récoltés sur des sols exceptionnels, composés de roches cristallines avec une présence de roches dures d'origine volcanique, la fameuse pierre bleue de Brouilly. Leur production est cantonnée entièrement sur la colline de Brouilly, dans des vignes à fortes pentes et bien exposées. Elle se limite exclusivement à quatre communes : Saint-Lager, Odenas, Quincié et Cercié. Le Côte-de-Brouilly est un vin exceptionnel et racé avec des nuances olfactives de fruits. Il séduit par sa puissance contenue suivie d'une bonne persistance. Charnu, enveloppé dans une robe pourpre foncé, il est plus généreux en alcool que les autres crus du Beaujolais. Très rond et assez charpenté, c'est un vin qui a l'art de vieillir en acquérant souplesse et finesse. Servis frais, à 12 °C, ils accompagnent merveilleusement une volaille ou une viande blanche.

Du haut de la montagne de Brouilly, le regard embrasse un paysage de vignes. Deux appellations se partagent le terroir environnant.

DOMAINE DE CHAVANNES
DOMAINE DE LA FEUILLÉE
VINS GEORGES DUBOEUF
71570 ROMANÈCHE THORINS

VINS GEORGES DUBOEUF
71570 ROMANÈCHE THORINS

Les vignerons disent qu'il faut attendre que *les crus aient fait leurs Pâques* pour pouvoir enfin les apprécier à leur juste valeur.

Les appellations Chénas, le plus rare des crus, et Chiroubles, le plus haut perché des Beaujolais, occupent respectivement un terroir de 260 et 350 hectares.

CHÉNAS.

L'aire d'appellation est bloquée entre le Moulin-à-Vent au Sud, le Juliénas et le Saint-Amour au Nord. Le Chénas est produit sur deux communes, aux confins de deux départements : Chénas dans de département du Rhône et La Chapelle de Guinchay dans le département de Saône et Loire. Les parcelles sont cultivées sur des terrains granitiques dans les situations élevées, qui évoluent vers des sols caillouteux à dominante de silice et d'argile. Le Gamay s'en arrange fort bien. Il donne ici un vin caractérisé par une robe rubis, teintée de grenat qui s'harmonise agréablement avec un corps charpenté. Assez long en bouche avec des arômes floraux de pivoine et de rose, parfois boisés, c'est un vin qui s'affine avec l'âge. Généreux et tendre, il se sert à 14 °C sur de l'agneau, des viandes en sauce ou un fromage corsé. Dans sa petite enfance, le fruité qui domine agréablement le promet à une belle évolution. L'excellent équilibre entre force et souplesse lui permet de vieillir tout en gagnant en plénitude. Les vins issus des vignes occupant des territoires pentus et un sous-sol granitique sont plus charpentés que ceux produits à l'Est de la zone d'appellation.

DENISE ET HUBERT LAPIERRE
71570 LA CHAPELLE DE GUINCHAY

CHIROUBLES.

La vigne s'étage en gradins entre 350 et 400 mètres, dans un vaste site en forme de cirque situé géographiquement au Nord de l'appellation Morgon et à l'Ouest de celle de Fleurie. Le Gamay escale avec bonheur les pentes en fixant ses racines dans un sol très peu profond de granites grossiers. Il donne un vin dont la robe varie d'un rouge éclatant aux nuances jaunes. Le nez est intense. Des parfums de groseille avec des senteurs de griotte éclatent dans un bouquet sans excès. Presque aérien tant il est léger, à la fois tendre et vif, élégant et joyeux, ce vin gouleyant à souhait révèle immédiatement la fraîcheur de son fruit. Ce cru plein de charme, volontiers défini comme le plus Beaujolais des Beaujolais, se boit dans sa prime jeunesse, encore que les amateurs attendent le printemps qui suit les vendanges avant de les déguster. Il évolue assez rapidement car il est peu chargé en tanins. Il accompagne des charcuteries ou des viandes blanches et se sert à une température de 12 °C.

DOMAINE EMILE CHEYSSON
69115 CHIROUBLES

Chaque année, au premier week-end qui suit la Toussaint, a lieu le grand marché exposition des vins du Beaujolais. Cette manifestation créée en 1927 avec les seuls vins de Fleurie rassemble aujourd'hui tous les vins de la production beaujolaise.

FLEURIE.

La Madone de Fleurie, perchée au sommet de sa colline, veille sur le vignoble. Dans le terroir des 800 hectares de l'appellation, le sol est constitué d'une arène granitique très maigre et sans fond aux abords de la Chapelle de la Vierge Noire qui s'approfondit vers l'Est avec présence d'argile au fur et à mesure qu'il s'incline en pente douce. Cet ensemble homogène communique au vin sa finesse. Le cru, que l'on dit être le plus féminins des Beaujolais, a des voisins célèbres : Chiroubles, Morgon et Moulin-à-Vent. La robe passe du grenat soutenu au violet léger. Le nez complexe offre une palette de parfums d'iris, de roses et de violettes. Ils se développent rapidement en bouche avec une rondeur accomplie. Net et aromatique, ce cru harmonieux délivre rapidement ses potentialités. Le Fleurie s'accomplit à deux ans, et c'est alors qu'il faut le boire, paré de tous les charmes de la jeunesse. Toutefois, les cuvées issues de vieilles vignes sont plus charpentées et proposent d'excellentes bouteilles aptes au vieillissement.

JULIÉNAS.

Avec ses 580 hectares, il partage avec le Saint-Amour la situation la plus septentrionale des crus du Beaujolais et s'étend dans le département du Rhône sur les communes de Juliénas, Jullié, Emeringes, et Pruzilly en Saône et Loire. Les sols dans lesquels les ceps s'enracinent sont marqués par les schistes et les granites plus ou moins grossiers, avec de nombreux filons argileux. Sans doute contribuent-ils largement au caractère nerveux de ce vin bien charpenté. Les cuvées s'habillent d'une robe d'un rouge soutenu plus ou moins sombre mais toujours dense. Le nez, plus fin qu'intense, évolue entre des senteurs de roses et de fruits mûrs. L'attaque en bouche laisse ressentir son caractère charnu et généreux. En général bien équilibré, le Juliénas met peu de temps à acquérir son ampleur. Accompli au bout de deux ou trois ans, c'est l'un des crus du Beaujolais qui vieillit le mieux, puisque certains millésimes ne craignent pas cinq à six ans de bouteille pour pouvoir s'imposer totalement. Il se sert à 13 °C sur un gibier ou un plat en sauce.

LOUIS JADOT
21200 BEAUNE

VINS GEORGES DUBOEUF
71570 ROMANÈCHE THORINS

Les crus de plus de cinq ans d'âge gagneront à faire un petit passage en carafe qui réveillera leurs arômes.

MORGON.

Ce vignoble qui date du Xe siècle s'enracine dans des arènes granitiques roses, friables, et de schistes pyriteux désagrégés. La roche pourrie est le résultat d'une altération très avancée des roches éruptives anciennes. Le gamay donne dans les 1 100 hectares de l'appellation un vin que l'on dit avoir car il a des affinités avec certains grands vins rouges de la Côte d'Or voisine. Situé géographiquement au Sud par sa limite avec le Régnié, il jouxte au Nord le Fleurie et le Chiroubles. Cette situation est aussi propice à entretenir un lien de parenté avec les Bourgognes. Plus robuste que ses nobles cousins, le Morgon a besoin de temps pour s'exprimer. Ce vin généreux, charnu et corsé, s'ouvre au nez sur des arômes de framboise, de groseille et de kirsch qui sont les parfums caractéristiques des crus de l'appellation. Drapé avec dignité dans une robe de couleur rubis profond aux reflets violets, c'est un vin puissant et charpenté. Ample et équilibré dans la bouche, il n'exprime pas immédiatement toute la puissance dont il est capable. Les arômes de fruits rouges de sa jeunesse évoluent vers la rose fanée, l'iris, les fruits mûrs, les épices. Dans sa prime jeunesse, les impressions tanniques sont assez marquées. Pour cette raison, le Morgon vieillit admirablement et certains, suffisamment solides peuvent même se garder plusieurs années. Toutefois, quelques producteurs ont opté pour des vins plus légers, de moins longue garde. Une fois à son apogée, il faut le servir à 13 °C sur des plats en sauce.

MOULIN-À-VENT.

Les ailes de l'antique moulin planté sur une colline se sont envolées, mais l'emblème du plus fameux des vins du Beaujolais demeure. Sur une superficie de 650 hectares, les collines de vignes s'établissent dans des arènes granitiques roses, friables, gore ou grès, qui contiennent des oxydes de manganèse apportant aux vins une couleur d'un rouge profond. L'aire d'appellation s'étend sur les deux seules communes de Romanèche-Thorins et de Chénas, juste entre les crus Fleurie, Chénas et Juliénas. Le gamay, sous l'influence spécifique des sols, s'exprime avec force pour donner le Moulin-à-Vent, dont les admirateurs aiment à dire qu'il a la grâce d'un Beaujolais et le prestige d'un Bourgogne. Ce seigneur se présente sous une robe rouge vif aux teintes de cerise. Son nez flatteur rappelle nettement l'iris, la rose fanée, les fruits mûrs complétés par une évolution vers des notes boisées. La bouche, pleine, est toujours agréable et concentrée, riche de quelques saveurs animales élégantes. C'est aussi un vin de garde. Si le Moulin-à-Vent exprime bien la vivacité d'un Beaujolais de grande lignée, l'épreuve du temps s'impose parfois pour qu'il trouve toute sa plénitude. Jeune ou plus affiné, il se sert à 14 °C sur les mêmes plats qu'un grand Bourgogne.

DOMAINE F. ET J. CALOT
69910 VILLIERS MORGON

DENISE ET HUBERT LAPIERRE
71570 LA CHAPELLE DE GINCHAY

DOMAINE GAY-COPERET
69840 CHENAS

Régnié.

Prise en tenaille entre Brouilly au Sud et Morgon à l'Est, l'aire du Régnié couvre 650 hectares et jouxte au Nord-Ouest les Beaujolais-Villages de Lantignié et Quincié. Il présente une caractéristique robe rubis éclatant et un équilibre harmonieux très aromatique de petits fruits rouges nuancés de parfums floraux. Il est long en bouche. Servi frais, à 12 °C, il accompagnera des terrines de viandes, du veau ou des entrées chaudes.

Saint-Amour.

Chardonnay et gamay cohabitent sur le territoire de la commune situé à l'extrême Nord-Est du département de la Saône et Loire. Il côtoie les Juliénas et les Saint-Véran. Le Saint-Amour est un cru souple et fruité, d'une belle couleur rubis, riches d'arômes fleuris et fruités, nuancé de kirsch et d'épices. Ce vin tendre, vif et harmonieux se sert à 13 °C et se marie à merveille avec un gibier.

Vins Georges Duboeuf
71570 Romanèche Thorins

Louis Jadot
21200 Beaune

Domaine Calot, contrôle de la densité du sucre avant l'encuvage des raisins.

Sommaire :

Caractérisé par sa diversité, le Bordelais est le plus important vignoble de vins fins de France.
Sur plus de 113 000 hectares de vignes, on compte une trentaine d'appellations contrôlées spécifiques telles Margaux, Saint-Émilion, Pomerol, Sauternes, et plus de 5 000 "Châteaux" dont 2 000 sont particulièrement représentatifs.

Le vignoble de Bordeaux

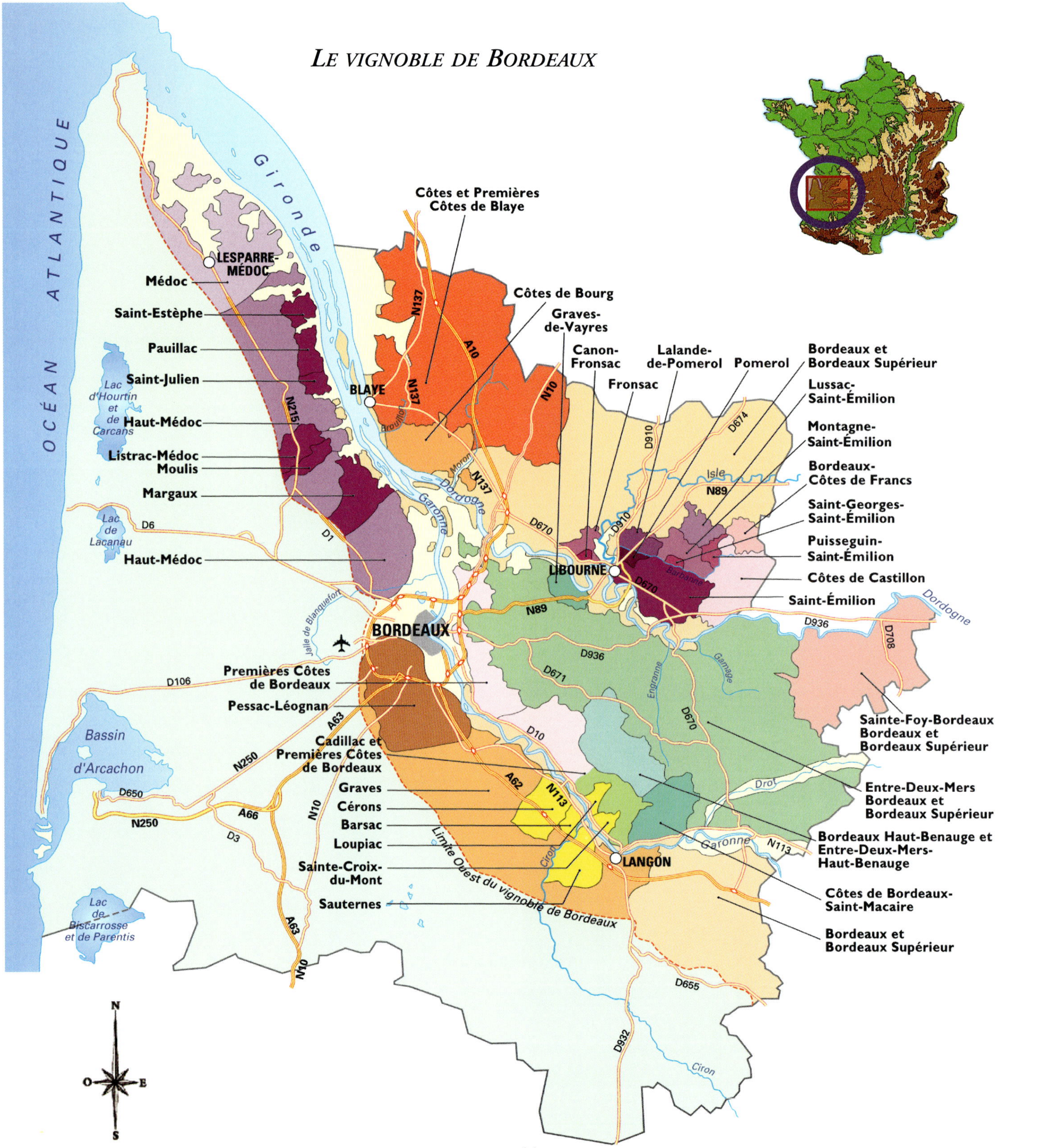

LE TERROIR
LES CÉPAGES
LES APPELLATIONS

Le vignoble de Bordeaux occupe une place considérable. Sur les 113 000 hectares en production d'A.O.C., les quatre cinquième sont consacrées à la production de vins rouges, le reste étant dévolu à la production de vins blancs. La vigne se retrouve dans les 500 communes d'un département qui en compte 542. Tout entièrement contenu dans les limites géographiques du département de la Gironde, on pourrait croire qu'il s'agit d'un vignoble homogène. Pourtant il n'en est rien. Dans un aussi vaste vignoble, le terroir qui comprend le climat et la nature des sols ainsi que l'encépagement produisent des interactions différentes d'une région à l'autre.

LE TERROIR

Le lien étroit existant entre le milieu environnant et le climat très localisé des certains sites, définissent des terroirs. De par une telle étendue, les terroirs peuvent différer d'une région à l'autre. La nature des sols, bien que particulièrement favorables à la culture de la vigne, est un élément capital dans la notion de terroir car ils participent aux caractères organoleptiques des vins. La région du Blayais-Bourgeais est dominée par des sols argilo-calcaires ou siliceux. Le vignoble s'établit dans des terrasses qui dominent la Garonne et l'estuaire de la Gironde. Le Médoc, réputé pour son climat tempéré est caractérisé par des sols mélangeant les sables et les graviers. Le Libournais qui abrite les Saint-Émilion bien sûr, mais aussi des Pomerol, et Fronsac, est largement tributaire des sols, en majorité argilo-calcaires dans le Saint-Émilion, sableux dans le secteur de Pommerol. La région des Graves et du Sauternais, protégée de l'Atlantique par la forêt des Landes occupe des terrasses graveuleuses composées de sable et de graviers installés sur un sous-sol calcaire. Le niveau de qualité de ces terroirs et des cépages qui y sont cultivés, donne ce que l'on qualifie dans le Bordelais sous le terme de Crus. Cette dénomination se conjugue ensuite sur l'étiquette avec l'indication de Cru Bourgeois ou de Cru Classé. Si toute cette diversité permet que prenne naissance une exceptionnelle variété de vins, il est évident qu'elle constitue aussi un obstacle à un classement rationnel.

LES CÉPAGES

Comme certaines autres régions de France, les vins produits dans le Bordelais proviennent souvent de l'assemblage de plusieurs cépages. Ils sont soit associés entre cépages primaires, soit avec des cépages secondaires ou auxiliaires. Les qualités complémentaires des cépages s'unissent et se renforcent dans ce qu'elles ont de meilleur. L'équilibre qui s'en dégage est supérieur aux qualités individuelles des vins d'origine.

Les vins rouges sont élaborés à partir de variétés de raisins à peau noire et à jus blanc. Pour les vins rouges, le cépage Merlot est bien adapté aux diverses régions. Il mûrit bien et transmet une belle couleur. C'est le plus représenté car il est cultivé sur près de 40 000 hectares. Cépage tardif, le Cabernet Sauvignon

convient aux terrains chauds des rives de la Garonne. Sa richesse naturelle en tanins favorise la conservation. Il occupe 25 000 hectares. Quelques cépages auxiliaires tels le Cot, le PetitVerdot et la Carmenère viennent compléter l'inventaire.
Les vins blancs sont élaborés à partir de raisins blancs de blanc à jus blanc et peau blanche. Les vins blancs sont issus des cépages Sémillon, fortement implantés dans les régions productrices de blancs liquoreux et Sauvignon, reconnaissable entre tous par son exceptionnelle richesse aromatique. Les cépages secondaires sont représentés par le Colombard, le Merlot et l'Ugni Blanc.

Les appellations

La variété des microclimats et la grande diversité d'un aussi vaste territoire, bouleversent la notion traditionnelle de cru. En règle générale, cette dernière s'associe directement à une commune, voire à une parcelle. Ici, cette notion est tout autre et il n'existe pas de classement général des crus. En plus du rapport au terroir, la notion de cru s'associe aussi au domaine viticole et se reconnaît en tant que Château. Qui plus est, il existe dans le Bordelais 3 classements. Le premier remonte à 1 855 et concerne les régions du Médoc, des Graves, Sauternes et Barsac. Le second se rapporte exclusivement au classement des graves. Le troisième enfin se limite au classement des Saint-Émilion. Au total, seuls 171 crus peuvent se prévaloir de la mention Cru Classé.

Le classement de 1855

Il distingue les vins rouges des vins blancs liquoreux.

Les vins rouges

Le classement des vins rouges reconnaît un cru des la région des Graves et soixante Crus du Médoc occupant environ un cinquième de la totalité du vignoble. Ces crus se hiérarchisent eux-mêmes en plusieurs sous-ensembles distinguant les Premiers Crus, Seconds Crus, Troisièmes crus, Quatrièmes Crus et Cinquièmes crus.

Premiers crus

Château HAUT BRION
Château LAFITE-ROTHSCHILD
Château LATOUR
Château MARGAUX
Château MOUTON-ROTHSCHILD

Seconds Crus

Château BRANE-CANTENAC
Château COS-D'ESTOURNEL
Château DUCRU-BEAUCAILLOU
Château DURFORT-VIVENS
Château GRUAUD-LAROSE
Château LASCOMBES,
Château LÉOVILLE-BARTON,
Château LÉOVILLE-LAS-CASES
Château LÉOVILLE-POYFERRE
Château MONTROSE
Château PICHON-LQNGUEVILLE
BARON DE PICHON
Château PICHON-LONGUEVILLE
COMTESSE DE LALANDE
Château RAUZAN-SÉGLA
Château RAUZAN-GASSIES

Troisièmes Crus

Château BOYD-CANTENAC
Château CALON-SÉGUR
Château CANTENAC-BROWN
Château DESMIRAIL
Château FERRIERE
Château GISCOURS
Château D'ISSAN
Château KIRWAN
Château LAGRANGE
Château LA LAGUNE
Château LANGOA-BARTON
Château MALESCO SAINT-EXUPÉRY

Château MARQUISD'ALESME-BECKER
Château PALMER

Quatrièmes Crus

Château BEYCHEVELLE
Château BRANAIRE-DUCRU
Château DUHART-MILON
Château LAFON-ROCHET
Château MARQUIS-DE-TERME
Château POUGET
Château PRIEURÉ-LICHINE
Château SAINT-PIERRE
Château TALBOT
Château LATOUR-CARNET

Cinquièmes Crus

Château D'ARMAILHAC
Château BATAILLEY
Château BELGRAVE
Château CAMENSAC
Château CANTEMERLE
Château CLERC-MILON
Château COS-LABORY
Château CROIZET-BAGES
Château DAUZAC
Château GRAND-PUY-DUCASSE
Château GRAND-PUY-LACOSTE
Château HAUT-BAGES-LIBERAL
Château HAUT-BATAILLEY
Château LYNCH-BAGES
Château LYNCH-MOUSSAS
Château PEDESCLAUX
Château PONTET-CANET
Château DU TERTRE

Les vins blancs

Les vins blancs liquoreux comptent 26 crus de Sauternes et de Barsac. Parmi eux, un seul, le prestigieux Château d'Yquem est classé Cru Supérieur, 11 sont classés Premiers Crus et 14 en Seconds Crus.

Premier Cru Supérieur

Château D'YQUEM

Premiers Crus

Château CLIMENS
Château CLOS HAUT-PEYRAGUEY
Château COUTET
Château GUIRAUD
Château LAFAURIE-PEYRAGUEY
Château RABAUD-PROMIS
Château RAYNE-VIGNEAU
Château RIEUSSEC
Château SIGALAS-RABAUD
Château SUDUIRAUT
Château LA TOUR BLANCHE

Seconds Crus

Château D'ARCHE
Château BROUSTET
Château CAILLOU
Château DOISY-DAENE
Château DOISY-DUBROCA
Château DOISY-VEDRINES
Château FILHOT
Château LAMOTHE
Château LAMOTHE GUIGNARD
Château DE MALLE
Château DE MYRAT
Château NAIRAC
Château ROMER-DU-HAYOT
Château SUAU

Le classement des Graves

En 1953, l'I.N.A.O. a procédé au classement des crus de cette région. L'appellation Pessac-Léognan classe la totalité des Crus Classés de Graves. Elle concerne 13 vins rouges et 9 vins blancs secs produits par 15 Châteaux. Au contraire du classement de 1855, ce classement ne distingue pas les différents crus.

Château BOUSCAUT
Domaine DE CHEVALIER
Château COUHINS
Château COUHINS-LURTON
Château FIEUZAL
Château HAUT-BAILLY

Château HAUT-BRION
Château LAVILLE HAUT-BRION
Château MALARTIC-LAGRAVIERE
Château LA MISSION-HAUT-BRION
Château D'OLIVIER
Château PAPE CLEMENT
Château SMITH-HAUT-LAFITTE
Château LA TOUR HAUT BRION
Château LATOUR MARTILLAC

Le classement de Saint-Émilion

Sur la base de la notion de terroir, ce très officiel classement regroupe les vins de Saint-Émilion en les hiérarchisant entre Grand Cru Classé concernant 55 Châteaux et Premier Grand Cru Classé qui n'en concerne que 13.

Premiers Grands Crus Classés A

Château AUSONE
Château CHEVAL BLANC

Premiers Grands Crus Classés B

Château ANGÉLUS
Château BEAU-SÉjOUR BÉCOT
Château BEAUSÉjOUR
Château BELAIR
Château CANON
Château FIGEAC
Château LA GAFFELIERE
Château MAGDELAINE
Château PAVIE
Château TROTTEVIEILLE
Clos FOURTET

Grands Crus Classés

Château BALESTARD LA TONNELLE
Château BELLEVUE
Château BERGAT
Château BERLIQUET
Château CADET BON
Château CADET-PIOLA
Château CANON LA GAFFELIERE
Château CAP DE MOURLIN
Château CHAUVIN
Château CLOS DES JACOBINS
Château CORBIN
Château CORBIN-MICHOTTE
Château CURÉ BON
Château DASSAULT
Château FAURIE-DE-SOUCHARD
Château FONPLÉGADE
Château FONROQUE
Château FRANC MAYNE
Château GRAND MAYNE
Château GRAND PONTET
Château GUADET SAINT-jULIEN
Château HAUT CORBIN
Château HAUT SARPE
Château L'ARROSÉE
Château LA CLOTTE
Château LA CLUSIERE
Château LA COUSPAUDE
Château LA DOMINIQUE
Château LA SERRE
Château LA TOUR DU PIN-FIGEAC
Château LA TOUR FIGEAC
Château LAMARZELLE
Château LANIOTE
Château LARCIS DUCASSE
Château LARMANDE
Château LAROQUE
Château LAROZE
Château LE PRIEURÉ
Château LES GRANDES MURAILLES
Château MATRAS
Château MOULIN DU CADET
Château PAVIE DECESSE
Château PAVIE MACQUIN
Château PETIT FAURIE DE SOUTARD
Château RIPEAU
Château SAINT-GEORGES CÔTE PAVIE
Château SOUTARD
Château TERTRE DAUGAY
Château TROPLONG-MON DOT
Château VILLEMAURINE
Château YON-FIGEAC
Clos DE L'ORATOIRE
Clos SAINT-MARTIN
Couvent DES JACOBINS

L'encépagement de Margaux est majoritairement réalisé en Cabernet-Sauvignon

Château Margaux
33460 Margaux

Margaux

Gloire à ce vin, qui a donné une renommée mondiale à un petit village. Tous, néophytes et connaisseurs, s'accordent à vanter l'extrême délicatesse du Margaux. Ce rouge prodigieux demande quelques années pour atteindre sa maturité ; si l'on en croit ses plus fervents admirateurs, lorsqu'il atteint sa plénitude, on peut parler de perfection. Hemingway aimait tant ce vin qu'il appela sa fille… Margaux. Un domaine s'impose entre tous, Château Margaux. Son vignoble de 60 hectares, classé Premier Cru, donne un vin d'une finesse remarquable. Doit-il sa réputation à son vin, aux colonnes qui ornent sa superbe façade, ou à l'allée de platanes qui y mène ? Toujours est-il que le château lui-même, ouvert aux visiteurs, est presque aussi connu que son vin. Quoiqu'il produise un vin exceptionnel, le prestigieux Château Margaux ne doit pas faire oublier que la commune de Margaux

Le chais de Château Margaux

compte sept autres crus classés en 1 855. Citons quelques Seconds Crus : Château Rausan-Ségla, Château Rauzan-Gassies, Château Durfort-Vivens. L'A.O.C. Margaux s'étend à quatre communes voisines. Soussans abrite un domaine plein de charme, le Château de la Tour-de-Mons, qui produit un excellent vin. Il est classé Cru Bourgeois, titre que l'œnologue Alexis Lichine, qui fut propriétaire à Margaux, jugeait inférieur à ses mérites, car, écrivait-il, on y produit « des vins supérieurs à quelques crus classés ». Cantenac fait du coude à coude avec Margaux en présentant sept crus classés, dont un Second Cru, celui du Château Brane-Cantenac. Non loin du village, le flâneur peut admirer deux châteaux du XVIIe siècle, Issan et Martinens, et le Château Kirwan, demeure de style néo-classique entourée d'un magnifique parc fleuri. Ces trois domaines, bien entendu, possèdent leur vignoble. Labarde propose deux crus classés, Château Dauzac et Château Giscours. Ce dernier organise des tournois de polo en septembre. Dans la même commune, le Château Siran se distingue par une collection inattendue de porcelaines chinoises et un parc regorgeant de cyclamen. Arsac, situé à l'intérieur des terres, concourt à la célébrité du Margaux avec un cru classé Château du Tertre. Signalons aussi le Château d'Arsac, producteur d'un Cru Bourgeois entreposé dans des chais ultra-modernes ; ce domaine accueille des expositions d'art contemporain.

La cave de Château Margaux

Château Poujeaux
Moulis-en-Médoc
APPELLATION MOULIS CONTRÔLÉE
1993
Jean Theil

Moulis

Le caractère particulier des vins de Moulis-en-Médoc tient essentiellement à la quantité de calcaire contenue dans le sol, supérieure à la moyenne du Médoc. Rouges à la robe bien colorée, ils sont corsés, charpentés, robustes, et développent une saveur accentuée et un bouquet pénétrant. L'appellation Moulis contrôlée s'applique à 350 hectares de vignobles répartis entre Moulis et six communes environnantes. Elle comprend plusieurs Crus Bourgeois.

Le plus connu des Moulis est sans conteste le vin du Château Chasse-Spleen, dont les propriétaires ont renoué avec une très ancienne tradition en nommant leur demeure. Dans l'argot des amateurs du jus de la treille, le vin s'appelait autrefois « chasse-mélancolie », « chasse-ennui » ou « chasse-cafard ». À découvrir également, le chai de 1 200 tonneaux du Château Poujeaux ainsi que le Château Maucaillou.

Château Maucaillou met à la disposition des passionnés du vin tout un arsenal qui les mènera au bout de la curiosité : musée des arts et métiers de la vigne et du vin, document racontant la naissance d'un millésime, chais et cuviers luxueux, séminaires sur le vin…

Si le temps se prête aux balades et aux pique-niques, le délicieux moulin de Tiquetorte et les bords de la Jalle de Tiquetorte sont à deux pas…

Listrac

Point culminant du Haut-Médoc, à deux pas de la forêt, Listrac déroule un sol pierreux et légèrement pentu qui produit des rouges à la belle robe rubis.

Ayant bon bouquet, du caractère et du corps, ils révèlent toutefois beaucoup de finesse. L'appellation comprend quelques Crus Bourgeois supérieurs, parmi lesquels le Château Clarke et le Château Fourcas-Dupré. Château Clarke se taille la part du

Bernard Lartigue
33480 Listrac

Michel Barbarin
33480 Moulis en Médoc

Château Poujeaux
33480 Moulis en Médoc

Michel Barbarin
33480 Moulis en Médoc

Château Longueville
33250 Pauillac

Château Longueville
33250 Pauillac

lion avec 120 hectares de vignoble sur les 500 de la commune.

Le domaine a été entièrement reconstitué par le baron Edmond de Rothschild en 1973. Y siège le cercle œnologique de Clarke, qui tient tables d'hôtes, et organise dégustations et visites.

Quant au Château Fourcas-Dupré, Cru Bourgeois supérieur, il produit un vin remarquable. À noter également parmi les richesses de Listrac, les Crus Bourgeois Château Peyredon-Lagravette, Château Lestage et Château Fonréaud (tous trois exposent divers outils viticoles) et Château Mayne-Lalande, propriété typique du Médoc. Ajoutons une mention au Château Cap Léon-Veyrin, qui présente de très vieux millésimes, ainsi qu'une collection d'objets de chais et de tonnellerie. Enfin, comme un bonheur n'arrive jamais seul, la cave coopérative de Grand-Listrac propose un vin d'excellente qualité.

Pauillac

Trois grands vins connus dans le monde entier et dix-huit crus classés en 1 855 ! Pauillac est incontestablement la capitale viticole du Médoc.

On y produit des rouges distingués, corsés et capiteux, avec un bouquet fin, et vieillissant admirablement. En bonne capitale, Pauillac offre à la vente les délices du Médoc dans sa Maison du vin, siège de la Commanderie du Bontemps. Présenter ces seigneurs du Médoc par ordre de préférence relèverait du crime de lèse-majesté. C'est pourquoi nous adopterons l'ordre alphabétique pour les premiers crus.

Château Lafite-Rothschild

Château Lafite est implanté sur les rondeurs de Pauillac. Renommé depuis longtemps, le domaine fut acquis par James de Rothschild en 1 868. D'une récolte à l'autre, le baron et ses successeurs ont su conserver à ces vins de longue garde une grande noblesse. Les caves recèlent des trésors en bouteilles, dont la plus ancienne fêtera bientôt son bicentenaire.

Château Latour

En matière de réputation, Château Latour ne le cède à personne : son vignoble était connu au XVIe siècle !

Les ceps s'enracinent dans un sol aride, particulièrement pierreux, où ils demeurent jusqu'à un âge très avancé avant d'être remplacés un à un.

La vigne donne ici un vin dur et charnu qui demande plusieurs années pour exprimer sa richesse. Ce rouge exceptionnel est de très longue garde, puisqu'il ne craint pas le demi-siècle. Les cuvées ne méritant pas l'appellation Latour sont commercialisées sous les noms de Forts de Latour ou Pauillac.

Château Mouton-Rothschild

Château Mouton-Rothschild entra dans le patrimoine de la célèbre famille par l'intermédiaire du baron Nathaniel en 1 853. Son vin n'a pas failli depuis ! Il est même passé, en 1973, du stade de deuxième cru au rang de premier cru, véritable révolution dans l'immuable classement de 1 855.

Le Mouton-Rothschild doit sa particularité au cépage cabernet sauvignon et à une vinification inhabituelle. Il est en effet laissé en cuve après la fin de la fermentation. Ce procédé offre un vin ayant beaucoup de corps, qui exige une longue maturation en bouteilles afin d'atteindre la splendeur. Château Mouton-Rothschild est par ailleurs un haut lieu du tourisme viticole.

Dans le chais, – l'un des plus impressionnants du Bordelais, les fûts se comptent par centaines. Sous le chai, dans le silence des caves, repose une armada de 100 000 bouteilles. Enfin, le Musée du vin présente une collection unique d'objets et d'œuvres d'art se rapportant au vin.

Les Pauillac classés deuxièmes crus proviennent d'un domaine autrefois commun : le Château Pichon-Longueville-

Comtesse de Lalande plutôt souple et fin et Pichon-Longueville-Baron plus corsé.

PICHON-LONGUEVILLE

L'histoire des Pichon remonte au Moyen-Âge. Dès cette époque, cette grande famille aquitaine s'est illustrée dans l'histoire de Bordeaux. C'est en 1694 que Jacques de Pichon, Baron de Longueville épouse la fille de Pierre de Rauzan, créateur du domaine. Leurs descendants resteront très attachés à leur propriété de Pauillac. C'est Raoul de PichonLongueville qui, en 1851, fit construire le château actuel. Sa famille y habita jusqu'en 1933. En 1987, la société AXA-Millésimes acquiert le domaine. Aussitôt, la restauration du château et la construction d'équipements viticoles plus adaptés sont envisagées par les nouveaux propriétaires. Après un concours d'architecture organisé avec l'aide du centre Georges Pompidou, Jean de Gastines et Patrick Dillon sont chargés de réaliser leur projet des installations techniques de tout premier plan et un centre d'accueil exceptionnel, permettant la découverte de la propriété et de son vin dans les meilleures conditions. Le vignoble de Pichon-Longueville, s'étend sur de belles terres de graves au sud de la commune de Pauillac. La vendange, ramassée à la main, est ensuite triée sur place avant d'être acheminée vers un magnifique cuvier muni d'un équipement moderne et performant. Depuis 1987, une sélection rigoureuse avant la mise en barriques permet de dissocier le grand vin d'un second vin, les Tourelles de Longueville. Après l'élevage en barriques de chêne, les deux vins sont mis en bouteilles au château au printemps de la 2ème année suivant la récolte.

Pauillac propose également une douzaine de cinquièmes crus, parmi lesquels le très fin Château d'Armailhac, le plaisant Grand-Puy-Lacoste, le riche Lynch-Bages et le distingué Pontet-Canet.

CHÂTEAU PONTET-CANET
33250 PAUILLAC

PONTET-CANET

Le classement des vins de 1855 n'a pas oublié Pontet-Canet. Le vignoble se situe au milieu des terres de l'appellation Pauillac. La pauvreté de la terre donne son caractère aux grands vins de ce domaine. Le sol caillouteux appelé localement graves, est tel que l'on a du mal à imaginer que la vigne puisse y pousser; Dans ce domaine de 79 hectares, le Cabernet Sauvignon règne en maître. Ce cépage exigeant occupe 62% du vignoble. Il est assemblé au Marlot, au Cabernet Franc et au Verdot. De l'assemblage de ces quatre cépages naît un vin généreux et plein d'harmonie. Les vendanges sont ramassées par tris successifs et les grappes transportées au cuvier. La vinification dure en moyenne trois semaines puis le vin est ensuite écoulé dans des barriques d'élevage pour une durée de 16 à 20 mois. Le bois devient un allié précieux du vin.
Les meilleurs millésimes des années 1990 sont remarquables. Le vin développe un nez où se mélangent les fruits noirs, le cassis, le réglisse et quelques notes de figues. La dégustation allie puissance et élégance avec une structure tannique qui laisse présager une longue garde.

Château Cos d'Estournel
33180 Saint-Estèphe

Domaines Prats
33180 Saint-Estèphe

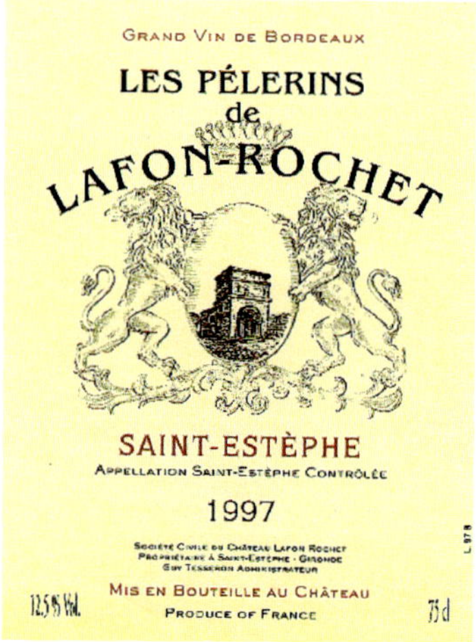

Château Lafont-Rochet
33180 Saint-Estèphe

Château Phélan-Ségur
33180 Saint-Estèphe

Château Phélan-Ségur
33180 Saint-Estèphe

Saint-Estèphe

Un sous-sol argileux et légèrement humide confère aux Saint-Estèphe leur caractère particulier. Vins corsés, bouquetés, fruités dans leur jeunesse, ils présentent des différences sensibles selon les domaines. Classé Second Cru, Château Cos-d'Estournel offre un vin riche et vigoureux proche du Pauillac par sa finesse et sa grandeur.

C'est le plus souple et le plus léger des Saint-Estèphe. Le Cos-d'Estournel est par ailleurs un lieu singulier ; le château, inspiré du style mauresque, s'orne d'un portail monumental qui provient du… sultanat de Zanzibar ! Le château de Montrose, Second Cru, produit un vin tannique et charnu, qui prend toute sa plénitude en vieillissant. Troisième Cru méritant un meilleur classement selon Alexis Lichine, le Château Calon-Ségur est le plus puissant et le plus corsé des Saint-Estèphe, ce qui ne l'empêche pas de garder une certaine souplesse.

Ici, comme à Château Latour, les vignes ont la vie longue – jusqu'à cent ans parfois, – et l'on pratique la méthode dite du « jardinage » : les ceps sont remplacés un par un.

Citons également les Château Lafon-Rochet et Château Cos-Labory, tenant bien leur rang de quatrième et cinquième crus.

On trouve encore sous l'appellation Saint-Estèphe nombre de Crus Bourgeois, qui n'ont peut-être pas la distinction des grands crus classés, mais n'en sont pas moins riches et corsés : Château Capbern-Gasqueton, Tour des Termes, Phélan-Ségur, Tronquoy-Lalande, Meyney, Pomys, Haut-Marbuzet, Coutelin-Merville…

Le terroir étant fécond, la production de deux cents propriétaires est vinifiée par la cave coopérative des lieux, et commercialisée sous l'appellation Marquis-de-Saint-Estèphe.

GRAND CRU CLASSÉ EN 1855
CHÂTEAU
LAFON-ROCHET
SAINT-ESTÈPHE
1995

Château Gruaud Larose dans la brume matinale

SAINT-JULIEN

Modeste par la taille, Saint-Julien est grand par son vin, l'un des cinq Haut-Médoc mondialement connus. On n'y trouve pas moins de onze grands crus classés en 1855. Plus corsé que le Margaux dont il a la délicatesse, moins charnu que le Pauillac dont il a la charpente, le Saint-Julien balance entre ces deux crus comme son village, situé entre les deux communes. Les châteaux les plus renommés sont Léoville-Poyferré, Léoville-Barton et Léoville-Las-Cases, classés seconds crus. Un petit ruisseau nommé le Juillac sépare ces vignobles de Château Ducru-Beaucaillou (au sol très pierreux comme son nom l'indique), autre remarquable Second Cru. L'appellation s'enorgueillit d'un Second Cru supplémentaire, Château Gruaud-Larose.

Les Château Lagrange et Château Langoa-Barton, classés troisièmes crus, n'ont à jalouser que le rang de leurs voisins.

Château Branaire-Ducru, quatrième cru, s'est doté de chais semi-enterrés où le vin se bonifie lentement tandis que les bouchons bénéficient d'une humidité complice. Château-Talbot, producteur d'un Saint-Julien charnu, classé Quatrième Cru, rappelle que Bordeaux appartint à l'Angleterre. Le domaine doit en effet son nom à John Talbot, comte de Shrewburry, qui perdit la vie au cours de la dernière bataille de la guerre de Cent Ans. Quatrième Cru encore, le fastueux Château Beychevelle dominant le fleuve de son immense terrasse, d'où un jardin à la française rejoint doucement les bords de la Gironde. Jadis propriété du duc d'Épernon, grand amiral du royaume, il tient son nom d'une vieille coutume.

L'histoire raconte que les marins qui remontaient l'estuaire amenaient les voiles en passant devant le château, pour saluer le seigneur du lieu. C'est ainsi que la demeure a pris le nom de « beyche velle », de baisser la voile en gascon.

Château Gruaud Larose, visite dans les chais

CHÂTEAU LAGRANGE
33250 SAINT JULIEN

HAUT-MÉDOC

Si les cinq vignobles qui bénéficient d'une appellation d'origine communale forment en quelque sorte des îlots privilégiés, le Haut-Médoc peut être fier de ses châteaux. De Blanquefort, aux portes de Bordeaux, à Saint-Seurin-de-Cadourne, le territoire de l'appellation contrôlée Haut-Médoc, produit d'excellents vins – dont cinq crus classés et un nombre impressionnant de Crus Bourgeois. Pour avoir droit à l'appellation Haut-Médoc, les vins doivent provenir des cépages cabernet sauvignon, cabernet franc, carmenère, merlot, Cot et petit Verdot, et titrer entre 9,5° et 13°. Les Haut-Médoc sont des rouges sèveux, bien équilibrés, bouquetés, avec beaucoup de finesse. Un peu astringents dans leur jeunesse car ils sont riches en tanins, ils vieillissent fort bien.

Les crus classés sont : Château La Lagune à Ludon, Château La Tour-Carnet à Saint-Laurent-Médoc, Château Cantemerle à Macau, Château Belgrave et Château de Camensac à Saint-Laurent-Médoc.

Le Haut-Médoc propose une grande variété de sites touristiques, dont un fort construit par l'illustrissime Vauban, et quelques lieux de dégustation de Crus Bourgeois : Château Senilhac à Saint-Seurin-de-Cadourne, Château Vieux Braneyre à Cissac-Médoc, Château Aney et Château du Moulin Rouge à Cussac, Château Fort de Vauban à Cussac-le-Vieux.

MÉDOC

Pointe nord du département de la Gironde, le Médoc compte une quinzaine de communes qui bénéficient de l'A.O.C. Médoc, dans un territoire limité approximativement à l'ouest par une ligne Lesparre/Saint-Vivien, au sud par une ligne Lesparre/Saint-Seurin-de-Cadourne.

Les conditions requises en matière d'encépagement et de degrés alcooliques, pour qu'un vin bénéficie de l'appellation Médoc, sont identiques à celles donnant droit à l'appellation Haut-Médoc.

Le vignoble donne des rouges bien colorés, vigoureux, tanniques, évoluant agréablement avec le temps. L'alchimie entre la terre et le climat étant ici moins subtile que dans le Haut-Médoc, les Médoc sont généralement moins complexes et moins fins que leurs voisins. Cela n'empêche pas l'appellation de s'honorer d'un bel assortiment de Crus Bourgeois. Vignobles, chais, moulins à vent, colombiers, petits musées, monuments d'âge vénérable, sites pittoresques, parc animalier, le Médoc offre de multiples promenades. Méritent une mention spéciale : Bégadan, où l'on peut déguster les Crus Bourgeois au Château La Tour de By, et au Château Vieux Robin, Saint-Yzans-de-Médoc, qui propose un Musée des outils de la vigne et du vin à Château Loudenne et une dégustation au Château Les Tuileries.

Château Smith Haut Lafitte sous la neige

Graves

La région des Graves tire son nom de « grave », qui désigne un terrain caillouteux plus ou moins mêlé de sable et d'argile, produisant des vins différents selon les proportions du mélange.
Le territoire de l'A.O.C. Graves – qui comprenait Pessac et Léognan jusqu'en 1987 – s'étire entre la Garonne et la forêt des Landes, du sud de Bordeaux à Langon, en contournant le Sauternais. Les vins rouges ayant droit à l'appellation Graves sont issus des cépages merlot, cabernet sauvignon, cabernet franc, Cot et petit Verdot.
Pour les vins blancs, l'encépagement ne peut comprendre que des cépages sémillon, sauvignon et Muscadelle. Les degrés alcooliques minimum et maximum, identiques pour les rouges et les blancs, sont respectivement de 10° et de 13°.
Les Graves rouges sont des vins élégants, très bouquetés, qui rappellent les Médoc, sans en avoir la délicatesse. Les Graves blancs sont fins, bouquetés, puissants, secs dans le nord du territoire, de plus en plus moelleux au fur et à mesure que le vignoble se rapproche du Sauternais.
Ouvrons la route à Saint-Morillon, qui présente l'ancien domaine du Château Camarset, le vignoble entouré de pins du Château Belon et le Château Claron, où, dit-on, Napoléon Ier et ses troupes burent toute la récolte en un seul après-midi.
Après Cabanac-et-Villagrains, une plongée dans la forêt mène à Landiras, où le

Château d'Arricaud offre un admirable panorama sur les coteaux du Sauternais et de la Garonne. Puis la route contourne le Sauternais (par Budos et Léogats) et conduit à Mazères, limite méridionale des Graves, où l'on fait du vin rouge et du vin blanc. Portets et ses environs illustrent l'histoire de la vigne dans la région avec le Château Crabitey, qui fut transformé en domaine vinicole par des Franciscaines, et le Château de Portets, fier d'avoir reçu Napoléon Ier.
Castres-en-Gironde, elle aussi, abrite des châteaux historiques, tous producteurs de Graves : Ferrande, Saint-Hilaire et Sansaric. La promenade s'achèvera superbement devant le plus beau château de la région, La Brède.
Ce domaine viticole eut pour seigneur Montesquieu, écrivain célèbre qui inspira la Constitution de 1791, et vigneron avisé qui aimait à signer sa correspondance : « Montesquieu, marchand de vins ».

PESSAC-LÉOGNAN

L'appellation contrôlée Pessac-Léognan, créée en 1987, regroupe les anciennes appellations Graves-Pessac et Graves-Léognan. Elle concerne une dizaine de communes situées au sud de Bordeaux, d'où proviennent tous les Graves classés en 1953 et en 1959 par l'INAO. Nous citons ici les Châteaux figurant au classement officiel de 1959.
Unique Château des Graves classé en 1855, Haut-Brion est l'un des fleurons du Bordelais. Son histoire débute en 1 525 quand la terre tombe dans la corbeille de mariage de Jean de Pontac et Jeanne de Bellon. Sous son impulsion et celle des propriétaires successifs, le domaine prend de l'importance et le vin connaît une certaine gloire dans les tavernes anglaises. Rachetée en 1935 par le financier américain Clarence Dillon, elle est toujours propriété de ses descendants. Le Château Haut-Brion donne un rouge généreux, puissant mais fin, avec une note de fumé très caractéristique. La production se situe autour de 150 000 bouteilles par an. Château Haut-Brion produit également quelque 10 000 bouteilles d'un vin blanc sec très corsé. Château La Mission-Haut-Brion produit un vin rouge remarquable, proche de celui de Château Haut-Brion. Château Laville-Haut-Brion, producteur de vin blanc, figure parmi les cinq premiers crus classés des Graves. Château Pape-Clément, l'un des plus anciens domaines viticoles de la région, doit son nom à Clément V, qui installa la papauté en Avignon. On y fait un rouge associant finesse et puissance, auxquelles s'ajoute la petite note de fumé caractéristique du terroir de Pessac.
Domaine de Chevalier produit un rouge exceptionnel, très fin et plein de vigueur, dont la qualité peut se comparer à celle du vin de La Mission-Haut-Brion, ainsi qu'un excellent vin blanc.
Château Olivier, classé pour ses vins

Château Carbonnieux
33850 Léognan

rouges et blancs, est également classé au titre des monuments historiques. Le superbe bâtiment du XIIIe siècle mérite un détour. Château Carbonnieux, également producteur de rouge et de blanc, appartint longtemps à des religieux. La légende dit que, au XVIIIe siècle, ils exportaient leur vin blanc jusque vers la lointaine Turquie. Mais comment franchir les frontières alors que l'Islam interdit la consommation de boissons fermentées ? Les rusés moines vendirent leur production sous le nom d'« eau minérale de Carbonnieux », tout simplement . La liste ne serait pas complète sans les « crus rouges » : Château La Tour-Haut-Brion, Château de Fieuzal, Château Haut-Bailly, Château Smith Haut-Lafitte, les « crus rouges et blancs » : Château La Tour-Martillac, Château Bouscaut et Château Malartic-Lagravière, et les « crus blancs » : Château Couhins et Château Couhins-Lurton, petits par la taille mais grands par la qualité.

Château de Fieuzal
33850 Léognan

Château Carbonnieux
33850 Léognan

Château Carbonnieux
33850 Léognan

Domaine de Chevalier
33850 Léognan

Domaine de Chevalier
33850 Léognan

Le célèbre Château d'Yquem

SAUTERNES

En Sauternais, le vignoble croît dans un sol où silice, argile et calcaire se conjuguent d'une façon unique au monde.
Ajoutons que l'on y pratique des vendanges plus que soigneuses, puisque les grains sont cueillis un par un au moment où ils atteignent la surmaturité propice à la vinification – la récolte s'échelonne parfois sur huit semaines. Précisons également que le sucre et l'alcool contenus dans le vin sont le seul résultat de la fermentation du moût. Voilà pourquoi le blanc Sauternes est à nul autre pareil.
Habillé d'or, d'ambre en prenant de l'âge, le Sauternes est un vin liquoreux puissant, onctueux, élégant et fin, qui distille des arômes de fruits secs (raisin, amande, noisette), de fruits mûrs (abricot, pêche) et de fleurs (tilleul, verveine, acacia, chèvrefeuille). Son vieillissement lui assure des qualités remarquables. Le Sauternes vieillit à merveille.
L'A.O.C. comprend, outre Sauternes, les communes de Preignac, Fargues, Bommes et Barsac. Les vins de Barsac peuvent prendre indifféremment l'appellation Barsac ou Sauternes.
Les dimensions du vignoble permettent de sillonner le Sauternais en tous sens en commençant par le village de son choix. Et comme châteaux et vignobles s'enchaînent à plaisir, voici les villages et leurs premiers crus.
Sauternes se place au premier rang de la fierté bordelaise et nationale, avec le fabuleux Château d'Yquem, classé Premier Grand Cru en 1855. Les Sauternes furent alors les seuls blancs du Bordelais pris en considération, c'est assez dire leur gloire !. On y produit un vin qui fait rêver dans un domaine magnifique. Autre orgueil de Sauternes, Château Guiraud est ouvert aux visiteurs.
Preignac veille sur le très classique Château de Malle et son beau jardin, ainsi que sur le château Suduiraut, où Louis XIV en

Départ pour les vendanges au Château d'Yquem

personne avait ses habitudes lorsqu'il séjournait dans le pays.
Fargues, modeste bourgade, s'élève au rang de cité avec Château Rieussec, dont le vin est corsé et très liquoreux, et Château La Tour-Blanche, qui abrite une école de viticulture.
Bommes compte trois premiers crus : le Château Lafaurie-Peyraguey, demeure de style mauresque ; le Château Rabaud-Promis ; le Château Rayne-Vigneau. Barsac, enfin, abrite le Château Coutet, dont le bâtiment est une réplique du Château d'Yquem. Rassurons les amateurs dont la bourse est modeste : il existe de nombreux crus secondaires dans le Sauternais

Cérons

Cérons, dont le territoire touche celui de Barsac, produit un vin blanc issu des mêmes cépages que le Sauternes et, comme dans le Sauternais, les raisins sont récoltés par tris successifs quand ils ont dépassé la pleine maturité. Vin élégant et très fin, le Cérons est moins liquoreux que le Sauternes, avec plus de fruit et de nervosité que celui-ci. Une partie de la récolte est vinifiée en sec ou demi-sec et donne un excellent blanc fruité. L'appellation contrôlée concerne Cérons et une partie du territoire de Podensac, au bord de la Garonne, et s'étend à la commune d'Illats, située un peu à l'écart du fleuve.
Le vignoble du Libournais est situé sur la rive droite de la Dordogne, de part et d'autre de Libourne.
Il comprend, à l'est de la ville, les terroirs de Pomerol, Lalande-de-Pomerol et Saint-Émilion, et, dans le prolongement de ce dernier, les vignobles secondaires des Côtes de Castillon bénéficiant d'une appellation contrôlée et des Côtes de Francs ; à l'ouest s'étendent les terroirs de Fronsac et Canon-Fronsac. Seuls les vins rouges produits dans cette région, où l'on fait également du blanc, ont droit à une appellation d'origine.

Château Haut-Peyraguey
33210 Bommes

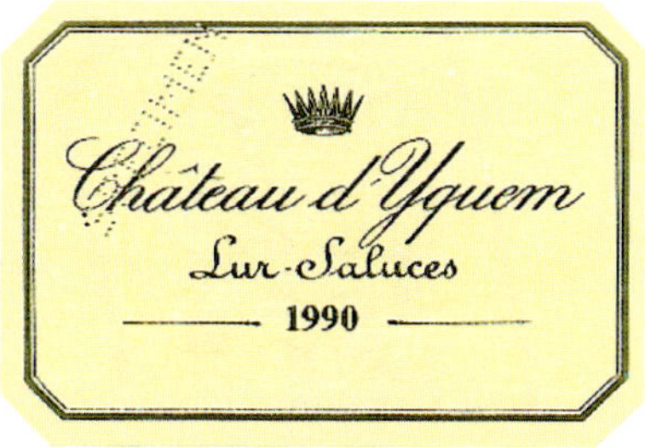

Château d'Yquem
33210 Sauternes

CHÂTEAU BARRABAQUE
33126 FRONSAC

FRONSAC - CANON-FRONSAC

Cité moyenâgeuse dominant la Dordogne, Fronsac est depuis longtemps célèbre pour ses vins. C'est en effet le duc de Fronsac qui lança la mode des vins de Bordeaux à la cour de Louis XV. En 1633, le cardinal Richelieu racheta la seigneurie de Fronsac, dont hérita son petit-neveu Louis Armand du Plessis. Le duc de Fronsac, devenu duc de Richelieu, fit venir à Versailles le produit de son vignoble – sa « tisane de vigne » comme l'on nommait parfois le vin. On fit d'abord la fine bouche, sans doute parce que le duc, libertin notoire, traitait un peu à la légère l'autorité royale. Il fut embastillé trois fois !
Mais, en goûtant de plus près au breuvage, on jugea la « tisane à Richelieu » point mauvaise, puis fort bonne, jusqu'à ne plus pouvoir s'en passer. Le vin de Fronsac fit fureur à Versailles, et bientôt, la cour adopta les vins de Bordeaux.
Le vignoble est planté en Merlot, Cabernet Franc et Cabernet Sauvignon dans un vignoble au sol argilo-calcaire.Bien colorés, fruités et charnus, les vins de Fronsac sont généralement meilleurs après quelques années de vieillissement. L'A.O.C. Fronsac s'applique à Fronsac, et à six communes environnantes : La Rivière, Saint-Michel-de-Fronsac, Saint-Germain-la-Rivière, Saint-Aignan, Saillans et Galgon. Les vins provenant de Fronsac, notamment le coteau de Canon, bénéficient de l'A.O.C. Canon-Fronsac. Ils se distinguent de leurs voisins par une robe d'un ton plus soutenu et une saveur plus corsée ; les Canon-Fronsac demandent quelques années de bouteille pour donner le meilleur d'eux-mêmes.

CHÂTEAU BARRABAQUE
33126 FRONSAC

CHÂTEAU CASSAGNE HAUT-CANON
33126 SAINT MICHEL DE FRONSAC

CHÂTEAU LA VIEILLE CURE
33141 SAILLANS

POMEROL

Il serait abusif de dire que le Pomerol est né du fer. Néanmoins, c'est à l'oxyde de fer contenu dans le sous-sol d'un petit terroir d'environ 700 hectares que ce vin prestigieux doit son caractère particulier.
Le vignoble, très ancien, prit son essor au XIIe siècle, lorsqu'il devint propriété des Frères de l'hôpital Saint-Jean de Jérusalem, le futur ordre de Malte.
Sa renommée est toutefois assez récente car, jusqu'au siècle dernier, les vins de Pomerol étaient confondus avec ceux de Saint-Émilion.
Aujourd'hui encore, alors que le nom de Château Pétrus connaît une gloire universelle, il n'existe pas de classement officiel des Pomerol. Le Pomerol est un vin généreux, sèveux, bien charpenté, offrant un bouquet riche en arômes, tout à la fois corsé et velouté.
Doté de la finesse des meilleurs Médoc, de la sève et de la vigueur des Saint-Émilion, le Pomerol est fréquemment considéré comme l'heureux compromis entre ces deux types de grands vins rouges.
En dépit de l'absence de titres officiels, les connaisseurs ont établi depuis longtemps une hiérarchie des Pomerol, dont le Château Pétrus est le roi incontesté.
C'est dire la rareté de ce vin superbe ! Il est vrai que le domaine est plutôt modeste dans sa superficie (11 hectares), à l'image de sa construction aux fenêtres couleur turquoise, surnommée « la maison de poupée ». Ses qualités proviennent sans nul doute de son sous-sol très argileux, couvert d'une mince couche de graviers mais aussi du travail des viticulteurs. Les rendements sont limités, les cépages anciens, la fermentation prolongée et le vieillissement étalé sur deux bonnes années dans des fûts neufs. Rien de trop pour un résultat exceptionnel. Rond et velouté, admirablement équilibré, le Château Pétrus est digne de sa réputation même dans les années moyennes.

Les meilleurs crus de Pomerol sont le Château Beauregard, le Château Certan de May, le Château La Conseillante, le Château l'Église-Clinet, le Château l'Évangile, le Château Feytit-Clinet, le Château Trotanoy et le Vieux Château-Certan.

LALANDE-DE-POMEROL

Lalande-de-Pomerol, au nord de Pomerol, et Néac, entre Pomerol et Montagne-Saint-Émilion à l'est, produit des vins très proches des Pomerol sur un vignoble de quelque 900 hectares.
Généreux, nerveux, veloutés, les vins de Lalande-de-Pomerol offrent souplesse, moelleux, et un bouquet qui n'appartient qu'à eux. Les meilleurs crus sont le Château Bel-Air, le Château Bourseau, le Château Grand-Ormeau et le Château de la Commanderie. Les vins de Néac, généreux et bouquetés, sont plus charpentés. Se placent en tête le Château Tournefeuille, le Château Belles-Graves, le Château Teysson.
Au VIIIe siècle, saint Émilion fit étape en un coin perdu sur la route de Saint-Jacques-de-Compostelle. Il trouva dans ce désert une source miraculeuse – en jaillissait-il du vin ? Abandonnant son projet de pèlerinage, il s'installa sur les lieux du miracle. Ainsi naquit Saint-Émilion, où l'on visite encore l'ermitage du saint homme.
Mais laissons la légende au profit de l'Histoire, qui dit que Saint-Émilion est l'une des plus anciens sites viticoles de France : son vin était déjà connu au IVe siècle, du temps où la cité s'appelait Lucaniac.
Village médiéval admirablement préservé, Saint-Émilion produit un vin que le Roi-Soleil lui-même qualifiait de « nectar des dieux ». L'aire de l'appellation, qui s'étend sur environ 5 700 hectares, comprend les vignobles de Saint-Émilion et de sept communes voisines : Saint-Christophe-des-Bardes, Saint-Étienne-de-Lisse, Saint-

CHÂTEAU BEAU SOLEIL
33500 POMEROL

Château La Ganne
33500 Pomerol

Vieux Château Certan
33500 Pomerol

Château Rouget
33500 Pomerol

Hippolyte, Saint-Laurent-des-Combes, Saint-Sulpice-de-Faleyrens, Saint-Pey-d'Armens et Vignonet.
S'y ajoute depuis 1977 l'ancienne aire de l'appellation Sables-Saint-Émilion, située sur le territoire de Libourne.
Les Saint-Émilion sont des vins de longue garde, généreux en arômes, puissants, chaleureux, à la belle robe rouge foncé. Cependant leurs caractéristiques diffèrent selon la nature du sol et du sous-sol ; on distingue notamment les vins de coteaux et les vins de plaine. Depuis 1954, les Saint-Émilion, jusqu'alors non répertoriés officiellement, sont classés en onze premiers grands crus et soixante-trois grands crus. Château Ausone et Château Cheval-Blanc caracolent en tête de ce palmarès. Les autres châteaux sont classés par ordre alphabétique.
La tradition veut que Château Ausone soit bâti à l'emplacement où se trouvait la villa du poète Ausone, qui vécut au IVe siècle. Ausone fait figure d'immortel dans le monde du vin.
En effet, s'il a petitement mérité de la littérature, il a grandement mérité du jus de la treille en chantant ses louanges. Le Château Ausone « se caractérise par sa générosité, sa plénitude ».
Son rival, Château Cheval-Blanc, situé en plaine, donne un vin « souvent considéré comme le meilleur Saint-Émilion pour son bouquet et son moelleux ». Citons les challengers : Château Beau-Séjour-Duffau-Lagarosse, Château Bélair, Château Canon, Le Clos Fourtet, Château Figeac, Château La Gaffelière, Château Magdelaine, Château Pavie, Château Trottevieille.

Château La Croix Du Casse
33500 Pomerol

Les satellites de Saint-Émilion

Cinq communes situées au nord de Saint-Émilion bénéficient d'une A.O.C. comportant leur nom suivi de Saint-Émilion.

Lussac-Saint-Émilion

Lussac-Saint-Émilion produit sur ses coteaux un vin coloré et corsé non dénué de finesse. Les principaux Châteaux sont : Lyonnat, Bellevue, Lussac, Lion-Perruchon et Vieux-Chênes.

Puisseguin-Saint-Émilion

Puisseguin-Saint-Émilion, doté de coteaux pierreux, donne des vins de bonne garde, charnus, colorés et corsés. Les producteurs le plus souvent cités sont Châteaux Les Lorets, Teillac, Roc-de-Boissac et Teyssier.

Montagne-Saint-Émilion

Montagne-Saint-Émilion possède le vignoble le plus étendu des « satellites ». Ses vins de coteaux sont plus puissants et plus colorés que ses vins de plaine, plutôt souples, séveux et légers. Les Châteaux Montaiguillon, des Tours, Corbin, Roudier et Négrit sont généralement considérés comme les meilleurs crus.

Parsac-Saint-Émilion

Parsac-Saint-Émilion, dont le vignoble s'étage sur des coteaux, produit des vins bouquetés mais un peu moins corsés que ses voisins. Les producteurs commercialisent volontiers leur vin sous le nom de Montagne-Saint-Émilion, ainsi que la réglementation les y autorise depuis 1972.

Saint-Georges-Saint-Émilion

Saint-Georges-Saint-Émilion est l'une des

meilleures appellations satellites. Ses vins robustes, bien charpentés, au bouquet évoquant la truffe, sont doués d'une bonne longévité. Après Château Saint-Georges, producteur d'un vin racé, citons les Châteaux Saint-André-Corbin, Saint-Georges-Macquin, Tourteau et Samion.

Premières Côtes de Bordeaux

Peuplant les coteaux de haut en bas et puisant dans ce sous-sol diversifié, le vignoble des Premières-Côtes-de-Bordeaux forme une longue écharpe sur la rive droite de la Garonne, de Sainte-Eulalie à Saint-Maixant. L'appellation concerne les vins rouges et blancs produits dans trente-sept communes dont Cadillac, Loupiac et Sainte-Croix-du-Mont, qui bénéficient également d'une appellation spécifique.
Les vins rouges, provenant principalement du nord, sont issus des cépages exigés pour l'appellation Bordeaux, et doivent titrer de 10° à 13°.
Les Premières-Côtes-de-Bordeaux rouges sont des vins puissants, bien charpentés, se bonifiant avec l'âge. Pour les blancs, qui doivent titrer au minimum 11,5°, l'encépagement est fait en sauvignon, sémillon et Muscadelle. La gamme va du moelleux au liquoreux.

Côtes de Blaye

Autour de Blaye, où la vigne croît jusque sur la citadelle édifiée par Vauban, s'étend un vaste vignoble qui court vers le nord jusqu'à Saint-Ciers-sur-Gironde et vers l'est jusqu'à Saint-Savin. Ce pays verdoyant compte trois A.O.C. obtenus en 1936. Les Côtes-de-Blaye sont des blancs secs, frais et parfumés issus des cépages merlot blanc, folle blanche, pineau de la Loire, Colombard, Frontillan, Sémillon, Muscadelle et Sauvignon ; ils titrent entre 10° et 13°. La production des Premières-

Château La Gaffelière
33330 Saint-Émilion

Le Clos de l'Oratoire au Château Peyreau

Château Haut-Bernat
33330 Saint-Émilion

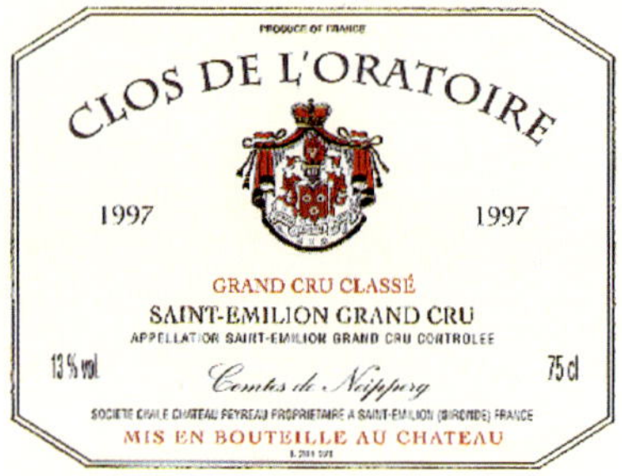

Clos de l'Oratoire
33330 Saint-Émilion

Clos La Gaffelière
33330 Saint-Émilion

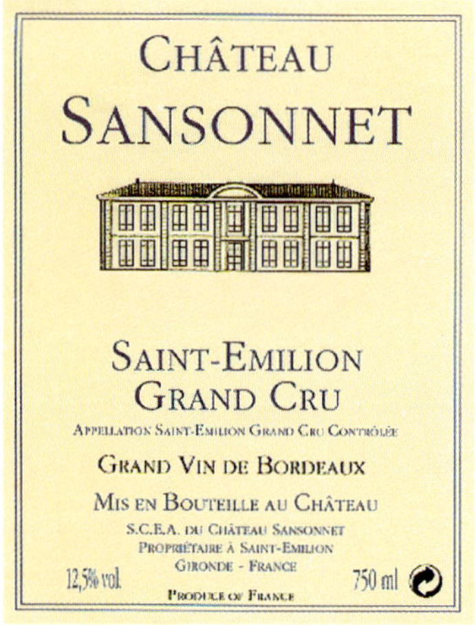

Château Sansonnet
33330 Saint-Émilion

Château la Gaffelière
33330 Saint-Émilion

Côtes-de-Blaye, rouges ou blancs, dépasse les 200 0 00 hectolitres. Pour les rouges, qui doivent titrer au minimum 10,5°, les cépages exigés sont le Cabernet-Franc, le Cabernet-Sauvignon, le Merlot et le Malbec. Ce sont des vins légers, souples, aromatiques, à boire jeunes. Les blancs proviennent des cépages Muscadelle, sémillon et sauvignon ; le degré alcoolique minimal est fixé à 11°. La gamme va du blanc sec, fruité et nerveux, à boire dans l'année suivant la mise en bouteilles, aux vins moelleux et liquoreux. Comme un peu partout dans le Bordelais, les vins doux régressent au profit des blancs secs, plus au goût du jour. Enfin l'appellation Blaye, ou Blayais, désigne des vins rouges et des vins blancs qui ressemblent à leurs voisins mais répondent à des critères moins exigeants. Le vignoble rouge se compose de Cabernet, Cabernet-Sauvignon, Merlot, Malbec, et Verdot . Ils doivent titrer entre 9,5° et 12,5°. L'encépagement du vignoble « blanc » est le même que pour les Côtes-de-Blaye, et le degré alcoolique minimal est fixé à 10°. Ce sont des vins légers, frais qui se consomment jeunes. Cette appellation régresse au profit des Premières Côtes-de-Blaye

Côtes de Castillon

Le vignoble castillonais, contigu à celui de Saint-Émilion, escalade hardiment les coteaux à la limite du département de la Dordogne. Encépagé principalement en merlot, il donne des rouges corsés et colorés, fort agréables, qui gagnent à prendre de l'âge car ils sont un brin rustique dans leur jeunesse. L'appellation Bordeaux Côtes de Castillon s'applique à des vins qui satisfont aux critères exigés pour l'appellation Bordeaux Supérieur. Elle concerne les communes de Castillon-la Bataille, Bièves-Castillon, Saint-Magne-de-Castillon, Les Salles, Saint-Genès-de-Castillon, Monbadon, Saint-Philippe-d'Aiguille et Sainte-Colombe.

Côtes de Francs

Le petit vignoble des Côtes de Francs, qui prolonge celui des Côtes de Castillon vers le nord, donne un vin rouge proche du Bordeaux Côtes de Castillon. Ici aussi, le vin doit répondre aux critères de l'appellation Bordeaux Supérieur pour avoir droit à son appellation spécifique. L'appellation Bordeaux Côtes de Francs s'étend à Francs, Saint-Cibard, Les Salles et Tayac.

Côtes de Bourg

Au confluent de la Garonne et de la Dordogne, la rive droite s'orne de rondeurs qui font figure de montagnes dans le Bordelais. C'est pourquoi le Bourgeais a reçu le surnom de « petite Suisse girondine ». L'on y fait un peu de vin blanc doux, et des vins rouges qui jouissent d'une réputation méritée.

Les vignes – merlot, cabernet, Cabernet-Franc, malbec – donnent des rouges robustes, charpentés, colorés et charnus, auxquels quatre ou cinq ans de bouteille confèrent de la finesse, et de la distinction.

Entre Deux-Mers

Du point de vue géographique, l'Entre-Deux-Mers est le triangle formé par la

Garonne et la Dordogne – les « mers » –, triangle dont la base est la limite du département de la Gironde. La vigne est partout présente dans cette région joliment vallonnée, mais l'A.O.C. Entre-Deux-Mers est réservée aux vins blancs produits sur les aires des appellations suivantes : Cadillac, Loupiac, Sainte-Croix-du-Mont, Côtes-de-Bordeaux-Saint-Macaire, Graves de Vayres et Sainte-Foy-Bordeaux. Neuf communes du canton de Targon sont autorisées à utiliser l'appellation associée Entre-Deux-Mers Haut-Benauge du nom du château Benauge, la forteresse qui domine le pays. Les Entre-Deux-Mers doivent titrer entre 10° et 13°, et être élaborés à partir des cépages principaux sémillon, sauvignon et Muscadelle ; les cépages autorisés à titre accessoire sont le merlot blanc, le Colombard, le Mauzac et l'Ugni blanc. Ce sont des vins frais, légers, fruités, qui se boivent jeunes.

GRAVES DE VAYRES

Cette appellation est réservée à un petit territoire de Graves de la rive gauche de la Dordogne, en face de Libourne.
Quelque 500 hectares de vignobles répartis entre Vayres et Arveyres y donnent des vins rouges aromatiques et souples, d'évolution assez rapide, des vins blancs doux – en régression ces dernières années – et des blancs secs frais et fruités. Ce sont des vins qui se consomment jeunes.

SAINTE-FOY - BORDEAUX

L'aire de cette appellation se trouve aux confins du plateau de l'Entre-Deux-Mers, où elle voisine avec le Bergeracois.
On y fait d'agréables rouges corsés, des blancs moelleux et souples, ainsi que des blancs secs.

CADILLAC

Cette petite ville du Bordelais ne porte pas le nom des célèbres voitures américaines, c'est tout le contraire ! La ville de Detroit, aux États-Unis, où l'on fabrique ces véhicules, fut fondée par le chevalier Lamothe-Cadillac.
L'A.O.C. Cadillac s'applique à des vins blancs moelleux ou liquoreux titrant au minimum 13°.
Le vignoble couvre une petite centaine d'hectares répartis sur dix-huit communes. Non loin de Cadillac trône l'imposant château des ducs d'Epernon, où la Connétablie de Guyenne, confrérie vineuse qui veille aux destinées des vins blancs de la région, a établi ses quartiers.

LOUPIAC

Les Loupiac sont des vins blancs, principalement des vins doux produits selon des règles identiques à celles en vigueur dans le Sauternais, semblables à ceux qui proviennent de Sainte-Croix-du-Mont. Dans les meilleures années, les blancs moelleux sont de bonne garde.

CHÂTEAU PUYGUERAUD
33570 LUSSAC

CHÂTEAU PELAN BELLEVUE
3350 SAINT PHILIPPE D'AIGUILHE

G.F.A. RODET RECAPET
33710 BOURG SUR GIRONDE

CHÂTEAU BRULESÉCAILLE
33710 BOURG SUR GIRONDE

CLOS · DES · EPENEAUX

Sommaire :

En Bourgogne, le relief s'accuse comme pour rappeler les nuances subtiles du sol et de la pierre. Ici commence le royaume du vin de Bourgogne, ce vin unique et multiple à la fois, produit d'un art séculaire, de toute une culture, de toute une tradition. De Chablis à Mâcon, l'âme du Bourgogne est ici, dans la cave et dans le vin que le vigneron vous invite à déguster.

La Bourgogne et ses cinq vignobles

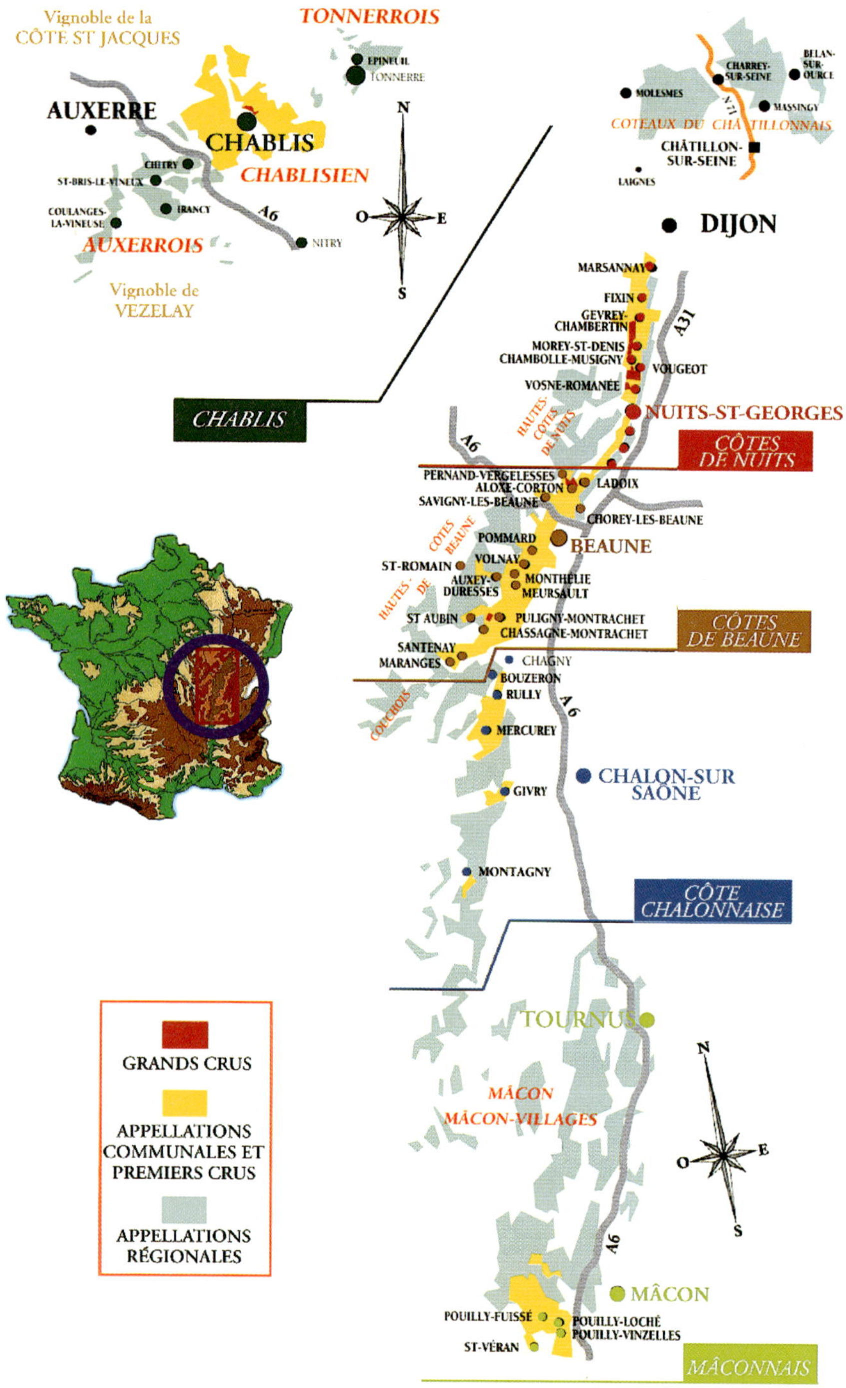

À la diversité des sols et des climats, à la variété des cépages et des appellations répond le savoir-faire de chaque vigneron qui imprime à son vin son caractère unique, sa spécificité. S'il y a mille manières de découvrir la Bourgogne, le plus simplement est de le faire le verre à la main en rencontrant l'homme qui a fait ce vin. Ici, la diversité ne manque pas car si La Bourgogne représente environ 5 % de la production française d'A.O.C., son vignoble s'étend sur trois départements et comprend cinq grandes régions de production.

- Les vignobles de Chablis, de l'Auxerrois, de Tonnerre, de Joigny et de Vézelay, dans le département de l'Yonne,

- Les vignobles de la Côte de Nuits et des Hautes Côtes de Nuits, au Nord du département de la Côte d'Or,

- Les vignobles de la Côte de Beaune et des Hautes Côtes de Beaune, au Sud du département de la Côte d'Or,

- Les vignobles de la Côte Chalonnaise et du Couchois au Nord du département de la Saône et Loire,

- Le vignoble du Mâconnais au Sud du département de la Saône et Loire.

Schématiquement, les vignobles se découpent et se nomment en fonction de chaque grande ville qui est en son centre : Nuits Saint Georges, Beaune, Chalon, Mâcon et Chablis.

LES CÉPAGES ET LES APPELLATIONS

Le Pinot Noir qui est un raisin noir à jus blanc et le Chardonnay qui est un raisin blanc, sont les deux cépages nobles de la Bourgogne. Au total plus 30 0 00 hectares sont plantés en Pinot Noir, grand seigneur dominant des vins rouges. On y cultive aussi, mais en moindre proportion, l'Aligoté et le Gamay. Les principaux constituants des sols bourguignons, l'argile, le calcaire et la silice, varient en proportion d'une parcelle à l'autre. Elles produisent cette étonnante diversité de caractères, trait dominant des vins de Bourgogne. Celle-ci s'exprime dans le système de classement des appellations bourguignonnes fondé sur la notion d'origine. Ainsi, on distingue quatre principales catégories d'appellations. Les appellations régionales concernent les vins qui peuvent être produits sur l'ensemble ou seulement sur certaines parties du territoire viticole. Ils prennent par exemple pour nom, Bourgogne, Bourgogne Aligoté, Crémant de Bourgogne, Bourgogne Hautes Côtes de Beaune. Les appellations communales s'appliquent aux vins produits sur le territoire d'un village qui leur donne légalement son nom. C'est par exemple le cas pour Chablis, Nuits-Saint-Georges, Beaune, Mercurey, Saint-Véran. Les appellations premiers crus sont réservées aux vins produits sur des parcelles bien délimitées appelées également climat, de certains villages. Le nom du climat est associé à celui du village. En conséquence, ils se retrouvent sous les dénominations Chablis 1er Cru Fourchaumes, Nuits-Saint-Georges Les Caillerets, Beaune Grèves, Mercurey Clos du Roy. Les appellations grands crus sont exclusivement réservées aux vins uniques des terroirs les plus prestigieux. Le nom du village s'efface alors devant celui du climat. Ils s'appellent alors par exemple Richebourg, Corton, Montrachet.

Le tri des raisins pendant les vendanges. P.H. Gagey et J. Lardière, Domaines Louis Jadot

Domaine Château de Pommard en automne

Les vignobles de l'Yonne

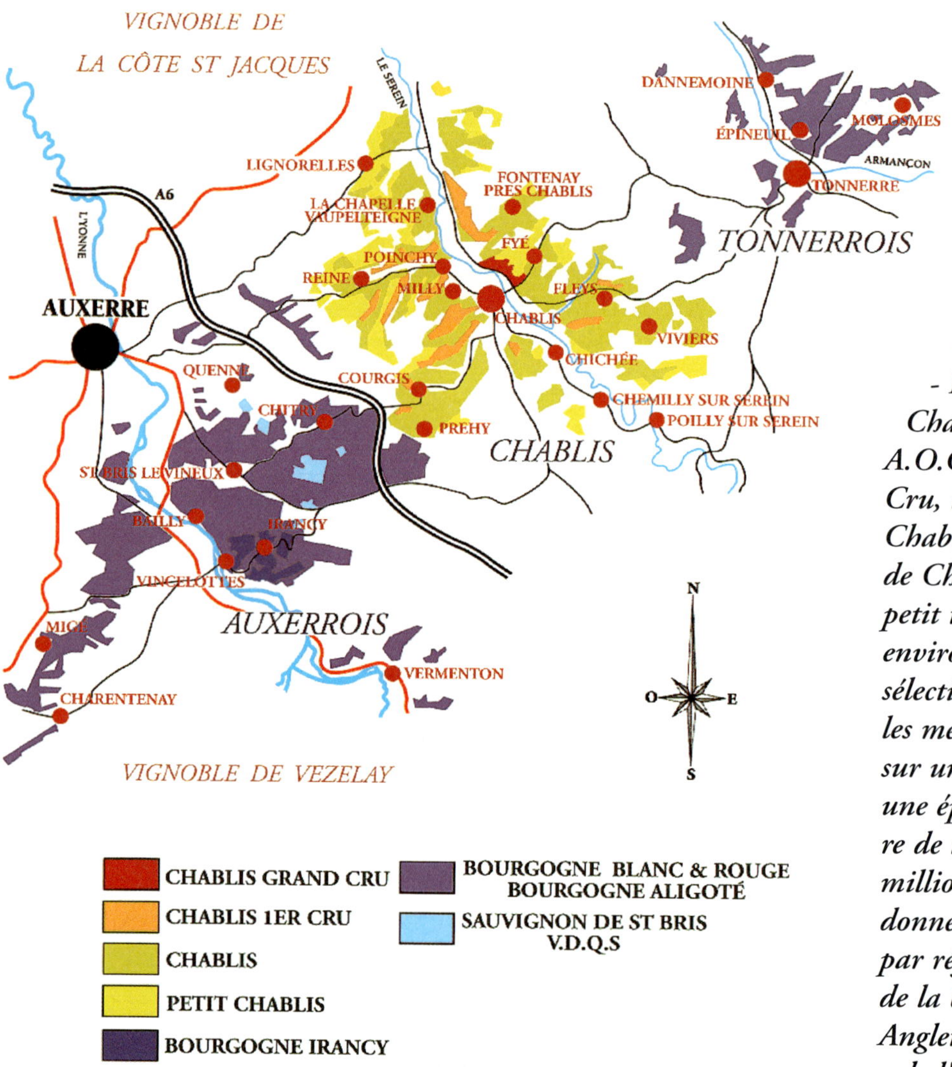

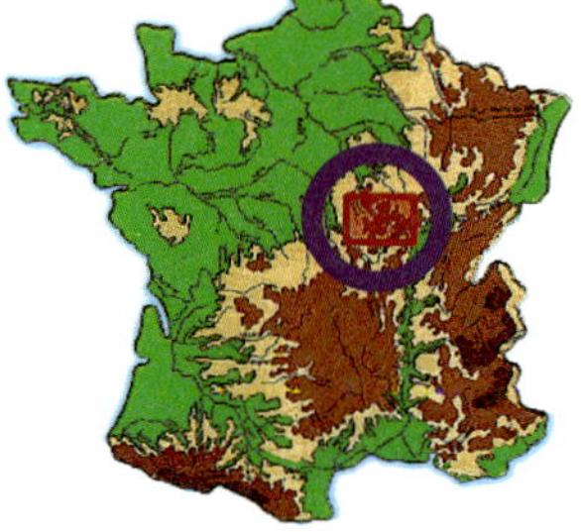

Les vignobles de l'Yonne sont les plus septentrionaux des vignobles de la Bourgogne. Ils occupent une superficie d'environ 5 400 hectares. On y distingue trois vignobles installés sur les coteaux des vallées des rivières :

- L'Armançon pour le vignoble du Tonnerrois.

- Le Serein pour le vignoble de Chablis. Cet ensemble comprend 4 A.O.C. différentes : le Chablis Grand Cru, le Chablis Premier Cru, le Chablis et le Petit Chablis. Les vins de Chablis sont produits sur un tout petit territoire de 4 000 hectares environ. Il est le fruit d'une longue sélection des terrains aptes à produire les meilleurs vins. Cette aire est située sur un ensemble de terrains formés à une époque bien précise dans l'histoire de la de la terre, il y a plusieurs millions d'années. Les géologues lui donnent le nom de Kimméridgien, par référence aux terrains identiques de la baie de Kimmeridge en Angleterre.

- de l'Yonne pour le vignoble de l'Auxerrois.

D'autres secteurs viticoles, d'origine ancienne, produisent également des Bourgognes blancs, rouges et rosés. Il s'agit, entre autres, du vignoble de la Côte Saint Jacques à Joigny et du vignoble de Vézelay.

La Moutonne était une dénomination déjà en usage sous l'ancien régime. Elle s'appliquait à une vigne de Chablis située dans la Côte des Vaudésirs.

Le vignoble de Chablis occupe les coteaux qui se déploient de part et d'autre de la vallée du Serein. Il couvre actuellement environ 4 000 hectares alors qu'il en occupait seulement 600 il y a une trentaine d'années. C'est une région vallonnée aux sommets très souvent boisés. La production des vins de Chablis s'étend sur une vingtaine de communes. Le sol caillouteux, argilo-calcaire, appartient géologiquement au Jurassique. Les cépages Chardonnay, Pinot Noir, Aligoté et Gamay produisent, dans les terroirs de ces vignobles, une gamme complète de grands vins dont la qualité est réputée dans le monde entier. Il n'y a pas si longtemps, l'Yonne était un des départements français les plus viticoles. Le vignoble occupait les coteaux des vallées des rivières de L'Yonne, de La Cure, du Serein, de l'Armançon et du Tholon et approvisionnait la région parisienne. Les vins étaient acheminés par voie d'eau jusqu'à la Seine sur les trains de bois qui descendaient du Morvan. Vincelles et Vincelottes, communes situées au bord de l'Yonne, évoquent encore ce commerce actif du vin. A la fin du siècle dernier, l'invasion phylloxérique a porté un coup terrible à tout le vignoble et les replantations sur porte-greffes résistants aux attaques du parasite n'ont été réalisées que dans les terroirs les plus favorables à la production de vins de qualité et dans les expositions les moins sensibles aux gelées printanières. En effet, cette région si accueillante est quelquefois bien rude pour les viticulteurs et les ceps. Le climat est à tendance continentale ce qui signifie que si les étés sont favorables à une bonne maturation des raisins, le printemps est souvent source de soucis pour le viticulteur. La production des vins de Chablis est très dépendante des aléas climatiques en particulier des gelées printanières. Ces gelées qui interviennent en avril et mai, nécessitent, pour la sauvegarde d'une végétation encore fragile, la mise en œuvre de systèmes de protection. Outre le préchauffage de l'air par combustion, le vignoble de Chablis a pu mettre en place, dans certains climats, un système de protection par aspersion d'eau qui a nécessité la création d'un lac artificiel. La production du vignoble Chablisien varie, selon les années, entre 220 000 et 240 000 hectolitres. Cette production fait de Chablis le deuxième plus important vignoble de Bourgogne producteur de vins blancs. C'est la terre de prédilection pour le Chardonnay, seul cépage autorisé à produire les vins d'Appellation Contrôlée Chablis. Le vignoble de Chablis a connu un essor important depuis 25 ans. De nos jours, la presque totalité des exploitations se consacre à la monoculture de la vigne ce qui a favorisé l'importante mécanisation actuelle, y compris pour les vendanges. Environ un tiers des viticulteurs chablisiens confient la vinification et la commercialisation de leur production à la cave coopérative La Chablisienne, fondée en 1923. Un autre tiers vend son vin, en vrac, aux Maisons de négoce-éleveur locales ou régionales. Enfin, le dernier tiers des producteurs commercialise son vin en bouteilles. sous son étiquette. Une grande part de la production est exportée vers les principaux marchés étrangers que sont la Grande-Bretagne, l'Allemagne, la Belgique, les Pays-Bas, les États-Unis, le Canada ou encore le Japon. Les vins de Chablis ont acquis une réputation mondiale et sont classés parmi les plus grands vins blancs de Bourgogne. Ils sont d'une excellente conservation et les meilleurs crus méritent d'être consommés seulement après quelques années de vieillissement. C'est alors qu'ils prennent toute leur finesse et toute leur distinction.

LES APPELLATIONS

Le vignoble de Chablis est délimité en quatre zones d'appellations. La première, ***Chablis Grand Cru***, regroupe les sept climats réputés que sont Bougros, les Clos, Grenouilles, Blonchot, Ireuses, Valmur et Vaudésir, tous situés sur la commune de

CHÂTEAU LONG-DEPAQUIT
89800 CHABLIS

Vignes dans l'Auxerrois

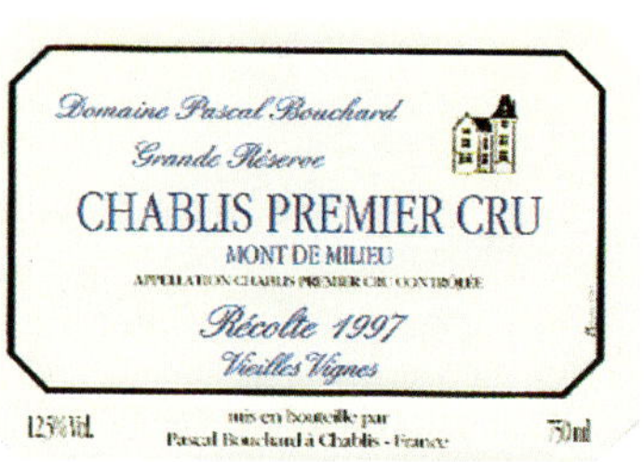

PASCAL BOUCHARD
89800 CHABLIS

Chablis et sur la rive droite du Serein en coteaux très pentus. La Moutonne est une dénomination accordée à une propriété d'environ 2 ha située sur les climats Vaudésir et Preuses. La seconde, ***Chablis Premier cru***, occupe 40 Climats répartis sur les rives droite et gauche du Serein, toujours en bonne exposition. Les principaux Premiers Crus sont, sur la rive droite, Fourchaume, Mont de Milieu, Montée de Tonnerre, Vaucoupin et sur la rive gauche, Montmain, Vaillons, Beugnons, Lys, Beauroy, Côte de Léchet, Butteaux. La troisième, et plus générale, ***Chablis***, est l'appellation produite sur l'ensemble des communes de la zone de production, à flanc de coteaux et sur les plateaux. Il reste enfin l'appellation ***Petit Chablis*** pour les vins récoltés sur les terrains situés à la périphérie du vignoble ou sur les plateaux. Les communes productrices des vins d'appellation Chablis sont, en dehors de Chablis, capitale du vignoble Bine, Béni, Chemilly-sur-Serein, Chichée, Courgis, Fleys, Fontenay-près-Chablis, Fyé, la Chapelle Vaupelteigne, Lignorelles, Ligny-le-Châtel, Maligny, Milly, Poinchy, Poilly-sur-Serein, Préhy, Villy et Viviers.

Le vignoble Auxerrois.

Les vins d'Auxerre connurent la célébrité pendant plusieurs siècles, jusqu'à l'invasion du phylloxéra. Après ce terrible coup du sort, le vignoble fut reconstitué sur les terrains les plus favorables aux vins de qualité. L'Auxerrois offre une très large gamme d'appellations dominées par le Bourgogne Irancy et le Sauvignon de Saint-Bris.
Le vignoble Auxerrois s'étend sur une dizaine de communes situées immédiatement au sud et au sud-est de la ville d'Auxerre. Il couvre environ 1 400 hectares de vignes en production qui occupent les coteaux et les plateaux qui dominent la vallée de l'Yonne. Les vins de l'Auxerrois sont produits à partir des cépages bourguignons : en blanc, le Chardonnay et l'Aligoté, en rouge, le Pinot Noir et le Gamay à jus blanc. On trouve également, en blanc le Sauvignon, d'introduction récente, qui donne un vin très aromatique et en rouge ainsi que le César, sensible aux gelées printanières, vigoureux, de production irrégulière donnant un vin très tannique, parfois associé au Pinot Noir. Le vignoble Auxerrois est producteur d'A.O.C. régionales Bourgogne. Toutefois, les nuances que l'on peut observer dans les vins ont conduit les viticulteurs à mentionner sur l'étiquette, le nom de la région ou de la commune de production. ***Bourgogne Côtes d'Auxerre***, est l'appellation qui regroupe principalement la production des communes de Saint-Bris-Le-Vineux, Auxerre et Vaux. ***Bourgogne Chitry*** est originaire de la seule commune de Chitry-Le-Fort. Ces deux appellations concernent à la fois les Bourgognes blancs, rouges et rosés.

Saint-Bris et Chitry sont également réputés pour la qualité de leur Bourgogne Aligoté. ***Bourgogne Coulanges*** concerne les vins qui sont produits essentiellement sur la commune de Coulanges-la-Vineuse mais également sur celles de Migé, Jussy et Escolives. ***Bourgogne Irancy*** s'applique aux vins récoltés sur les communes d'Irancy et de Cravant, pour le Cru Palotte, ces deux dernières appellations ne concernant que les vins rouges et rosés. Les rouges, habillés de grenat foncé, sont des vins corsés et charpentés, développant un bouquet de framboise. Leur richesse en tanin, qui augmente avec la proportion de césar, les rend un peu durs dans leur jeunesse, mais ils savent récompenser l'amateur doué de patience, car ils s'arrondissent avec l'âge et se conservent longtemps. Les rosés sont rustiques et très fruités. Le Sauvignon de Saint-Bris est un VDQS blanc issu du sauvignon. Cependant la modestie de l'appellation ne l'empêche pas de mériter une place d'honneur parmi les vins de l'Auxerrois. Ce vin frais, vif et désaltérant, offre la légère saveur fumée que l'on retrouve fréquemment dans les « blancs de sauvignon ». Il est bon à boire dans les deux ans qui suivent la récolte.

AUXERRE ET VAUX

La ville d'Auxerre a toujours été très réputée pour la production de ses vins. Le Clos de la Chaînette, propriété de l'Hôpital Psychiatrique de l'Yonne, a résisté à l'urbanisation. Il comprend 3 hectares plantés en Chardonnay et en Pinot Noir. Les Bourgognes blancs et rouges qui en sont issus présentent des caractères tellement originaux que les dégustateurs en sont venus à qualifier fréquemment du « type Chaînette » en fonction d'un caractère tannique et d'une odeur de silex. La commune de Vaux a vu renaître un vignoble depuis peu. Chardonnay et Pinot Noir couvrent environ 17 ha à l'origine de très bons Bourgognes blancs et rouges.

SAINT-BRIS-LE-VINEUX

C'est la commune la plus viticole de l'Auxerrois. Les splendides caves du XIIe et XIIIe siècles attestent de la constance son passé. Les vins rouges et blancs produits à Saint-Bris-le-Vineux et sur quelques communes avoisinantes portent l'appellation Bourgogne Côtes d'Auxerre.

CHITRY-LE-FORT

Cette commune viticole est rattachée au canton de Chablis. Les sols possèdent un caractère marneux. Les Bourgogne Chitry sont très appréciés pour leur fraîcheur et leur finesse. Chitry a la particularité de posséder une église fortifiée à l'origine du nom de la commune.

COULANGES-LA-VINEUSE

Ce village est situé sur la rive gauche de l'Yonne, face à celui d'Irancy. C'était, avant la crise Phylloxérique, un très important centre viticole comme en témoignent encore les habitations anciennes très souvent équipées de splendides caves voûtées. Les coteaux sont tout particulièrement bien exposés. Actuellement, une vingtaine de viticulteurs produisent des Bourgogne Coulanges rouges, aromatiques, très fins, à la fois tendres et tanniques.

IRANCY

Le village d'Irancy est blotti au fond d'une vallée entourée de coteaux disposés en amphithéâtre et protégeant la plus grande partie du terroir de vents du Nord. Les sols sont de la même nature géologique que ceux de Coulanges. Les cépages sont le Pinot Noir et le Gamay, mais on peut y

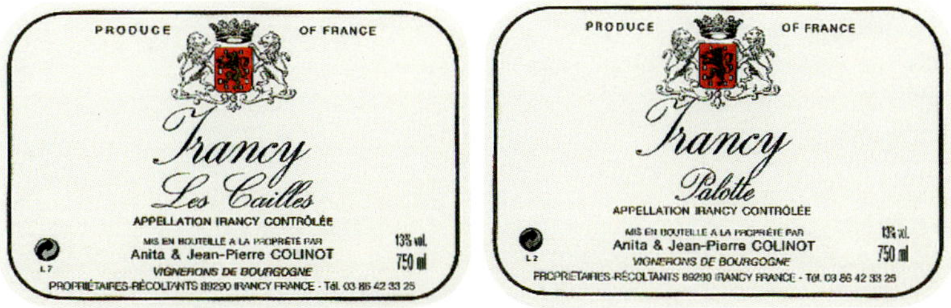

ANITA ET JEAN-PIERRE COLINOT
89290 IRANCY

GHISLAINE ET JEAN-HUGUES GOISSOT
89530 SAINT-BRIX-LE-VINEUX

Le village d'Irancy et son vignoble

GHISLAINE ET JEAN-HUGUES GOISSOT
89530 SAINT-BRIX-LE-VINEUX

trouver encore quelques parcelles de César. Les Bourgogne Irancy possèdent une belle robe pourpre. Ils sont vifs, corsés, nerveux dans leur jeunesse, avec des arômes de fleurs et des petits fruits. Ils sont en général dotés d'un bon support tannique qui leur confère un long vieillissement et un caractère particulier.

LES CAVES DE BAILLY

Au cœur du vignoble Auxerrois, est née en 1972 une unité d'élaboration de Crémant de Bourgogne installée dans 3 hectares de caves souterraines desquelles ont été extraites les pierres qui ont servi à la construction de grands monuments parisiens. Ce site grandiose mérite d'être visité lors d'un passage dans l'Auxerrois. Les Caves de Bailly élaborent des Crémant de Bourgogne blancs ou rosés à partir des raisins livrés par les viticulteurs des communes du vignoble.

LE VIGNOBLE DE LA CÔTE-SAINT-JACQUES

Tout au nord du département, le vignoble de la Côte Saint Jacques, terroir à vocation viticole très ancienne, domine la ville de Joigny, en bordure de l'Yonne. Le sol est rouge, constitué d'argile à silex reposant sur un calcaire tendre. Quelques viticulteurs exploitent ce vignoble d'environ 10 hectares exposé au sud et planté exclusivement en Pinot-Noir et Pinot-Gris. Le vin produit, rouge ou gris, bénéficie de l'appellation contrôlée Bourgogne Côte Saint Jacques. Il est typé et d'une très grande finesse.

LE VIGNOBLE DE VÉZELAY

Au sud du département, le vignoble de Vézelay, d'origine également très ancienne, couvre aujourd'hui une vingtaine d'hectares sur les terroirs des communes de Vézelay, Asquins, Saint-Père et Tharoiseau. La reconstitution de ce vignoble s'est faite notamment avec les cépages Chardonnay et Pinot Noir. Les viticulteurs se sont récemment regroupés pour mieux maîtriser la production et la qualité et de leurs Bourgognes blancs et rouges.

LE VIGNOBLE TONNERROIS

Ce vignoble était très réputé avant la crise Phylloxérique. Installé sur la vallée de l'Armançon et situé à proximité de la ville de Tonnerre dont il porte le nom, le vignoble ne s'est reconstitué qu'à partir de 1977 et a débuté sur la commune d'Epineuil. À cet endroit, la replantation s'est opérée avec le Pinot-Noir. Les vins rouges et rosés bénéficient de l'appellation Bourgogne Epineuil. Actuellement, une dizaine de viticulteurs exploitent environ 60 hectares de vignes. Les communes de Molosmes et de Tonnerre sont à l'origine du redéveloppement d'un vignoble de Bourgognes blancs et rouges.

CARACTÈRE DES VINS.

Les vignobles de Chablis, de l'Auxerrois et du Tonnerrois offrent une palette riche et diversifiée de grands vins blancs, rouges, rosés et effervescents pour toutes les occasions de consommation. Ils sont étonnants par leurs qualités et l'originalité de leurs caractères. ***Les Petit Chablis*** sont considérés comme des vins prêts à boire jeunes, agréables par leur vivacité et leur légèreté. ils doivent être dégustés très frais, 10 à 12 °C, dans l'année qui suit la récolte. ***Les Chablis et Chablis Premiers Crus*** sont des vins d'une grande limpidité. Ils sont frais, légers et fruités. Leurs arômes et leurs saveurs se développent rapidement ce qui permet de les consommer seulement après un ou deux ans de bouteille à une température d'environ 12 °C. Les Chablis Premiers Crus, élégants et racés, présentent une palette aromatique d'une grande diversité composée pour l'essentiel, de fruits frais, de fleurs blanches puis de fruits secs. Ils sont prêts à boire au bout de 2 à 3 ans mais peuvent se conserver plusieurs années. ***Les Chablis Grands Crus*** possèdent des arômes puissants, distingués et d'une grande complexité avec des dominantes de chèvrefeuille et d'acacia dans leur jeunesse, puis ils évoluent vers la noisette, l'amande grillée et le miel en vieillissant. En bouche, ils sont vigoureux, charnus et corsés avec un moelleux et une persistance aromatique intense exceptionnelle. Mais il faut faire preuve de patience car ils ne s'épanouissent qu'après 3 ou 4 ans de bouteille et demandent souvent plusieurs années de vieillissement supplémentaires pour atteindre leur apogée. ***Le Crémant de Bourgogne***, issu des cépages nobles Chardonnay et Pinot Noir, associés parfois à d'autres cépages bourguignons, est élaboré selon la méthode champenoise. C'est un vin de grande classequi se présente sous une mousse fine et persistante, avec un nez aux arômes élégants et fruités. En bouche, il s'exprime par la légèreté et la fraîcheur. ***Le Bourgogne Aligoté*** se remarque dans le verre par sa très belle couleur or brillant, nuancée de reflets verts. Il est très apprécié pour sa vivacité et sa légèreté. Ses parfums frais et francs à nuances souvent fumées, rappellent le raisin, la pomme verte et le citron. À déguster jeune et très frais.

PASCAL BOUCHARD
89800 CHABLIS

Le Bourgogne Blanc produit sur les coteaux de l'Yonne donne toute la finesse et le charme du Chardonnay : couleur d'un bel or jaune, nez élégant et complexe ou se mêlent des arômes de fruits frais et de fleurs blanches nuancés d'une touche de vanille. L'attaque en bouche est franche. Les saveurs s'équilibrent harmonieusement entre l'acidité et le moelleux avec une bonne persistance. À déguster dans les 2 ou 3 années qui suivent la récolte. ***Le Bourgogne Rouge*** exprime la diversité des caractères de ces vins produits dans les vignobles de l'Yonne. La robe est de couleur pourpre à rubis, d'une intensité moyenne à soutenue, selon les terroirs et les millésimes. Le nez est essentiellement dominé par des arômes de fruits rouges bien mûrs, en particulier des arômes de cerises qui poussent sur les mêmes coteaux. En bouche, ils sont frais, amples et ronds avec des tanins modérés qui leur confèrent une structure d'une grande souplesse. ils peuvent être dégustés jeunes ou après 2 ou 3 ans de bouteille. Les Bourgogne Irancy, très colorés, corsés et tanniques sont des vins de plus longue garde. ***Le Sauvignon de Saint Bris*** est un cas à part. Son nez très exubérant est caractérisé par une odeur de feuille de cassis froissée, dominant des arômes de fruits exotiques, d'herbe fraîchement coupée ou de poivron. Il est frais et très fruité en bouche, avec une bonne persistance aromatique. Il se déguste de préférence dans sa prime jeunesse.

La vinification est un art complexe qui résulte aussi de la qualité du raisin

L'art du vigneron consiste à conjuguer la modernité et le respect d'une certaine tradition. Au Domaine Goisot, les vins sont élevés en fûts de chêne dans des caves du XIe siècle (ci-dessous) auxquelles on accède par un caveau de dégustation du XIIe siècle (ci-dessus)

Les vignobles des Côtes de Nuits et des Hautes Côtes de Nuits

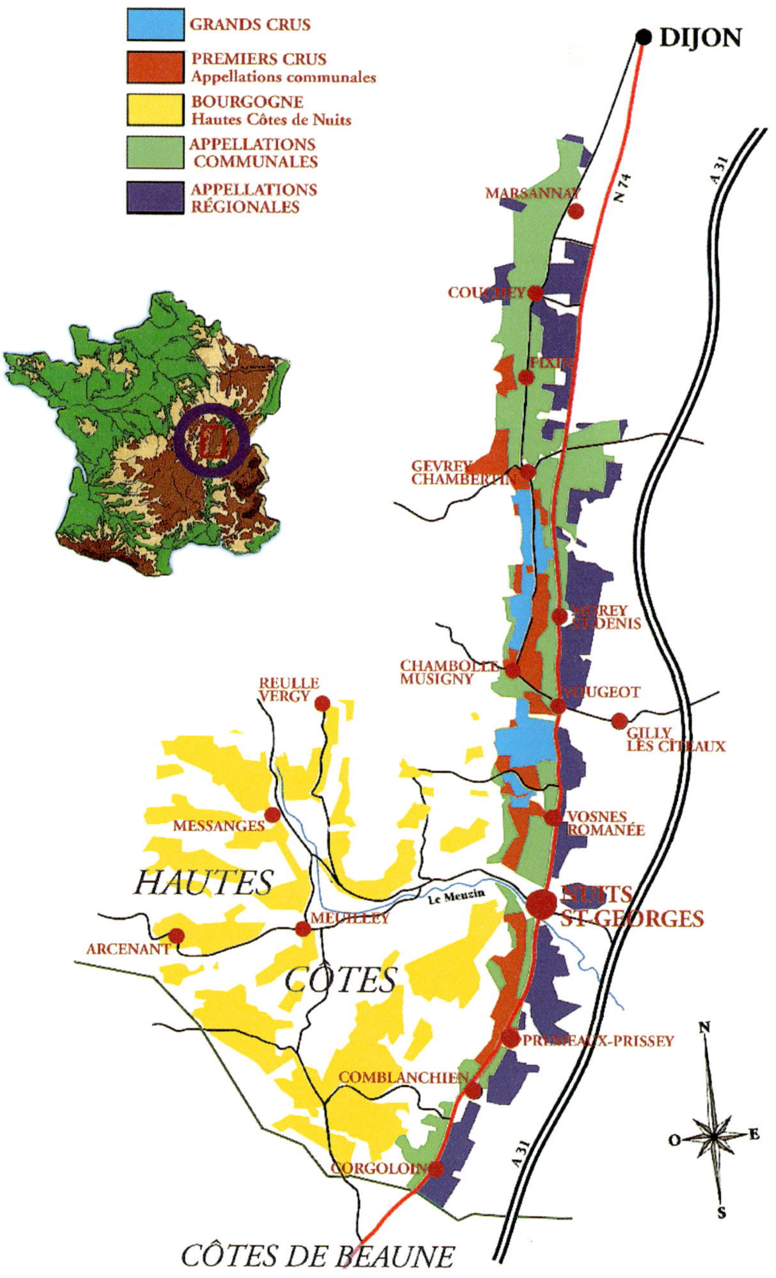

Depuis bien des années, les grands vignobles qui ont fait toute la réputation de la Bourgogne, s'étendent sur une étroite bande de coteaux qui s'étire sur vingt kilomètres de long et parfois sur à peine deux à trois cent mètres de large seulement. Cette région regroupe les vignobles De la Côte de Nuits et Des Hautes Côtes de Nuits. La zone des A.O.C. Bourgogne Côte de Nuits se situe entre Dijon et Corgoloin. Sur quelques kilomètres se succèdent les villages de Marsannay, Fixin, Gevrey-Chambertin, Morey-Saint-Denis, Chambolle-Musigny, Vougeot, Vosne-Romanée, Nuits-Saint-Georges, autant de noms devenus célèbres par la qualité et le prestige de ses crus. Leur richesse et leur renommée sont telles que certains ne peuvent évoquer la Côte de Nuits sans immédiatement penser aux grands Bourgognes qui y sont élaborés. C'est ici en effet que l'on trouve tous les grands crus rouges de Bourgogne à l'exception du Corton. La zone des A.O.C. Bourgogne Hautes Côtes de Nuits s'étend sur une vingtaine de communes situées parallèlement à la Côte, à une altitude moyenne de 300 à 400 mètres. Le paysage de collines, offre une assez grande variété d'aptitudes viticoles selon l'exposition et l'altitude.

Ce vignoble a un passé chargé d'histoire. L'origine de la vigne y est très ancienne. Le véritable essor des crus est lié à l'activité des grandes abbayes. Les moines de l'abbaye de Cîteaux, en particulier, dont le Clos de Vougeot est le chef-d'œuvre le plus remarquable, se consacraient exclusivement à leur vignoble. Sur les 2 500 hectares que compte le vignoble, on produit essentiellement des vins rouges. Cette admirable réussite n'est rendue possible que par la parfaite harmonie entre les sols, le climat et les cépages utilisés. Tout d'abord, le climat y est particulier. La situation géographique de la Côte de Nuits est septentrionale. On ne trouve de production de grands vins rouges à une latitude aussi élevée. Mais l'influence climatique continentale, avec des étés chauds et des automnes secs, ainsi que la parfaite adaptation des cépages bourguignons aux conditions de climat et de sol, expliquent l'existence de ce grand vignoble. Il faut comprendre le rôle essentiel de l'exposition de la vigne par rapport au soleil et l'absence totale de cours d'eau qui déterminent une durée d'ensoleillement et une qualité de lumière exceptionnelles. Le vignoble est installé sur les calcaires du Jurassique. Les pentes sont vives dans la partie supérieure, plus modérées dans le bas du versant où les terres rouges arrachées aux plateaux se mêlent à des éboulis calcaires. Les sols sont très pierreux. La réussite qualitative dépend en grande partie des conditions d'adaptation du cépage et de ses réactions au terroir. La qualité est beaucoup influencée par divers paramètres : l'altitude qui influe sur la température et donc sur la maturation du raisin, l'inclinaison de la pente qui détermine l'incidence du rayonnement solaire, la profondeur du sol qui détermine les réserves d'eau et donc la vigueur de la vigne, la proportion entre les différents éléments fins et grossiers, constitués par les éboulis calcaires et marneux, arrachés au sous-sol par l'érosion, et favorisant le drainage interne plus ou moins efficace du sol et bien sûr par l'exposition, élément essentiel pour l'ensoleillement. Ainsi, ne sont retenues que les façades Est, Sud, et très exceptionnellement Ouest. Les pentes Nord sont exclues. De sorte que la qualité des sols n'est jamais meilleure qu'à mi-pente, où toutes les conditions optimales sont rassemblées pour produire les grands crus et les premiers crus. La Côte de Nuits est le terroir de prédilection du Pinot Noir, cépage rouge traditionnel de la Bourgogne. On trouve néanmoins, en de rares endroits, le cépage Chardonnay traditionnel en Bourgogne. Deux autres cépages sont également utilisés, mais d'une manière plus marginale : le Gamay en rouge et l'Aligoté en blanc.

Les appellations.

Le premier classement officiel des vins de Bourgogne a été établi en 1861. Dans cette classification, les vins étaient répertoriés selon plusieurs catégories. Depuis 1935, l'Institut National des Appellations d'Origine a établi la classification actuelle qui s'appuie sur la reconnaissance des usages anciens, mais également sur des facteurs naturels que sont la géologie, la topographie, la pédologie et les éléments mesurables sur le terrain. Entre la limite supérieure des coteaux viticoles et les zones basses, se répartit un certain nombre de niveaux de qualité d'A.O.C. La Côte de Nuits produit 92 % de vins rouges, 8 % de vins blancs et recouvre 2 500 hectares de vignes en appellations : appellations régionales 700 hectares, appellations villages et premiers crus 1 550 hectares, grands crus 250 hectares.

Les appellations régionales.

Elles sont produites sur l'ensemble du territoire de la Bourgogne viticole et sont représentées par les trois appellations classiques qui constituent le premier échelon de la hiérarchie des appellations Bourgogne : Bourgogne Migoté, vin blanc

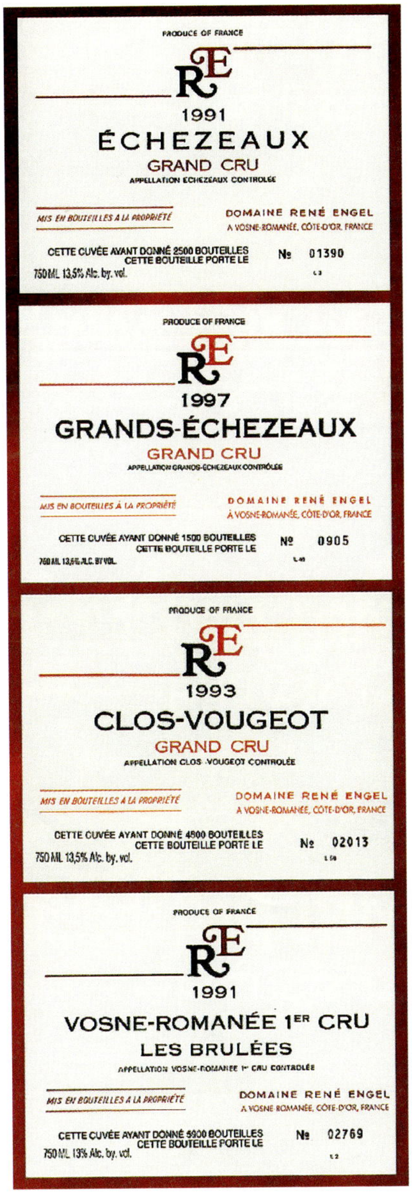

Domaine René Engel
21700 Vosne-Romanée

Le Clos Saint-Jacques à Gevrey-Chambertin

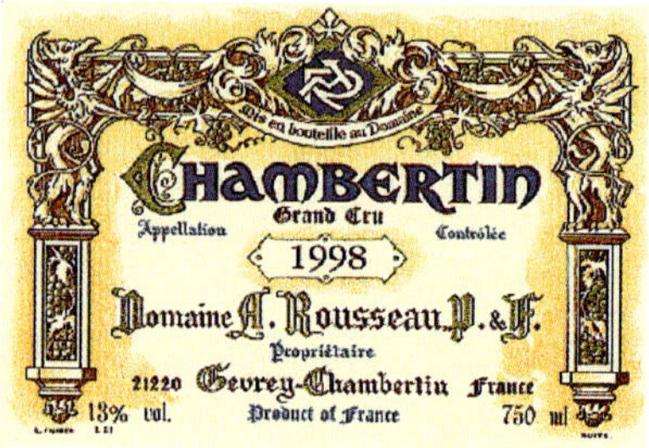

DOMAINE ARMAND ROUSSEAU
21220 GEVREY-CHAMBERTIN

DOMAINE DANIEL RION & FILS
21700 NUITS-ST-GEORGES

provenant du cépage Aligoté, Bourgogne Passetoutgrain, vin rouge issu d'un assemblage des deux cépages rouges bourguignons : le Pinot Noir (1/3 minimum obligatoire) et le Gamay, appellation Bourgogne qui existe dans les trois couleurs en blanc, en rouge et en rosé. Depuis quelques années, au nord du département de la Côte d'Or, le vignoble Chatillonnais à vocation viticole d'A.O.C. régionales connaît un nouvel essor, et s'étend désormais sur les coteaux voisins de Chatillon sur Seine.

LES HAUTES CÔTES DE NUITS.

Les plateaux bourguignons sur lesquels s'adosse le vignoble de la côte sont creusés par un réseau de vallées donnant des coteaux orientés à l'Est et au Sud. Au début du siècle, après la crise phylloxérique, le vignoble des Hautes Côtes a connu un léger recul. Zone traditionnelle de polyculture, il a fallu plusieurs décennies, à partir de 1930, pour marquer un nouvel élan. Fondées sur des objectifs de qualité, les replantations ont été effectuées avec le Pinot Noir et le Chardonnay sur les meilleurs coteaux. Les efforts développés pour améliorer la qualité, les soins apportés aux cultures et aux vinifications, ainsi qu'un contrôle strict de chaque cuvée avant sa mise en marché, portent aujourd'hui tous leurs fruits. Désormais, les vins des Hautes Côtes appartiennent pleinement à la famille de vins de Bourgogne.

Leur réussite est exemplaire. Aujourd'hui, le vignoble des Bourgognes Hautes Côtes de Nuits s'étend sur une vingtaine de communes. Il couvre environ 510 hectares, répartis en 450 hectares de Pinot Noir et 60 hectares de Chardonnay.

APPELLATIONS COMMUNALES ET GRANDS CRUS.

MARSANNAY

Créée en 1987, l'appellation Marsannay est l'une des plus récentes de la Bourgogne. Elle ouvre désormais au Nord les portes de la Côte de Nuits. Répartie sur les villages de Marsannay la Côte, Chenove et Couchey, elle représente 4000 hectolitres d'A.O.C. Marsannay, répartis en 10 % de vins blancs, 20 % de vins rosés et 70 % de vins rouges.

FIXIN

Le vignoble de Fixin est très ramassé, groupé autour de Fixin et de son hameau Fixey. Sur une centaine d'hectares, la production de Fixin est d'environ 4000 hectolitres dont 20 % issus des meilleurs climats sont classés en premiers crus. À l'entrée de la combe de Fixin, chacun peut découvrir le célèbre « réveil de Napoléon » statue de François Rude immortalisant le passage de l'empereur dans la région.

GEVREY-CHAMBERTIN

Gevrey-Chambertin possède toute la hiérarchie des appellations bourguignonnes. Les grands crus d'abord avec le Chambertin, le Chambertin Clos de Bèze, Chapelle Chambertin, Charmes Chambertin, Mazoyères Chambertin, Griotte Chambertin, Latricières Chambertin, Mazis Chambertin, Ruchottes Chambertin, et enfin l'appellation Gevrey-Chambertin dont environ 20 % sont classés en premier cru. Le vignoble recouvre 380 hectares sur les villages de Gevrey Chambertin et Brochon, et produit près de 16000 hectolitres de crus exclusivement rouges. Les grands crus occupent 85 hectares pour une production voisine de 2500 hectolitres.

MOREY-SAINT-DENIS

Situé en partie centrale de la Côte de Nuits, le vignoble de Morey-Saint-Denis a pour vocation de produire surtout des vins rouges. La surface du vignoble est assez faible (123 hectares), la production est voisine de 3500 hectolitres avec une grande proportion de premiers crus (28 %) et de grands crus (27 %). Les grands crus sont le Clos Saint Denis, le Clos de la Roche, le Clos des Lambrays, le Clos de Tart et les Bonnes Mares.

CHAMBOLLE-MUSIGNY

Installé sur les éboulis calcaires provenant en partie de la combe de Chamboeuf, Chambolle-Musigny expose son vignoble Est-Sud-Est, à une altitude variant de 250 à 350 mètres. Le vignoble occupe 170 hectares et produit environ 5700 hectolitres dont un quart de premiers crus. Les deux grands crus, le « Musigny » et les « Bonnes-Mares » représentent une production voisine de 700 hectolitres. La totalité de la production est rouge, à l'exception de quelques pièces de « Musigny » blanc.

DOMAINE ARMAND ROUSSEAU
21220 GEVREY-CHAMBERTIN

DOMAINE BERTHAUT
21220 GEVREY-CHAMBERTIN

CLOS DES LAMBRAYS
21220 MOREY-ST-DENIS

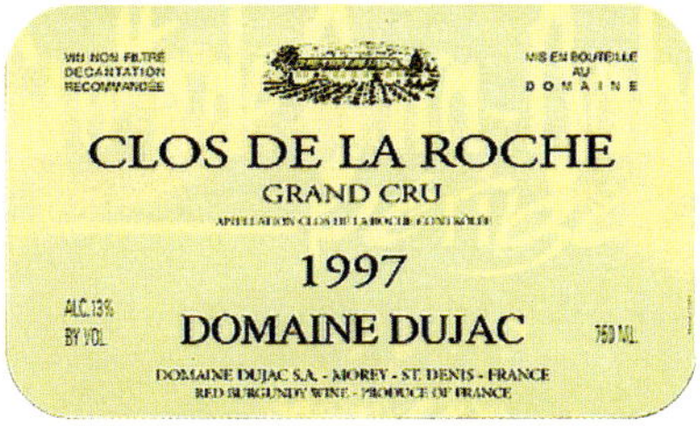

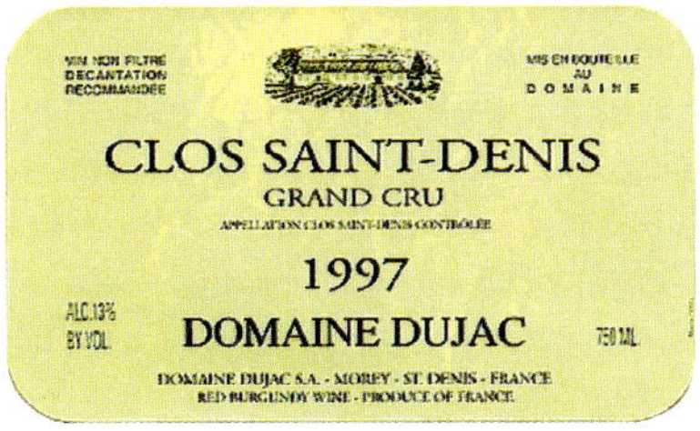

DOMAINE DUJAC
21220 MOREY-SAINT-DENIS

MAISON ANTONIN RODET
71640 MERCUREY

FOUGERAY DE BEAUCLAIR
21160 MARSANNAY LA COTE

CHÂTEAU DE LA TOUR
21640 VOUGEOT

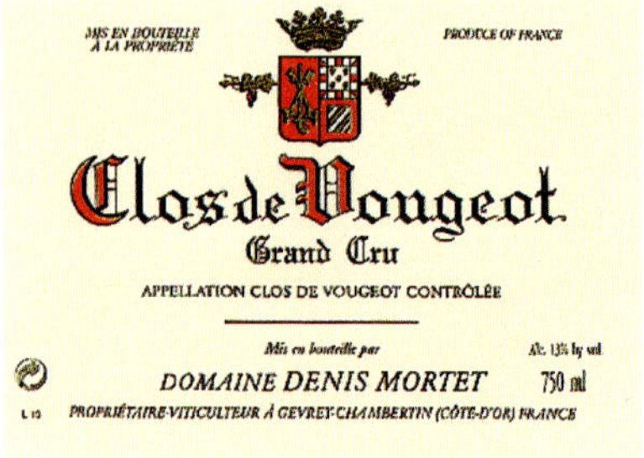

DOMAINE DENIS MORTET
21220 GEVREY-CHAMBERTIN

VOUGEOT

Au cœur de la Côte de Nuits, ce village dont le terroir viticole est l'un des plus petits de France (64 hectares) possède depuis le XIIe siècle le célèbre château du Clos-Vougeot, chef-d'œuvre des moines cisterciens, que chacun peut visiter. Vougeot, au cœur des grands crus produit essentiellement des rouges mais possède un climat premier cru en blanc… La production est d'environ 2 000 hectolitres dont les trois-quarts pour le seul grand cru « Clos de Vougeot ».

VOSNE-ROMANÉE

Le vignoble de Vosne-Romanée recouvre près de 249 hectares sur Vosne-Romanée et Flagey-Echezeaux. La situation du vignoble, l'unité des sols et des expositions y sont tout à fait remarquables. Les sols argilo-calcaires conviennent particulièrement à la production des grands vins rouges. Vosne-Romanée et Flagey-Echezeaux produisent notamment sept grands crus parmi les plus prestigieux : La Romanée, Romanée-Conti, Romanée Saint-Vivant, Richebourg, La Tâche, Echezeaux, Grands Echezeaux. La production totale est de 8 000 hectolitres, dont un quart en premier cru et un quart en grand cru.

NUITS-SAINT-GEORGES

Réparti sur les communes de Nuits-Saint-Georges et Premeaux-Prissey, le vignoble de Nuits-Saint-Georges est installé sur des sols bruns calcaires plus ou moins mêlés d'argile provenant de la dégradation du sous-sol d'origine jurassique. La nature des sols détermine la quasi totalité de la production en vins rouges. La superficie du vignoble couvre 300 hectares pour une production de 6 700 hectolitres de Nuits-Saint-Georges et 5 300 hectolitres de Nuits-Saint-Georges premier cru.

CÔTE DE NUITS-VILLAGES

Généralement, chaque commune de la Côte de Nuits possède son appellation propre. L'appellation Côte de Nuits-Villages est par contre commune à cinq villages répartis en deux groupes : au Nord à Fixin et Brochon, au Sud à Premeaux-Prissey, Comblanchien et Corgoloin. La production est essentiellement en vins rouges.

CARACTÈRES DES VINS.

Les vins de la Côte de Nuits sont caractérisés, d'une manière générale, par leur solidité et leur fermeté. Bien entendu, cette règle doit être nuancée suivant les situations. Néanmoins, les vins de la Côte de Nuits ont tous en commun une race exceptionnelle et une aptitude certaine au vieillissement. Les appellations régionales produites en Côte de Nuits, suivent à quelques nuances près la même tendance. ***Les Hautes-Côtes-de-Nuits*** possèdent un caractère bien affirmé et une structure solide. Ils sont robustes, fermes, charpentés, et demandent un certain vieillissement pour s'épanouir. Les vins blancs ont une belle robe or vert, un nez élégant et fruité ainsi qu'une structure équilibrée. ***Les Côtes-de-Nuits-Villages***, en raison de la dispersion des différentes communes productrices, conservent une certaine variété. Lorsqu'ils sont produits dans la partie Nord, ils se distinguent par leur fermeté et leur caractère corsé. Ceux produits au Sud ont des tanins plus fins et une plus grande souplesse. Ce sont des vins harmonieux, à découvrir après cinq à huit ans de vieillissement. ***Les Marsannay rouges*** ont la typicité des vins de la Côte de Nuits. Ce sont des vins fermes, charpentés, colorés, qui bénéficient d'un bon potentiel de vieillissement. Les rosés sont plus fins et fruités. ***Les***

Marsannay blancs sont élégants et d'une grande finesse. ***Les vins de Fixin*** sont en général très colorés. Leur typicité met en relief des parfums de griottes et de cassis. Leur structure à dominante tannique les range dans les vins de garde. Fixin produit également quelques vins blancs racés et harmonieux. ***Les crus de Gevrey-Chamtertin*** ont une robe profonde très colorée, un nez intense évoquant les petits fruits rouges ou noirs. Ils sont puissants, associant à leurs tannins un moelleux important et une acidité équilibrée. Ce sont des vins charpentés constitués pour durer. ***Les Morey-Saint-Denis*** sont assez colorés. Ils libèrent des arômes de petits fruits sauvages. En bouche, ils ont un équilibre surprenant, associant la finesse des Chambolle et la puissance des Gevrey. Les crus sont plus complexes : les arômes s'enrichissent de nuances épicées et animales. Leur corps est plus charnu. ***Les Chambolle-Musigny*** ont un style très particulier. Leur robe a une belle transparence et une nuance rouge vif. Leur bouquet est élégant, assez intense. Ils présentent en bouche une structure et un équilibre qui en font des vins tout en finesse et en délicatesse. ***Les vins de Vougeot*** et en particulier le Clos de Vougeot ont une couleur profonde. Ils développent des arômes puissants et complexes où se marient les parfums de fruits sauvages aux arômes de sous-bois. Leur saveur est charnue, marquée par un bon moelleux et une structure tannique qui leur confèrent une race unique. ***Les Vosnes-Romanée*** évoquent le toucher du velours. Ce sont des vins charnus, opulents. Leur moelleux domine, soutenu par des tannins très fins et une acidité équilibrée. Leur bouquet complexe met en relief des arômes de cerise, de fraise, de violette et de sous-bois. ***Les Nuits-Saint-Georges*** sont généralement d'une couleur soutenue. Ils révèlent des arômes riches et puissants de mûres, de myrtilles, d'épices et de fourrure. Ce sont des vins virils, corpulents et solides.

Les vignobles des Côtes de Beaune et des Hautes Côtes de Beaune

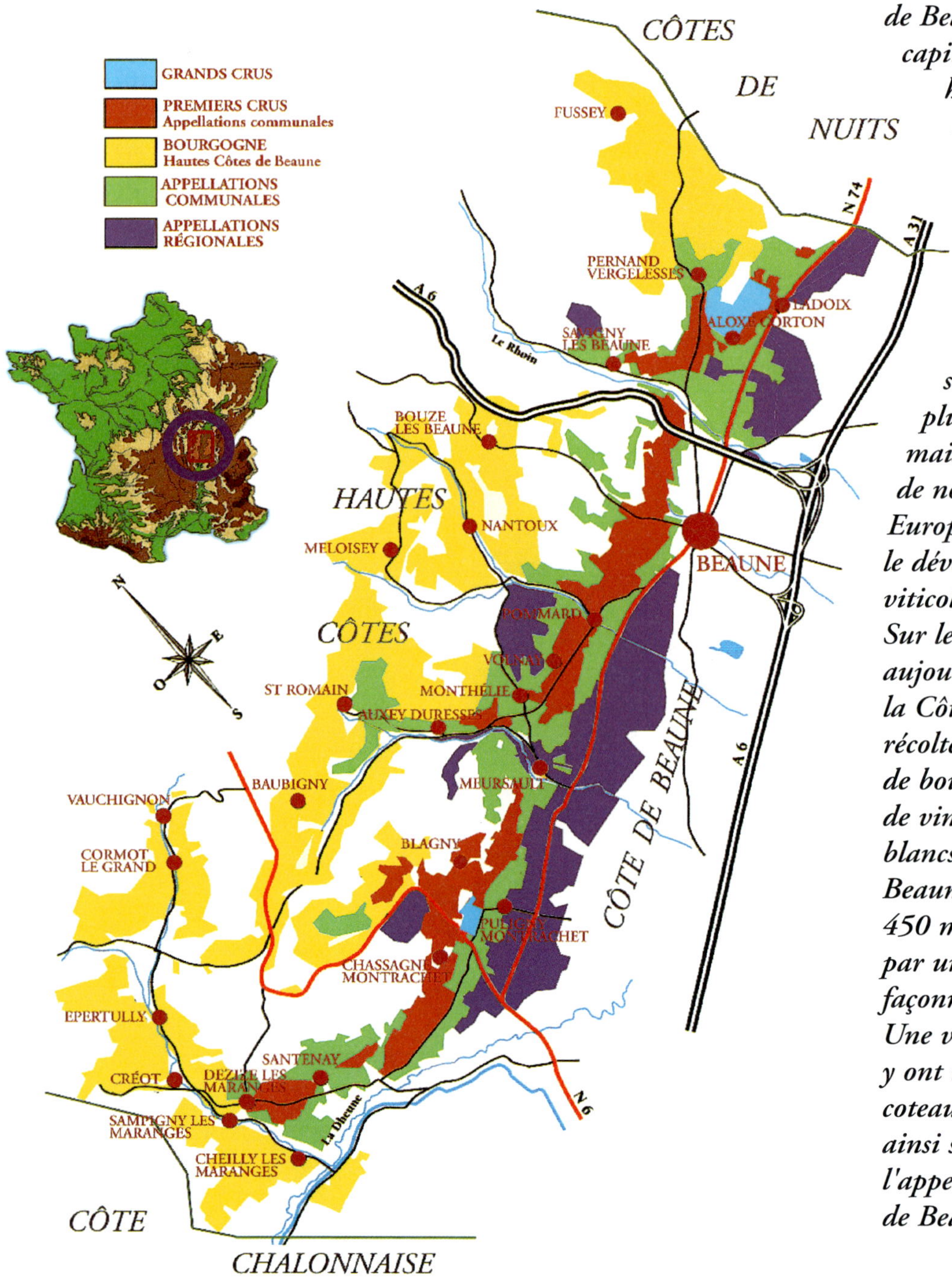

La renommée du vignoble de la Côte de Beaune est étroitement liée à sa capitale, Beaune, véritable siège historique et économique de la Bourgogne viticole. L'origine de la vigne est ici très ancienne. Dès le début du XIIe siècle, les abbés de Cîteaux créèrent des celliers à Meursault et à Aloxe Corton. C'est à Beaune aussi que se sont installés, au XVIIIe siècle, la plupart des grandes maisons de Négoce, qui en créant de nouveaux débouchés en Europe et dans le monde, ont permis le développement du potentiel viticole de la région.
Sur les 4300 hectares que compte aujourd'hui le vignoble de la Côte de Beaune, on récolte environ 25 millions de bouteilles réparties en deux tiers de vins rouges et un tiers de vins blancs. Au-dessus de la Côte de Beaune s'étend un plateau de 380 à 450 mètres d'altitude, traversé par un réseau de vallées qui façonne un paysage de collines.
Une vingtaine de communes viticoles y ont installé leur vignoble sur les coteaux les mieux exposés, constituant ainsi sur 410 hectares l'appellation Bourgogne Hautes Côtes de Beaune.

Sur une vingtaine de kilomètres entre Ladoix-Serrigny et le magnifique coteau des Maranges, les plus grands vins blancs secs du monde côtoient les vins rouges de grande réputation. Leur réussite dépend en partie des conditions d'adaptation et des réactions du cépage au terroir. L'harmonie parfaite entre les deux est une condition essentielle de la notion d'appellation d'origine. Contrairement à d'autres régions, les grands vins de Bourgogne sont issus d'un seul cépage par couleur : le Pinot Noir pour les vins rouges et le Chardonnay pour les vins blancs. Cette particularité est à la fois une faiblesse et une force. C'est une faiblesse car d'un millésime à l'autre, aucune déficience éventuelle ne peut être compensée par le soutien d'un deuxième cépage. C'est une force car la personnalité du terroir s'exprime plus parfaitement au travers du cépage le mieux adapté. Deux autres cépages sont utilisés d'une manière plus marginale : le Gamay en rouge et l'Aligoté en blanc. La situation géographique permet au vignoble de la Côte de bénéficier d'une influence continentale favorable à une bonne maturation des raisins. Une bonne durée d'ensoleillement favorise la photosynthèse, l'enrichissement en sucres et en matières colorantes des raisins. Pour ce qui est du sol, les calcaires marneux et les marnes forment l'assise de la Côte de Beaune. Il s'agit de sols bruns mêlés de cailloux, de graviers et de calcaires durs. Le vignoble de la Côte de Beaune se trouve sur des terrains plus jeunes que ceux de la Côte de Nuits. Le contexte est toutefois assez semblable. L'inclinaison de la pente offrant des conditions idéales de drainage du sol est généralement plus modérée. Le vignoble s'élargit par endroit. À partir de Meursault et de Puligny-Montrachet vers le sud, on découvre un paysage de collines plus douces et décentrées par rapport à l'axe de la côte.

LES APPELLATIONS

La Côte de Beaune recouvre 4 800 hectares de vignes classées en appellation d'origine contrôlée et produit 70 % de vins rouges et 30 % de vins blancs répartis en trois niveaux d'appellations : appellations régionales sur 1 800 hectares, Appellations Villages et Premiers Crus sur 3 400 hectares, Grands Crus sur 180 hectares.

LES APPELLATIONS RÉGIONALES.

Elles sont représentées par les trois appellations classiques qui constituent le premier échelon de la hiérarchie des appellations Bourgogne : Bourgogne Aligoté, vin blanc provenant du cépage Aligoté, Bourgogne Passetoutgrain, vin rouge issu d'un assemblage des deux cépages rouges bourguignons le Pinot Noir et le Gamay, l'appellation Bourgogne qui existe dans les trois couleurs, blanc, rouge et rosé.

LES HAUTES CÔTES DE BEAUNE.

Zone traditionnelle de polyculture, ce vignoble a connu un démarrage difficile. il a fallu plusieurs décennies d'efforts, à partir des années trente, pour marquer un nouvel élan. Si la nature géologique des sols est assez analogue à celle de la Côte de Beaune, les influences climatiques, du fait de l'altitude plus élevée, sont sensiblement différentes de celles de la Côte. Vallées et collines font circuler un air plus frais, de sorte que la vigne est exclusivement implantée sur les versants les mieux exposés et les mieux protégés. La superbe réussite de ce vignoble est exemplaire.

DOMAINES LOUIS JADOT
21200 BEAUNE

Maison de vignes.
Domaines des Épeneaux.

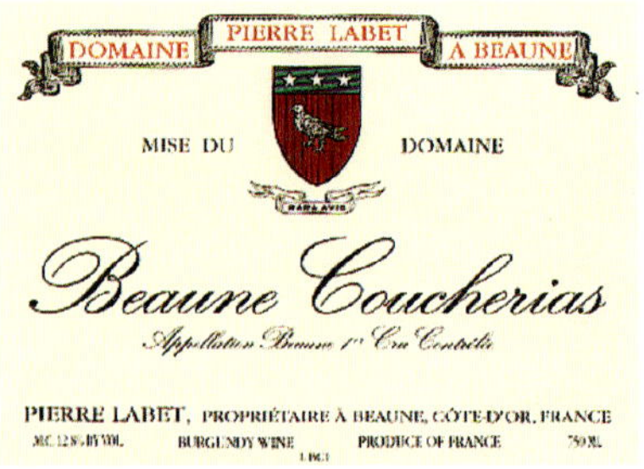

Pierre Labet
21640 Vougeot

Château Génot-Boulanger
21190 Meursault

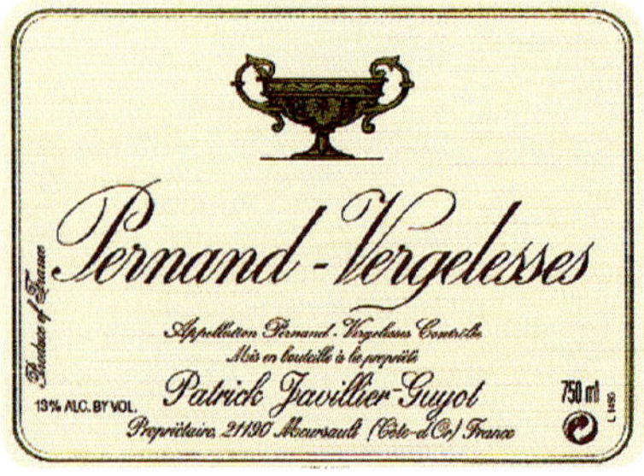

Patrick Javillier
21190 Meursault

Appellations Communales et Grands Crus.

Ladoix

Village charnière entre la Côte de Beaune et la Côte de Nuits, Ladoix-Serrigny et son hameau Buisson sont situés au pied de la montagne de Corton. En récolte normale, Ladoix produit près de 5 500 hectolitres d'A.O.C. dont environ 15 % sont classés en premiers crus, et 25 % en grands crus. Les grands crus sont le Corton Charlemagne blanc et le Corton rouge et blanc.

Aloxe-Corton

Une grande partie de la commune est classée en appellations grands crus Corton ou Corton-Charlemagne. Le Corton comprend une vingtaine de climats dont le nom est adjoint au nom de l'appellation, comme par exemple Corton-Perrières, Corton-Bressandes Le vignoble d'Aloxe-Corton occupe 245 hectares et produit environ 8 000 hectolitres avec une grande proportion de grands crus et de premiers crus.

Pernand-Vergelesses

L'empereur Charlemagne possédait un domaine entre Aloxe et Pernand. Il y fit planter des vignes et finalement l'offrit en 775 à la collégiale de Saulieu, d'où l'origine du climat « En Charlemagne » situé sur le versant Sud-Ouest de la butte de Corton. Le vignoble couvre près de 150 hectares pour une production de 3 300 hectolitres de Pernand-Vergelesses, 1 800 hectolitres de Pernand-Vergelesses premier cru et 700 de Corton et Corton-Charlemagne.

La butte de Corton-Charlemagne

Chorey-les-Beaune

Chorey est situé au Nord immédiat de Beaune et au niveau de Savigny, de part et d'autre de la route nationale allant de Dijon à Beaune. Le vignoble occupe une surface de 130 hectares dans l'appellation Chorey et une partie importante en appellations régionales. Chorey produit surtout des vins rouges et ne compte pas de premier cru.

Savigny-les-Beaune

Le village est installé à l'issue d'une vallée qui rejoint celle de Pernand pour constituer une zone de colluvions qui s'étend jusqu'à Chorey. C'est à cet endroit que le vignoble de la côte occupe la plus grande largeur. Savigny est, en surface, l'un des plus importants villages viticoles de Côte d'Or. Il produit en moyenne 9 400 hectolitres d'appellation Savigny et près de 5 800 hectolitres de Savigny premier cru.

Beaune

La capitale du vin de Bourgogne est aussi un centre de production relativement important. Beaune est en effet l'A.O.C. communale la plus étendue de la Côte d'Or (400 hectares). Son vignoble est presque totalement situé en pleine pente et bénéficie de ce fait d'un large classement de ses climats en premiers crus. Beaune produit surtout des vins rouges, près de 15 700 hectolitres, dont les deux tiers sont des premiers crus. Les vins blancs représentent une production voisine de 1 000 hectolitres. Situation intermédiaire entre l'appellation Bourgogne et l'appellation Beaune, l'appellation Côte de Beaune (25 ha seulement) est particulière à la commune de Beaune et ne doit pas être confondue avec l'appellation Côte de Beaune villages.

POMMARD

Situé au cœur de la Côte de Beaune, Pommard produit l'une des A.O.C. les plus renommées de France. Le village est situé en pleine pente, au milieu de son vignoble très groupé, orienté plein Est ou Sud-Est. Pommard ne produit que du vin rouge, issu du Pinot Noir. La superficie du vignoble couvre 310 hectares pour une production de 9300 hectolitres de Pommard et 4600 hectolitres de Pommard premier cru.

VOLNAY

Perché sur la partie supérieure du coteau, le village est adossé au plateau et domine son vignoble.
C'est un vrai village vigneron. Sur plus de 220 hectares, Volnay produit 9800 hectolitres d'A.O.C. dont 45 % sont classés en premier cru. Les Volnay sont exclusivement rouges.

MONTHELIE

Au Sud immédiat de Volnay, le vignoble de Monthelie est blotti à l'entrée d'une combe assez resserrée dans sa partie Nord, s'évasant ensuite vers le Sud. Les caractéristiques de ce cru sont assez comparables à celles de Volnay. La surface du vignoble est assez faible (120 hectares). La production est voisine de 5000 hectolitres avec une bonne proportion de premiers crus (20 %). Monthelie produit aussi quelques vins blancs.

MEURSAULT

Gros bourg cossu, Meursault est installé au centre d'une large combe qui prolonge au Sud celle d'Auxey-Duresses. Meursault amorce un bassin de production de très grands vins blancs, occupant une grande partie du Sud de la Côte de Beaune. Sur 370 hectares, Meursault produit essentiellement des vins blancs (90 %), dont près d'un tiers en premiers crus. La production totale est voisine de 16800 hectolitres.

AUXEY-DURESSES

Auxey-Duresses, au centre de la Côte de Beaune, est en situation intermédiaire entre le secteur de production des vins rouges, côté Volnay et celui des vins blancs, côté Meursault. L'appellation Auxey-Duresses existe d'ailleurs dans les deux couleurs. Les 140 hectares de son vignoble produisent 5000 hectolitres d'A.O.C., un quart en blanc, trois quarts en rouge. Auxey-Duresses possède huit climats classés en premiers crus.

SAINT-ROMAIN

Situées dans le prolongement du vignoble d'Auxey-Duresses, à l'Ouest, à l'abri de falaises spectaculaires, les vignes de Saint-Romain occupent les versants d'un passage assez encaissé, taillé dans la côte. Le vignoble occupe 80 hectares en appellation Saint-Romain produisant 3800 hectolitres de vins presque exclusivement blancs. Saint-Romain ne produit pas de premier cru.

PULIGNY-MONTRACHET

Comme ses communes voisines, Puligny-Montrachet se consacre essentiellement aux vins blancs, dont elle est sans contestation, l'un des plus glorieux représentants. Son vignoble partage avec Chassagne-Montrachet le privilège de produire le Montrachet, considéré par beaucoup comme le plus grand vin blanc sec du monde. Sur 200 hectares le vignoble produit 5700 hectolitres de Puligny-Montrachet, 4400 hectolitres de Puligny-Montrachet premier cru et 900 hectolitres de grands crus représentés par les A.O.C. Montrachet, Bâtard-Montrachet,

Pernand-Vergelesses, Le Clos de la Croix de Pierre.

CHÂTEAU DE POMMARD
21630 POMMARD

DOMAINE DES ÉPENEAUX
21360 POMMARD

CHANSON PÈRE & FILS
21200 BEAUNE

DOMAINE PRIEUR-BRUNET
21590 SANTENAY

OLIVIER LEFLAIVE
21190 PULIGNY-MONTRACHET

Chevalier-Montrachet et Bienvenues-Bâtard-Montrachet.

CHASSAGNE-MONTRACHET
Situé au Sud de la Côte de Beaune, Chassagne-Montrachet est l'un des cinq villages donnant à la Côte des Blancs un prestige universel. Chassagne-Montrachet produit trois grands crus, tous blancs : Montrachet, Bâtard-Montrachet, Criot-Bâtard-Montrachet. Sur 300 hectares, la production des vins blancs représente 8 000 hectolitres, dont 5 000 hectolitres de premiers crus et 500 hectolitres de grands crus. Les rouges représentent une production de 6 700 hectolitres dont 25 % en premier cru.

SAINT-AUBIN
La révélation des grands vins blancs, depuis la fin des années soixante-dix, aura beaucoup aidé ceux de Saint-Aubin à sortir de l'anonymat. Cette commune a désormais acquis une notoriété et une bonne image de qualité. Le vignoble comprend 50 hectares d'A.O.C. Saint-Aubin et 95 hectares de Saint-Aubin premier cru. La production est voisine de 6 700 hectolitres, moitié rouge, moitié blanche.

SANTENAY
Si Santenay est connu pour ses sources thermales, ses vins n'en sont pas moins remarquables. Le terroir est installé sur une zone très bouleversée, de sorte qu'on peut trouver une grande diversité dans les types de sols et donc dans les vins. Une production moyenne représente environ 9 400 hectolitres pour 200 hectares d'A.O.C. Santenay et 4 400 hectolitres pour 90 hectares de Santenay premier cru. Les blancs ne représentent qu'une faible production.

MARANGES
Maranges est la première appellation communale de la côte de Beaune lorsqu'on arrive par le Sud. Elle recouvre les trois villages de Cheilly-les-Maranges, Dezize-les-Maranges et Sampigny-les-Maranges. L'appellation Maranges est née en 1989 et offre désormais au marché une production de 8 000 hectolitres essentiellement rouge, portant sur 220 hectares. Les premiers crus représentent le tiers de la production.

CÔTE DE BEAUNE-VILLAGES
À l'exception de Beaune, Aloxe-Corton, Pommard et Volnay, toutes les communes de la Côte de Beaune disposent de la possibilité de revendiquer au choix soit leur propre appellation village, soit l'appellation Côte de Beaune-Villages. La production est de l'ordre de 1 000 hectolitres, ce qui est faible Si l'on considère la zone potentielle, car les appellations villages sont le plus souvent désignées par leurs noms propres.

CARACTÈRE DES VINS.

La côte de Beaune offre une grande variété dans les caractères sensoriels de ses vins. On trouve, selon les situations, des vins rouges ou des vins blancs, des vins souples et fins, des vins corsés et assez fermes, des vins tanniques et charpentés. Chacune des 18 appellations communales possède ses caractères propres. Il est toutefois possible de rapprocher certains crus qui présentent des profils assez semblables. Presque toutes les appellations communales de la côte de Beaune existent dans les deux couleurs à l'exception de Pommard et de Volnay, qui ne produisent que des vins rouges.

LES VINS BLANCS.

Pernand-Vergelesses, Ladoix et Savigny-les-Beaune, sont généralement vifs et fermes. Leur moelleux apparaît au cours de leur évolution pour donner des vins plus harmonieux et plus souples. Leurs arômes s'apparentent à la pomme golden, aux fleurs d'aubépine et à la noisette. Les deux grands crus : Corton et Corton-Charlemagne, de belle couleur dorée, libèrent des arômes puissants et complexes de cannelle, de noix, de fruits exotiques, d'ambre. Ils associent souplesse et nervosité. Leur concentration et leur équilibre autorisent un vieillissement d'au moins dix ans. ***Saint-Aubin, Saint-Romain et Auxey-Duresses,*** verts et limpides au verre, expriment des arômes de pomme reinette et d'amande fraîche. Leur souplesse est dominante, juste relevée par une acidité plutôt discrète. À maturité, ils s'arrondissent et laissent apparaître des parfums subtils de pâte d'amande, de cire d'abeille, de cannelle et d'ambre. ***Meursault, Puligny-Montrachet et Chassagne-Montrachet*** sont des vins blancs corsés, puissants, gras. Leur bouquet révèle un mélange harmonieux de fruits secs (noisette, amande) de pomme mûre, de fleurs blanches et de miel. Leur persistance est remarquable. Les grands crus du secteur des Montrachet, offrent une impressionnante concentration des qualités des Bourgogne blancs. D'une belle robe d'or brillant, ces vins ont une puissance et une complexité aromatique incomparable. Leur saveur est intense et persistante. ils associent avec grâce la puissance, la fermeté et le moelleux.

LES VINS ROUGES.

Les Bourgognes Hautes-Côtes-de-Beaune et les Côtes-de-Beaune-Villages présentent souvent une robe assez soutenue, des arômes de fruits rouges frais et de fruits confits, une saveur ferme, relevée par une bonne acidité et des tanins très présents. ***Les appellations Chorey-les-Beaune, Saint-Aubin, Ausey-Duresses, Ladoix et Savigny-les-Beaunes*** produisent des vins rouges dont les caractères dominants sont la souplesse et la finesse. Leur robe, d'une bonne intensité, a une belle transparence et une nuance rouge vif. Leur bouquet est élégant, marqué par une dominante griotte framboise évoluant avec l'âge vers le fruit confit. Discrètement tanniques, peu acides, ils présentent une structure souple qui en font des vins tout en finesse et en délicatesse. Leur maturité est généralement atteinte entre quatre et huit ans. ***Aloxe-Corton, Pernand-Vergelesses, Beaune, Volnay et Monthelie*** allient la finesse, l'élégance et la féminité. Leur couleur va du tendre vermeil au rubis le plus éclatant. Les bouquets sont très classiques et typiques du Pinot Noir : violette, cerise noire, cassis où se mêlent quelques notes boisées ou animales. En bouche, le moelleux s'harmonise avec des tanins fins pour donner un ensemble soyeux et velouté. ***Chassagne-Montrachet, Santenay et Maranges,*** vins rouges du Sud de la côte de Beaune, présentent certains caractères similaires à ceux de la Côte de Nuits. Leurs robes sont généralement très colorées. Les arômes classiques sont marqués par des nuances cerisées de kirsch, cassis et sous-bois. Des arômes de cuir et de fourrure apparaissent au cours de la maturation. Leur tanin est renforcé par un bon moelleux. Ce sont des vins solides, fermes et charnus, qui ont un bon potentiel de vieillissement (5 à 10 ans). ***À Pommard et Corton,*** les terrains calcaires assez argileux sont typiques et donnent aux vins des qualités marquées par beaucoup de couleur, d'un rouge grenat profond, un bouquet intense de cassis, de mûre et de musc, des saveurs dominées par l'astringence, mises en relief par une acidité soutenue et un moelleux qui n'apparaît que lorsque le vin accuse un minimum de maturité. Ces vins très fermes restent les plus connus de l'appellation. Il est vrai qu'ils sont parmi les plus charpentés des crus de Bourgogne.

DOMAINE MICHEL JUILLOT
71640 MERCUREY

CHÂTEAU GÉNOT-BOULANGER
21190 MEURSAULT

JOSEPH DROUIN
21200 BEAUNE

DOMAINE PRIEUR-BRUNET
21590 SANTENAY

Les vignobles de la Côte Chalonnaise et du Couchois

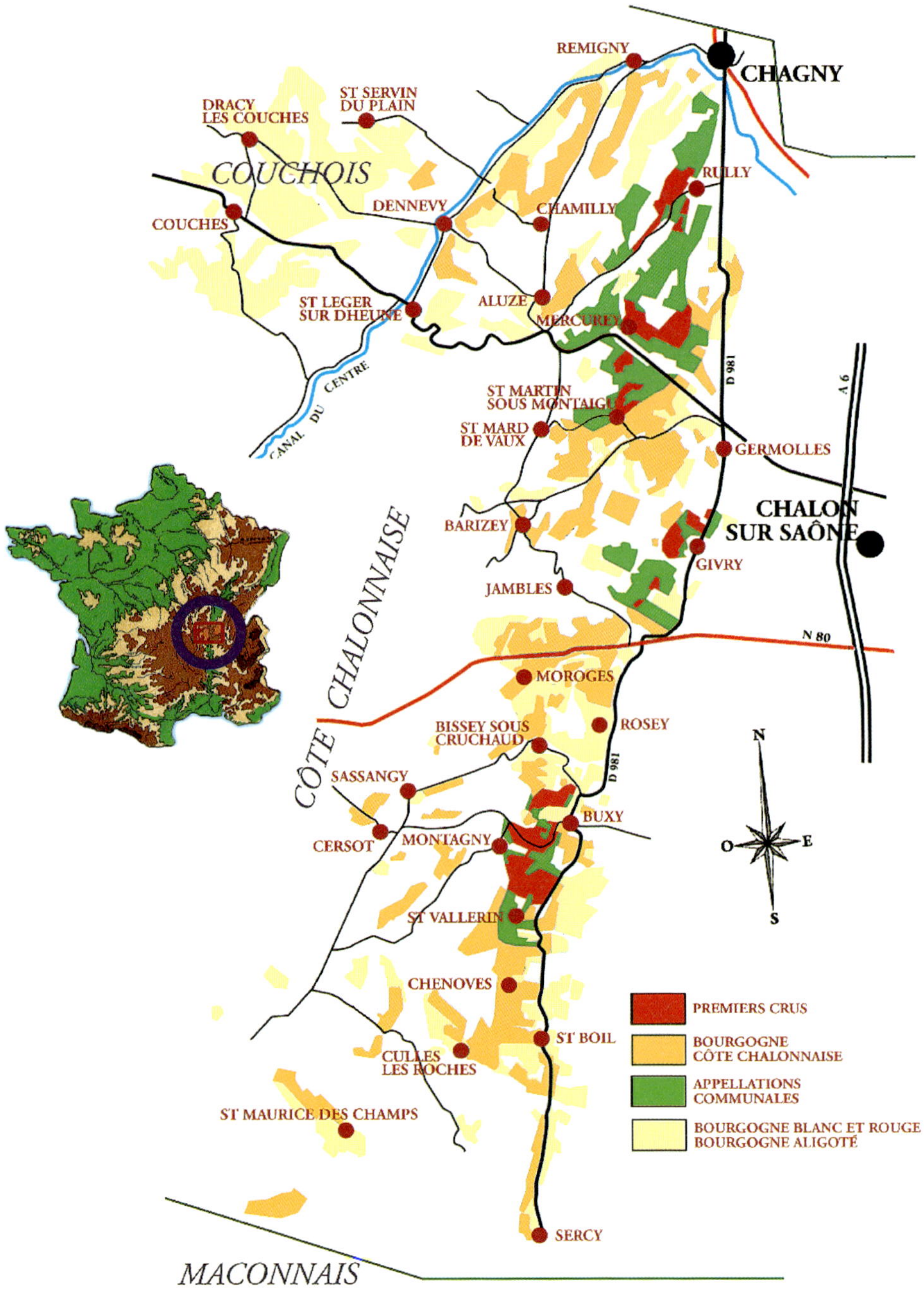

Les vignobles de la Côte Chalonnaise et du Couchois se déploient dans le prolongement naturel du département la Côte-d'Or bénéficiant des principales formations géologiques. Ils partagent avec elle bien d'autres choses encore, dont les cépages, le Pinot Noir et le Chardonnay. la Côte Chalonnaise constitue l'une des plus belles régions viticoles de la Bourgogne. L'originalité et la diversité de ses produits sont désormais reconnues. Le vignoble de la Côte Chalonnaise s'étend sur une bande de 25 kilomètres de longueur sur 7 kilomètres de largeur, entre la Côte de Beaune au Nord et les Monts du Mâconnais au Sud. Sur les 3 300 hectares que compte le vignoble, on récolte environ 23 millions de cols, essentiellement en vins rouges qui constituent ici les trois quarts de la production. Tout au début des Côtes Chalonnaises et prolongeant le pays des Maranges vers le Sud-Est en direction d'Autun, le Couchois possède un vignoble de près de 400 hectares, en situation très comparable aux vignobles voisins des Hautes Côtes de Beaune.

Vignoble et village de Mercurey

Du début au premier tiers du siècle, le phylloxéra et l'absence de main d'œuvre liée aux effets des deux guerres, ont provoqué la disparition presque complète du vignoble. Depuis 1935, et grâce notamment à l'application des règles strictes de l'I.N.A.O., le vignoble se restructure totalement. Les vignes sont replantées en priorité avec les cépages les plus fins et dans les meilleures situations. La situation particulière de la Côte Chalonnaise, permet à son vignoble de bénéficier d'un climat avec des étés chauds et des automnes secs, très favorable à une bonne maturation des raisins. La topographie joue également un rôle primordial, dans la mesure où les vignes sont installées sur les coteaux les mieux exposés, à une altitude comprise entre 250 et 370 mètres, idéale pour la culture de la vigne. Enfin, pour comprendre la grande qualité de ce vignoble, il faut admettre la parfaite adaptation des cépages bourguignons au climat et au terroir de la région. Les terrains viticoles sont essentiellement des terrains bruns calcaires. Les terrains les plus aptes au Chardonnay sont les sols les plus argileux, issus de marnes ou de calcaires marneux. Ces sols sont typiques des appellations Montagny et Rully. Le Pinot Noir est implanté sur des sols bruns moins argileux, particulièrement dans la région de Mercurey, Givry et sur une partie du territoire de Rully. Le secteur de Bouzeron constitue un environnement tout à fait favorable à l'Aligoté. On trouve enfin dans quelques secteurs très localisés, près de Buxy et dans une partie du Couchois, des sols siliceux sur grès ou granite, qui conviennent mieux au Gamay. Sur les 3 300 hectares de vignes en appellation de la Côte Chalonnaise, un tiers environ est constitué d' appellations villages représentées par quatre crus principaux : Rully, Mercurey, Givry et Montagny. La qualité reconnue des Bourgogne Aligoté produits à Bouzeron leur donne un statut particulier, comparable à celui d'une véritable appellation communale, le nom du village étant précisé en complément de l'appellation. Les deux tiers restants, soit un peu plus de 2 400 hectares sont des appellations régionales.

Les appellations régionales.

Outre les appellations régionales classiques, Bourgogne, Bourgogne Aligoté, Bourgogne Passetoutgrains, la Côte Chalonnaise produit depuis 1990 une appellation régionale spécifique : Le Bourgogne Côte Chalonnaise. Enfin, la Côte Chalonnaise et particulièrement le

Olivier Leflaive
21190 Puligny-Montrachet

secteur de Rully, se consacre depuis de nombreuses générations à la production et à l'élaboration de Crémant de Bourgogne.

Les appellations communales.

Rully
Depuis la création officielle de l'appellation Rully, la production est passée de 200 hectolitres à près de 13 000 hectolitres. Le territoire de l'appellation s'étend sur près de 300 hectares sur Rully et déborde légèrement sur la commune de Chagny. La production représente environ 6 000 hectolitres de Rully rouge et 7 000 hectolitres de Rully blanc. Certains climats de qualité remarquable ont acquis le statut de 1er crus. Ils représentent un cinquième de l'appellation.

Domaine Chofflet-Valdemaire
71640 Givry

Mercurey
Mercurey est l'un des plus importants villages viticoles de la Bourgogne. La majorité de ses quelque 2 000 habitants consacre leur travail à la culture de la vigne. Le vignoble est implanté sur les coteaux situés de part et d'autre du magnifique Val d'or, entre 250 et 350 mètres d'altitude. Il couvre 630 hectares sur les communes de Mercurey et de Saint-Martin sous Montaigu. La production est essentiellement rouge (22 000 hectolitres de vins rouges pour 2 300 hectolitres de vins blancs). Les meilleurs coteaux de Mercurey sont classés en premiers crus.

Givry
Il y a longtemps déjà, Givry était la principale commune viticole de la Côte Chalonnaise. et son vin jouissait d'une excellente réputation. Mais ce village a souffert de la proximité de la ville de Chalon-sur-Saône et malgré la poussée urbaine et l'attrait de la ville, quelques viticulteurs s'attachent à y maintenir un dynamisme viticole. La situation du vignoble, l'unité des sols et des expositions y sont tout à fait remarquables. La surface du vignoble, 170 hectares, est assez faible. La production à 90 % rouge est voisine de 9 000 hectolitres et compte 16 climats classés en premiers crus.

Montagny
L'appellation Montagny est l'une des plus petites de Bourgogne.
Situé à la limite Sud de la Côte Chalonnaise, Montagny offre uniquement des vins blancs produits sur quatre communes : Montagny-les-Buxy, Saint-Vallerin, Buxy et Jully-les-Buxy. Sa superficie est voisine de 150 hectares, mais continue à se développer, car la totalité de la surface délimitée de l'appellation n'est pas encore plantée. La production actuelle est voisine de 9 500 hectolitres dont une grande partie en premiers crus (53 climats).

CARACTÈRE DES VINS.

L'une des particularités de la Côte Chalonnaise est d'offrir une large gamme de vins blancs, rouges, rosés et effervescents, aux nuances subtiles et aux caractères bien affirmés. ***Les Bourgognes et Bourgognes Côte Chalonnaise*** rouges produits dans la partie Sud autour de Saint-Vallerin ou de Saint-Désert, se distinguent par leur fermeté et leur caractère corsé, tandis que ceux produits dans la région de Mellecey ou de Fontaines, sur des terrains plus calcaires, sont marqués par la finesse et la souplesse des tanins. Les vins produits dans le Couchois expriment eux aussi leurs particularités. Robustes, fermes et charpentés, ils demandent un certain vieillissement pour s'épanouir. Les Bourgognes et Bourgognes Côte Chalonnaise blancs ont une belle robe or vert, un nez élégant et complexe où le fruit et les arômes floraux dominent, ainsi qu'une structure équilibrée. Ce sont des vins harmonieux à découvrir après deux ou trois ans de vieillissement. Les ***Bourgognes Aligoté et Bourgognes Aligoté-Bouzeron*** sont réunis dans le même groupe. Les Aligotés sont des vins frais et fruités à la belle couleur jaune pâle, nuancée de reflets verts. On doit les déguster de préférence très jeunes, dans l'année qui suit la récolte. Le Bourgogne Aligoté Bouzeron a un caractère particulier qui le différencie des autres Aligoté. C'est un vin tendre et soyeux aux arômes floraux légèrement vanillés. ***Les Crémants de Bourgogne*** sont élaborés selon la méthode champenoise, à partir d'un assemblage des différents cépages Bourguignons : Pinot Noir, Chardonnay, Aligoté et accessoirement Gamay. Ils sont légers et frais. Leur mousse est fine et persistante, leurs arômes discrets, élégants et fruités. Ils sont prêts à la consommation dès la fin de leur élaboration, mais sont aussi parfaitement constitués pour être conservés quelques années. ***Les Rully*** sont produits en rouges et en blancs. Les Rully rouges ont un style très particulier. Leur robe, d'une intensité moyenne, a une belle transparence et une nuance rouge vif. Leur bouquet est élégant, assez intense, marqué par une dominante griotte cassis, évoluant vers le fruit confit après quelques années. Souples, discrètement tanniques, peu acides, ils présentent une structure et un équilibre qui en font des vins tout en finesse et en délicatesse. Les Rully blancs, d'une belle robe dorée brillante, sont d'une grande finesse et présentent une subtilité d'arômes allant de la noisette à la violette. Leur bouche est tendre et fine, ou plus nerveuse selon les situations de production. ***Les Mercurey*** bénéficient d'un terroir qui convient bien au Pinot Noir qui produit des vins rouges concentrés et très colorés. Leur typicité met en relief des parfums de griotte, de cassis, de fraise, souvent nuancés de touches de cuir et de sous bois. Leur structure est le plus souvent à dominante tannique. Équilibrés par une bonne acidité, ils présentent une solidité et une charpente qui les rangent parmi les vins de bonne garde. Les Mercurey blancs ont un bouquet très capiteux, de fruits secs et de pain grillé. Leur moelleux est abondant. Ce sont des vins charnus de bonne persistance. ***Les Givry*** doivent leur tempérament aux sols marneux calcaires qui donnent des vins rouges bien colorés. Ils développent des arômes puissants de petits fruits rouges ou noirs, mûre, cassis, framboise et myrtille. Leur saveur est marquée par des tanins fins très présents et un moelleux qui leur donne un charme élégant. Les quelques rares blancs ont une belle robe dorée brillante, des arômes classiques d'amande fraîche et de pomme et une structure équilibrée. ***Les Montagny***, issus du cépage Chardonnay, sont des vins blancs racés et séduisants qui s'habillent d'une belle couleur dorée, teintée de vert. Ils présentent un bouquet délicat, nuancé de noisette et de fougère, un goût très sec aux notes minérales et une très belle longueur. Leur saveur est assez ferme, avec un moelleux équilibré et une acidité qui leur donne un bon relief.

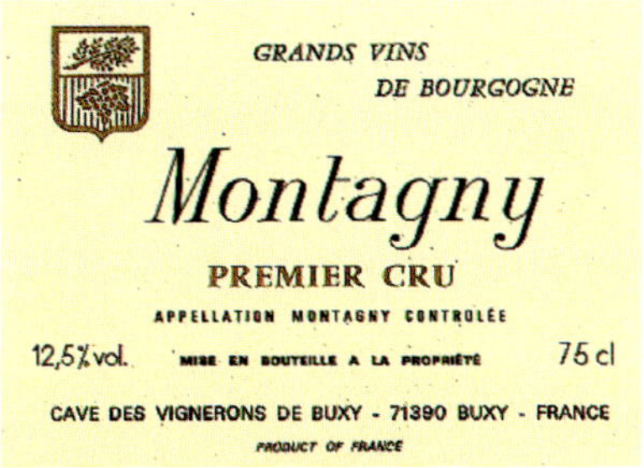

CAVE DES VIGNERONS DE BUXY
71390 BUXY

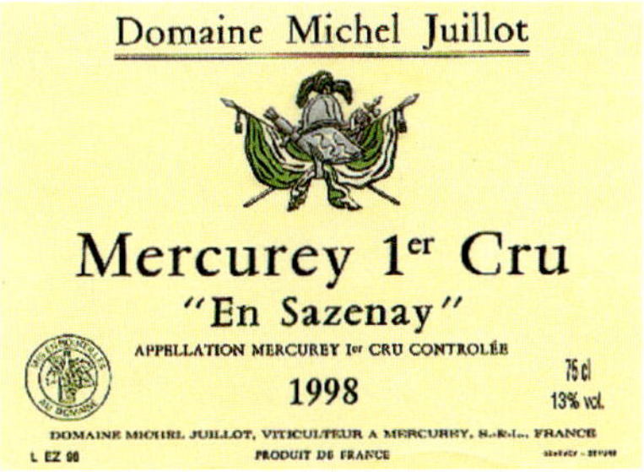

DOMAINE MICHEL JUILLOT
71640 MERCUREY

Les vignobles du Mâconnais

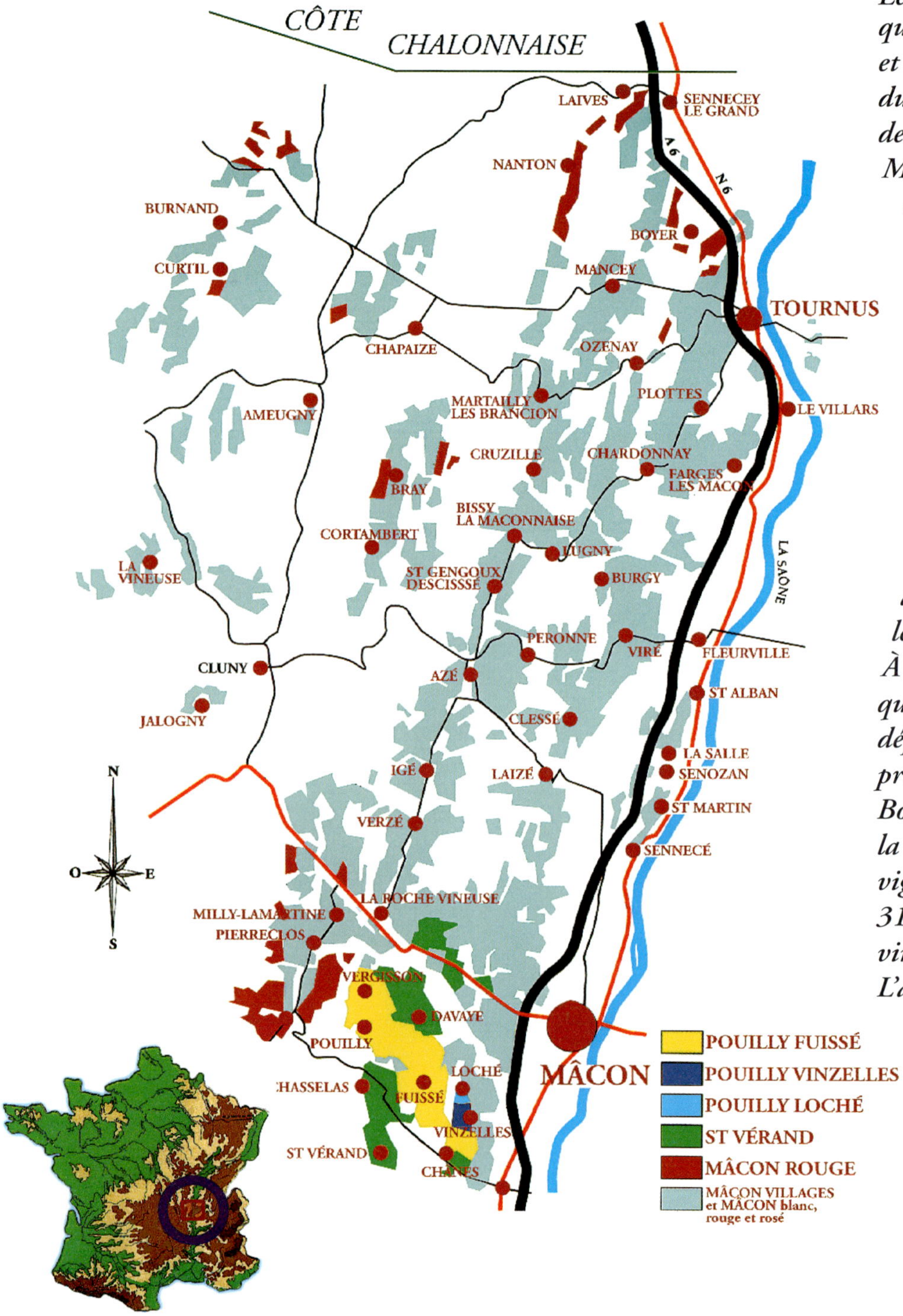

Les vignobles s'étendent sur une quinzaine de kilomètres en largeur et sur une cinquantaine de kilomètres du Nord au Sud à travers un jeu de collines appelées les Monts du Mâconnais. Ils ne dépassent guère l'altitude de 500 mètres et forment une succession de petites chaînes aux sommets brisés, ponctués de petites exploitations familiales. La culture de la vigne se poursuit parfois jusque dans le haut des coteaux.

Le paysage est coupé de failles délimitées par les vallées à l'Est de la Saône et à l'Ouest, de la Grosne. Elles abritent des villages aux noms rendus célèbres par les crus qui y sont produits. À lui seul le vignoble du Mâconnais qui occupe la moitié Sud du département de la Saône-et-Loire, produit presque autant de vins de Bourgogne que l'ensemble de la Côte-d'Or. Avec 5 000 ha de vignes, le Mâconnais produit 310 000 hectolitres dont 220 000 en vins blancs et 90 000 en vins rouges. L'aire de production est relativement vaste. Cette variété de situations régionales se retrouve tout naturellement dans une grande diversité dans la production.

Ce vaste territoire présente des sols variés, où interviennent en se combinant diversement le calcaire, l'argile, la craie, l'ardoise, la silice et le sable. L'encépagement est fonction de la nature du sol, chaque terroir donnant le vin à sa façon. Le sous-sol se distingue par un socle cristallin, localement renforcé de grès, de calcaires du Jurassique moyen dont la dureté a permis la formation de reliefs pittoresques. Mes plus connus sont les roches de Solutré et de Vergisson. Ils alternent avec des calcaires plus tendres sur des couches de marnes, de limons, d'argiles à silex et de cailloutis argilo-calcaires. Mais dans l'ensemble, ce sont les terroirs plutôt calcaires qui dominent dans les zones viticoles. Ils conviennent parfaitement au cépage Chardonnay qui fournit ici d'excellents vins blancs aptes au vieillissement à l'image de leurs cousins prestigieux de la Côte-d'Or. C'est par ce cépage que sont connus les secteurs de Viré, Clessé, Lugny et Chardonnay qui produisent des vins blanc léger et agréables. Par contre, les terroirs argileux ou sableux donnent des Mâcons Blancs intéressants, mais qui doivent être consommés plus rapidement. Pour ajouter à la difficulté, ces blancs peuvent s'appeler aussi pinot-chardonnay-mâcon. Il existe des microclimats, des coteaux plus en pente, des vignes mieux abritées ou bénéficiant d'une meilleure exposition avec, parfois, des sols dont la composition est encore plus originale que celle des coteaux voisins. Ce sont des zones d'exception qui méritent une attention plus particulière, des zones de crus à part entière où l'on peut goûter certains Mâcon-Villages, des Pouilly hors classe et des Saint-Véran faits pour les amoureux du blanc. Quant aux vins rouges, ils sont produits exclusivement à partir du cépage Gamay, le cépage Pinot-Beurot ayant presque disparu en raison de son faible pouvoir colorant. Loché, Vinzelles, Pouilly et Saint-Véran, dernière née des appellations, produisent des blancs de même nature et de grande notoriété, vifs, pleins de sèves et parfumés. Dans la hiérarchie, ils se situent à des niveaux comparables à un Meursault ou un Chablis.

Les appellations.

Mis à part les vins d'appellations communales provenant d'un secteur limité dans les environs de la roche de Solutré, les meilleurs vins du Mâconnais sont les Mâcon-Villages, des blancs issus du chardonnay qui doivent titrer au moins 11°. Frais, vifs et gracieux, ces vins au bouquet floral développé supportent bien trois ou quatre ans de bouteille. La dénomination Mâcon-Villages concerne quarante-trois communes de l'aire mâconnaise. Au registre des autres appellations sous-régionales figurent Mâcon (ou Pinot-Chardonnay-Mâcon pour les blancs) et Mâcon Supérieur.

Bénédictins et Cisterciens sont après les Romains, les premiers vignerons exploitant les vignes de l'actuelle Saône et Loire pour le compte des illustres abbayes de Cluny et d'Autun.

Château de Fuissé
71960 Fuissé

SAINT-VÉRAN
À la limite entre la côte chalonnaise et le Beaujolais, Saint-Vérand, Chânes, Chasselas, Solutré, Davayé, Prissé, Leynes et Saint-Amour-Bellevue récoltent le Saint-Véran. L'appellation est récente, puisqu'elle date de 1971. C'est un vin blanc sec né du chardonnay.

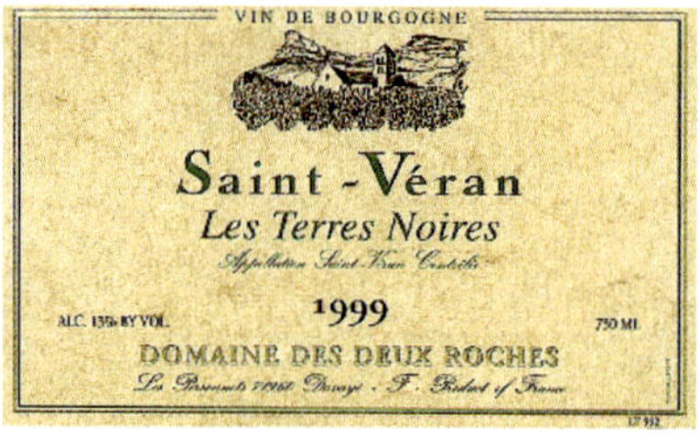

DOMAINES DES DEUX ROCHES
71960 DAVAYÉ

POUILLY-FUISSÉ
Sur une zone de 700 hectares de vignobles exposés est sud-est, seulement quatre communes profitent de cette magnifique appellation : Vergisson, Solutré, Fuissé et Chaintré.

Grand Mâcon blanc à la robe légèrement vert pâle, il exhale des parfums puissants rappelant la noisette et les amandes grillées. Léger mais charnu, toujours délicat, il se boit jeune. Quand il est corsé, il peut se laisser consommer après quelques années.

POUILLY-LOCHÉ, POUILLY-VINZELLES

Pouilly-Loché et Pouilly-Vinzelles, sont deux appellations voisines de Fuissé. Elles donnent des vins assez semblables, avec toutefois des personnalités suffisamment marquées. Pouilly-Vinzelles développe un bouquet de senteurs florales d'acacia et de pivoine avec une pointe de miel. Souple en bouche, délicat et élégant. Pouilly-Loché s'apprécie plus jeune.

CARACTÈRE DES VINS.

Les blancs, élaborés avec du chardonnay et du pinot blanc, sont souples et fruités, parfois excellents, parfois aussi rustiques mais pleins de charme. Les rouges, issus des cépages gamay noir à jus blanc, pinot noir et pinot gris, sont des vins sympathiques, fruités, assez corsés. Rouges et blancs se boivent jeunes.

DOMAINES VERGET
71960 SOLOGNY

Plus que tout autre, le métier de la vigne est particulièrement exigeant. Maître de ses vignes, le vigneron reste cependant tributaire du bon vouloir de la nature qui peut à tout moment décider de la grêle, d'un excès de pluie ou d'un manque de soleil. Si tous ces écueils sont passés et dès lors que les grappes, de Pinot et de Chardonnay, cépages respectivement le plus ancien et les plus nobles de la Bourgogne, arrivent à maturité, il restera encore à faire les vendanges. Faites à la main, elles donneront naissance à d'authentiques grands vins.

Sommaire :

En Champagne, on aime à faire connaître l'histoire et les traditions. L'assemblage des vins de différents terroirs et la finesse de l'effervescence permettent d'obtenir toutes les nuances qui sont à l'origine de l'authenticité de ce vin. Les plus grandes marques sont réputées depuis très longtemps dans le monde entier.

Les vignobles de Champagne

Les cépages et le terroir

Hauts lieux encore remplis de l'histoire de France, Reims au Nord et Bar-Sur-Seine au Sud, délimitent la bande du terroir champenois. Dans un paysage de coteaux et de vallons, la vigne s'épanouit ici sur un sol crayeux. Ces deux particularités lui apportent un ensoleillement optimum et un sous-sol drainé naturellement.
La vaste zone d'Appellation comprend cinq régions. La Vallée de la Marne qui s'étale de part et d'autre de la rivière portant ce nom, La Montagne de Reims au nord de la Champagne, la Côte des Blancs qui se poursuit au Sud par la Côte de Sézanne et enfin au Sud-Est la Côte des Bar située entre la Seine et l'Aube. Dans cette mosaïque de vignes, seuls trois cépages sont autorisés : le Pinot-Noir, largement cultivé dans la Montagne de Reims et la Côte de Bar, le Pinot-Meunier que l'on trouve essentiellement dans la Vallée de la Marne et le Chardonnay, développé dans toute la région de la Côte des Blancs et du Sézannais.

Des textes réglementent et définissent précisément les parcelles, et non un territoire communal, à l'intérieur desquelles les vins produits ont droit à l'Appellation Champagne.

Par sa notoriété et par l'importance et l'ancienneté de sa production, le Champagne est le vin effervescent qui a servi et sert encore de référence pour les autres vins mousseux de France et du monde entier. La région de Champagne est une ancienne province de France située à environ 150 kilomètres au nord-est de Paris qui a donné son nom au vin. L'origine de la vigne est attestée par des feuilles fossilisées retrouvées dans la région de Sézanne et datées de l'époque tertiaire. S'il s'agissait de vignes sauvages disparues depuis, il n'en demeure pas moins vrai que cette région est marquée profondément par une tradition viticole constante. L'expansion de ce vignoble s'est régulièrement poursuivie et le nombre de communes en plantation n'a cessé d'augmenter. Le vignoble champenois est en limite septentrionale de la culture de la vigne. Cette situation septentrionale rend les vignobles de Champagne vulnérables tant aux gelées d'hiver qu'à celles de printemps, tout aussi dangereuses pour les jeunes bourgeons.

LES VIGNOBLES CHAMPENOIS.

Aujourd'hui, la superficie du vignoble en production couvre 30 216 hectares. La zone viticole comprend environ 320 villages ou crus différents situés sur cinq départements. Chaque cru se voit attribuer une cotation appelée Échelle des Crus. Cette cotation varie de 80 à 100 % selon le degré de qualité des raisins produits, cette qualité portant sur la maturation, l'exposition, le sol, et le sous-sol. Cette notion est importante car le prix du kilogramme de raisin est proportionnel à ce pourcentage. Le vignoble champenois est planté entre 90 et 300 mètres d'altitude. Son climat subit à la fois l'influence continentale et océanique. Cette influence lui apporte en général de belles arrière-saisons particulièrement importantes pour la maturité du raisin. L'ensoleillement peut être important certaines années, qui de ce fait deviennent les plus bonnes années du Champagne. Elles donnent des millésimes exceptionnels, comme ce fut le cas en 1947 ou 1976 par exemple. Les vignes sont établies sur des sols calcaires ou argilo-calcaires. Les sous-sols sont constitués par de la craie pure dans de nombreux crus du département de la Marne mais varient depuis les sables de la région ouest de Reims, aux marnes dans l'Aisne et au Kimmeridgien dans le département de l'Aube. La craie en sous-sol assure un drainage parfait. Elle favorise l'infiltration rapide des eaux en excès mais en conserve au sol une humidité suffisante. Son atout majeur pour la vigne réside dans sa faculté d'emmagasiner pendant le jour et de restituer pendant la nuit, la chaleur solaire, jouant ainsi un rôle régulateur extrêmement bénéfique. La zone viticole délimitée de la Champagne susceptible, en raison de la nature des sols et des sous-sols, de porter des vignes dont le raisin peut revendiquer l'appellation Champagne. Elle couvre inégalement la Marne, l'Aisne, la Haute-Marne et la Seine-et-Marne. Ces zones n'ont pas été épargnées par la catastrophe du début du XXe siècle. L'invasion phylloxérique avait entièrement détruit le vignoble dont une partie seulement fut reconstituée, représentant en moyenne 10 000 hectares jusqu'au lendemain de la deuxième guerre mondiale. Stimulée par la croissance de la demande, l'extension des plantations a été entreprise et le remplacement des vignes anciennes a permis d'atteindre la situation actuelle. La réglementation champenoise admet sur ces surfaces une répartition des trois cépages Pinot-Noir et Pinot-Meunier pour les raisins noirs, et Chardonnay pour les raisins blancs. Les vignes sont très morcelées. La propriété du vignoble se répartit pour

Dans certaines Maisons de Champagne, on est vigneron de père en fils. La passion du vin, l'art de la vinification et le savoir-faire se perpétuent alors à travers les générations en même temps que se transmet le vignoble.

Domaine Bollinger, vigne de La Côte aux Enfants

l'essentiel de la superficie plantée entre 14485 récoltants dont plus de la moitié cultivent moins d'un hectare. Les négociants qui y trouvent aussi un appoint pour leur approvisionnement en raisins. La propriété, comme l'exploitation du vignoble sont donc réparties en une mosaïque de petites tenures individuelles. Leur mise en valeur, orientée vers la qualité, exige un travail minutieux qui s'apparente au jardinage, ce qui fait souvent qualifier la Champagne de Jardin de la France. La moitié environ des exploitants est constituée de vignerons tirant de la vigne la totalité de leurs moyens d'existence. Dans cette situation, il est normal de retrouver ces vignerons regroupés dans des structures coopératives. Celles-ci permettent la mise en œuvre de moyens communs en assurant le pressurage et le stockage de la récolte. Il existe ainsi près de 150 coopératives réparties sur toute la surface du vignoble.

LES CÉPAGES CHAMPENOIS.

Les vignes sont cultivées et conduites en fonction d'une réglementation stricte. Cette réglementation favorise une meilleure maturité du raisin dans le souci de l'amélioration de la qualité. L'abondance de terrains calcaires parmi une grande variété de sols a justifié l'utilisation massive de porte greffes résistants à la chlorose. Les limites d'écartement entre les rangs sont de 1,50 m maximum et la distance entre les souches sur le rang de 0,90 m à 1,50 m. Ces valeurs sont impératives, la somme de l'écartement et de la distance devant être inférieure à 2,50 mètres. En conséquence, le nombre de ceps par hectare est compris entre 7000 et 10000. Ces dispositions maintiennent les raisins assez près du sol de façon à favoriser leur maturation par le rayonnement de la chaleur emmagasinée dans le sol. Avec ces faibles écartements, l'emploi d'engins mécaniques est indispensable. Le vignoble doit faire face à de nombreuses maladies cryptogamiques que sont le mildiou, le rougeot

LAURENT-PERRIER
51150 TOURS-SUR-MARNE

SALON
51190 LE MESNIL SUR OGER

parasitaire, l'oïdium et surtout la pourriture grise. Sont aussi présentes les maladies du bois telles l'esca et l'eutypiose. Les acariens sont, avec les vers de la grappe de sérieux déprédateurs.

Le palissage est très important en Champagne. Après avoir bien réparti le feuillage, cette meilleure répartition limite l'humidité au niveau de la grappe. La fumure minérale est abondante, à tel point que la carence potassique a pratiquement disparu. Le renouvellement du stock d'humus des sols du vignoble se fait soit par broyage des sarments, soit par des apports de matières organiques, telles que les composts d'écorces. La taille se fait selon des règles précises afin de limiter volontairement le rendement de la vigne dans une recherche constante de la qualité. La taille Chablis et la taille Cordon de Royat sont réservées aux grands crus et premiers crus pour tous les cépages. Ce sont des tailles courtes qui limitent la hauteur maximale par rapport au sol à 0,60 mètre mais qui donnent des raisins de plus grande qualité. La taille Guyot est réservée aux crus classés de côtés de 80 à 89 % dans l'Échelle des Crus. La taille Vallée de la Marne est seulement autorisée pour le Pinot-Meunier et uniquement les crus classés cotés de 80 à 89 %. Ces deux dernières sont des tailles plus courtes encore puisque la hauteur est dans ce cas limitée à 0,50 mètre. Les cépages utilisés en Champagne sont à cycle

PANNIER
02400 CHÂTEAU-THIERRY

JOSEPH PERRIER
51000 CHÂLONS EN CHAMPAGNE

végétatif court. Le Chardonnay, planté sur un tiers du vignoble, est le cépage de prédilection de la Côte des Blancs. Les vins de Chardonnay se caractérisent par des arômes délicats et une grande fraîcheur. Ces caractéristiques signent l'élégance particulière des blancs de blancs et contribuent à la finesse des Champagnes d'assemblage. Le Pinot-Noir représente un peu plus du tiers de la superficie. Il est principalement présent dans la Montagne de Reims et dans la Côte des Bar. Les Pinot-Noir se distinguent par des arômes de fruits rouges, par une puissance et une structure plus clairement marquées. Le Pinot-Meunier le restant du vignoble. C'est un cépage rustique, capable de donner de meilleurs résultats que les autres cépages en année difficile. Il est moins exigeant dans la quantité de chaleur nécessaire à sa bonne maturation. Les Pinot-Meunier sont assez proches de ceux du Pinot-Noir. Leur bouquet est aussi intense mais ils sont souvent plus fruités et apportent de la rondeur dans les assemblages.

Le droit à l'Appellation Champagne est soumis à d'autres dispositions réglementaires qui précisent les règles de conduite de la vigne.

Domaine Pannier, paysage champenois

DUVAL-LEROY
51130 VERTUS

MAILLY
51500 MAILLY

Les vendanges.

Le Comité Interprofessionnel du Vin de Champagne fixe chaque année la date de l'ouverture des vendanges pour chaque commune viticole en fonction du degré de maturité des raisins. Il détermine également la quantité de raisin à l'hectare qui aura droit à l'appellation Champagne. La réglementation, notamment sur la taille, la densité de plantation et la limitation du rendement, garantit un niveau de maturité minimum. La détermination de la date optimale de vendange est cependant toujours une opération délicate. La notion de maturité, basée sur le niveau des sucres et de l'acidité est plus importante que le degré alcoolique en puissance. La législation impose le pressurage de raisins entiers. De ce fait, la machine à vendanger est interdite. Les grappes sont donc récoltées manuellement et traitées avec précaution pour éviter l'écrasement des raisins.

LA VINIFICATION CHAMPENOISE.

La vinification champenoise a su préserver les règles établies par plusieurs siècles d'expérience. Elle combine un déroulement précis d'opérations qui débutent au pressage et se terminent par le bouchage. La première caractéristique de la vinification champenoise est de produire un vin blanc à partir de raisins à peau noire. Pour cette raison, des règles de ***pressurage*** très strictes sont imposées : pressurage de raisins entiers pour éviter la macération, rendement de pressurage faible et séparation des moûts. À partir du marc, on extrait *la taille*, en deux pressées appelées *serrages* ou *serres.* Dans le cas d'un pressoir traditionnel, entre chacun de ces serrages, les raisins situés à la périphérie du pressoir qui ont été soumis à une pression plus faible, et sont donc moins bien écrasés, sont ramenés vers la partie centrale, opération dite de *retrousse.* Les règles du pressurage permettent d'obtenir des moûts dont les caractéristiques sont bien déterminées. Le fractionnement a également une importance considérable sur la qualité des vins obtenus. Les vins issus de la cuvée possèdent plus de finesse, de fraîcheur et ont une meilleure tenue dans le temps que ceux issus de la taille. Les pressoirs ont été adaptés pour obtenir une extraction des moûts sous de très faibles pressions. La mécanisation des opérations de *retrousse* a contribué à l'essor des pressoirs horizontaux, mais les pressoirs traditionnels verticaux sont encore employés. L'élément prépondérant pour l'obtention d'un moût de bonne qualité reste toutefois la bonne conduite du pressurage. Vient ensuite le ***débourbage.*** La clarification des moûts se limite le plus souvent à un débourbage pratiqué sur le lieu de pressurage dans des cuvées réservées à cet usage appelées *belons.* Ce débourbage

est une sédimentation qui permet d'éliminer l'ensemble des dépôts contenus dans les moûts qui sont constitués de particules en suspension, pellicules, pépins, fragments de terre, micro-organismes, ainsi que des floculas formés après dégradation des matières naturelles du raisin. Après clarification, les moûts soutirés sont acheminés en cuverie et mis en fermentation sans stockage préalable. À partir de cette étape s'effectue ***l'élaboration du vin de base*** Dès réception, les moûts débourbés sont chaptalisés si nécessaire pour obtenir 11 % d'alcool. Pendant longtemps, la fermentation alcoolique s'est effectuée en fûts de bois. À présent, les vinifications ont lieu le plus souvent en cuves inox. La régulation de température sur ce type de cuverie, permet de maintenir une température de 16 à 20 °C au cours de la fermentation. Le levurage est très largement utilisé en Champagne. Il est réalisé à partir de levures sèches actives et est utilisé, soit directement après dans du moût, soit dans les grosses unités par l'intermédiaire d'un levain préparé dans du vin de réserve. L'utilisation de souches de levures sélectionnées permet une plus grande maîtrise du processus avec une faible formation d'écume au cours de la fermentation, l'absence de sucres résiduels et une teneur réduite du vin en acidité. Le suivi de la fermentation est réalisé quotidiennement. Certains producteurs réalisent des traitements lors de la mise en fermentation dans le but d'assurer une stabilisation et une meilleure clarification des vins. À l'issue de la fermentation, les vins sont soutirés et subissent différents traitements pour améliorer leur limpidité et devenir ce que l'on appelle des *vins clairs*. Les opérations se poursuivent par ***l'assemblage ou cuvée***, fruit de l'expérience des chefs de cave et des œnologues, qui permet de conférer au vin une personnalité qui sera la signature de l'élaborateur et qui pourra être reconstituée au fil des années. L'assemblage est effectué à partir de vins de différents cépages, de différents crus, issus de la dernière vendange mais aussi de vins de réserve d'autres années, sauf pour les millésimes qui sont l'expression d'une seule année. Les caractères de chaque cuvée sont étroitement liés au terroir d'origine des vins et au pourcentage des différents cépages qui la composent. Le Chardonnay apporte la finesse et l'élégance ; le Pinot-Noir, la charpente et le corps et le Pinot-Meunier ajoute du fruité et de la rondeur. Les critères d'appréciation des cuvées restent donc essentiellement liés à l'analyse sensorielle. Cependant, des critères analytiques peuvent donner des indications sur la qualité des cuvées et plus particulièrement sur leur aptitude au vieillissement. À l'issue de l'assemblage, les vins vont subir la ***stabilisation avant tirage***. Ils sont alors refroidis, soutirés et préclarifiés en vue de leur passage au froid, soit par collage, soit par filtration, soit par centrifugation. La qualité de la stabilisation des vins revêt une importance particulière pour les vins destinés à l'élaboration de vins effervescents selon la méthode

Bollinger
51160 Aÿ

Tarlant
51480 Oeuilly

GOSSET
51160 AŸ

Remuage traditionnel sur pupitres de bois

champenoise. En effet, l'élévation du degré alcoolique au cours de la prise de mousse favorise les précipitations en bouteilles. Ces dernières, si elles sont importantes, forment des cristaux qui gêneront le remuage. Elles peuvent de plus provoquer des pertes de vins importantes lors du dégorgement, en favorisant un dégazage excessif. Cette opération est nécessaire, car les vins effervescents étant servis frais, ils subissent des chocs thermiques importants, ou séjournent une longue période dans un réfrigérateur, ce qui provoque la formation de cristaux dans les vins qui ne seraient pas stabilisés. La deuxième fermentation en bouteilles propre à la méthode champenoise est destinée à rendre le vin mousseux, d'où la dénomination de ***prise de mousse***. La méthode a peu évolué depuis sa mise au point. La première opération est ***le tirage en bouteille***, qui ne peut avoir lieu avant le 10 janvier qui suit la vendange. Les vins destinés au tirage sont secs et filtrés. Pour assurer la deuxième fermentation, il faut leur ajouter la *liqueur de tirage*. C'est une concentration préparée à partir de sucre de betterave ou de canne dissout dans du vin, et de levures. Ces levures sont incorporées sous forme d'une culture liquide, appelée *levain*, préparée dans du vin sucré. Des adjuvants sont également incorporés au mélange afin de faciliter les opérations ultérieures de remuage. Les bouteilles sont alors hermétiquement fermées à l'aide d'une capsule métallique, munie d'un obturateur appelé *bidule*, puis descendues en cave ou elles sont entreposées à une température de 10 à 12 °C. La fermentation du sucre par les levures permet d'obtenir à l'intérieur de la bouteille, une pression de gaz voisine de 6 atmosphères. La croissance des levures forme un dépôt au fond de la bouteille. La prise de mousse dure de six semaines à deux mois. Les bouteilles demeurent ensuite dans cette position dite *sur lattes*, pendant toute la période de vieillissement. La législation impose un temps de séjour en cave de 15 mois pour les vins non millésimés et de trois ans pour les millésimes à compter de la date de tirage en bouteille. C'est à ce stade que sont faîtes les analyses et la dégustation obligatoires pour pouvoir prétendre à l'Appellation d'Origine Contrôlée Champagne. Au cours du vieillissement, le vin bénéficie d'un contact prolongé avec les levures qui libèrent dans le vin certains de leurs constituants, puis meurent. Ces phénomènes permettent l'évolution de composés, en particulier des acides aminés, précurseurs des arômes de vieillissement

TAITTINGER
51000 REIMS

RUINART
51000 REIMS

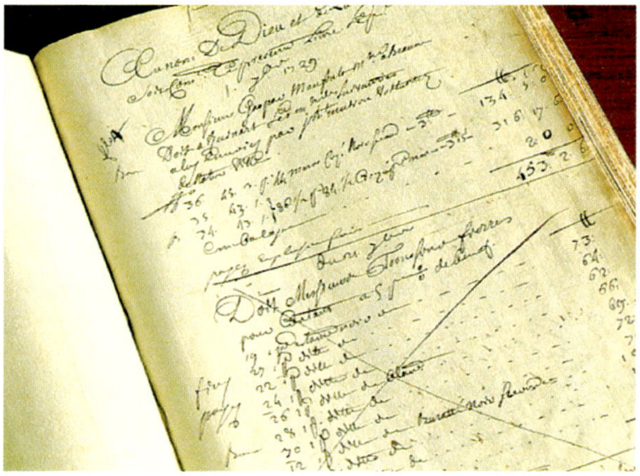

La plus ancienne vente de Champagne, 1er septembre 1929

caractéristiques des vins effervescents élaborés selon la méthode champenoise. Ces arômes sont d'une grande finesse et nécessitent, pour parfaitement s'exprimer, un vin de base aux caractères organoleptiques discrets. La méthode champenoise constitue la solution idéale pour réaliser un vieillissement des vins sur lies de plusieurs années, ce qui est matériellement impossible pour la méthode de cuve close. Après le vieillissement, on procède à l'opération du ***remuage***. L'adjuvant clarificateur a pour rôle d'alourdir le dépôt de levures et de faciliter son glissement dans la bouteille afin de le concentrer vers le bouchon. Traditionnellement, le remuage est effectué sur des pupitres en bois. Le remueur, une fois par jour, par des rotations et relevages successifs, entraîne le sédiment jusque dans le goulot de la bouteille, laissant le vin parfaitement limpide. La mécanisation des opérations de remuage, grâce à des appareils permettant notamment le remuage de palettes entières, constitue un gain de temps important puisque la durée du remuage est ramenée à une quinzaine de jours. Les bouteilles sont ensuite soit acheminées vers le chantier de dégorgement, soit conservées sur pointes en caisses palettes en attente de dégorgement. Certaines maisons réalisent encore des *masses*. Dans ce cas, les bouteilles sont empilées en cave, pointe en bas, goulot contre goulot, sur quatre ou cinq étages. Le dépôt, que le remuage a concentré dans le goulot, va être éliminé par ***le dégorgement***. Autrefois, cette opération s'effectuait manuellement. Aujourd'hui le dégorgement a pu être simplifié et automatisé par l'utilisation du froid artificiel. Les bouteilles, toujours pointes en bas, circulent sur un plateau mobile et le col trempe dans un bac réfrigérant. Le dépôt se trouve ainsi emprisonné dans un glaçon que l'on peut alors expulser aisément. Sauf accident, *le gerbage*, les pertes de pression au cours du dégorgement restent très limitées. C'est juste après le dégorgement, qu'a lieu ***le dosage***. Il s'agit de l'addition de *la liqueur d'expédition*, concentration préparée à partir de sucre de canne et de vins vieux, qui permettra d'obtenir des vins correspondant aux différentes qualités de vins effervescents. Après dosage, les bouteilles sont ***bouchées***. Les bouchons employés sont en liège aggloméré et mis en place par compression qui réduit leur diamètre, enfoncés dans le col de la bouteille sur environ la moitié de leur longueur, puis écrasés en forme de champignon pour recevoir un muselet métallique maintenu en place grâce à une *plaque* ou *capsule*. L'herméticité du bouchage est fondamentale et le liège utilisé doit être de première qualité. Après un nouveau séjour en cave pour permettre une parfaite homogénéité du contenu, la bouteille est habillée d'une collerette, d'une capsule et de son étiquette.

Stock de vin sur pupitres

« Le palais doit avoir la surprise agréable du pétillant et un goût flatteur et velouté au premier abord et encore cet arrière-goût fruité duquel, la bouche ré-embaumée et qui vous tient un grand moment dans une méditation silencieuse sur aromatique de ce vin, même après avoir replacé votre verre. »

Louis Bohre, *voyageur de Champagne,* au début du siècle.

Les Champagnes existent dans un monde de différences et il faut apprendre à cerner leur univers. Nuances de blanc, jaune ou rose, parfums de fruits, d'épices ou de fleurs, goûts subtils, délicats, puissants, pétillance, les Champagnes s'expriment. Pour découvrir et identifier les sensations que procure le Champagne, il faut prendre le temps d'une dégustation. La dégustation invite à reconnaître, à associer, à nommer au travers d'un cérémonial qui commence par l'appréciation de l'aspect. L'œil d'abord, le nez ensuite et la bouche enfin se succèdent dans une découverte ou chaque étape à son importance. Versez le Champagne en ne remplissant les verres qu'à moitié. Le verre, idéalement de la forme tulipe et de la plus grande finesse possible, légèrement rafraîchit par la température du Champagne lui-même, nous permet d'exercer le premier de nos sens avec la vue. L'œil observe la transparence, la légèreté, la fluidité et la couleur du vin dans le verre. Avec un peu d'habitude, il parviendra même à distinguer la pâleur cristalline d'un vin vif et léger de la densité d'un Champagne mature dans sa superbe robe vieil or. Car c'est en premier de robe dont il s'agit. Il évalue la densité du jaune qui peut aller jusqu'à un blond doré, un jaune paille ou un or gris. Il saura apprécier la nuance. La vue sera flattée du brillant, de l'éclat et de l'aspect cristallin d'un Champagne. C'est même sa qualité la plus recherchée. Il faut aussi prendre le temps de contempler le mouvement des bulles, de suivre leur incessante ascension pour évaluer la finesse et la beauté de ce collier de perles qui glisse contre la paroi du verre et vient mourir en surface. À ce stade, il faut aussi tenir compte, par une oreille attentive, à cette effervescence des bulles et à leur crépitement qui, déjà, peut définir un Champagne. L'effervescence se manifeste par plusieurs degrés qui sont autant de marques de la personnalité et de l'âge d'un vin. Les bulles sont synonymes de Champagne et sont naturellement bien acceptées tant qu'elles n'agressent pas simplement le nez par une trop forte présence. La prise en main du verre, par le toucher va être sensible à la température. Les mains autour du verre le souhaitent frais comme le suggère la légère buée qui s'y forme et le palais le trouvera au meilleur de ses qualités entre 8 et 10 °C obtenus en laissant refroidir la bouteille pendant une demi-heure dans un seau à glace. On peut même se laisser aller à parler du toucher d'un vin lorsqu'e dans quelques instants il envahira la bouche puis le palais. Alors, seulement, il faut se laisser captiver par les senteurs offertes. Les vins de Champagne sont finement aromatiques et chacun d'eux a ses propres notes fruitées, fleuries, boisées ou épicées. Le nez peut percevoir les arômes boisés ou d'agrumes, reconnaître violettes ou amandes fraîches. L'approche d'un Champagne débute en y trouvant un thème majeur puis des notes persistantes qui reviendront à chaque instant de la dégustation. Il n'est pas rare qu'après un effluve de fleurs blanches, apparaissent l'écorce d'orange ou les baies sauvages. Dans ce cas, il s'agira plutôt d'un Brut jeune. Les arômes sont par nature volatiles et évolutifs. On peut à tout moment les nommer et également les qualifier : fruité, floral, évolué, fin, racé. Mais, pour profiter de toute cette richesse, il faut parfois attendre que le vin s'ouvre et livre au premier nez les impressions immédiates. Il n'est pas rare que l'effervescence des bulles

Vins sur lattes dans les crayères romaines du Domaine de Cumières, Champagne Joseph Perrier

soit un véritable écran pour le nez, c'est pourquoi il faut savoir attendre pour que quelques instants plus tard, apparaisse le deuxième nez qui débouche sur des arômes plus profonds et plus précis, venant s'ajouter avec bonheur à ceux déjà révélés. Les arômes sont aussi les signes de reconnaissance d'un cépage ou d'une maturité.

À travers les sensations proposées par la bouche et le goût, il convient d'entendre et de laisser éclore d'autres sollicitations. La mise en bouche est le moment fort de la dégustation. L'attention et l'expérience permettront encore mieux d'apprécier ce qui se définira comme intense, épanoui, vif, riche, sublime ou impertinent. Il faut se replier sur le ressenti pour que nos papilles reconnaissent un mariage de goûts particuliers, selon qu'elles feront la différence entre cette pointe d'agrumes ou cet accent de poire mûre, cette rondeur ou cette longueur en bouche, cette vivacité ou cette souplesse, cette sensation de fruits rouges ou de sous-bois, de pain grillé ou de brioche, cette délicatesse ou cette extrême finesse. le palais saura trouver toutes les réponses à ses questions et apprécier toutes ces harmonies car il ressent la fraîcheur, la pétillance puis la longueur en bouche qui varie avec les vins.

Jean Vesselle
51150 Bouzy

Que l'on choisisse un Champagne non millésimé, millésimé, rosé, blanc de blancs, blanc de noirs ou une cuvée spéciale, le Champagne, s'il est le fruit de la vigne, est aussi le fruit du savoir-faire de l'homme. Dans le plus grand secret, Pinot-Noir, Pinot-Meunier et Chardonnay sont vinifiés seuls ou en assemblage. Comme cette notion est propre à chacun, il y a bien des assemblages différents qui permettent d'obtenir un vin supérieur à l'individualité de ceux qui le composent. La dominante est souvent définie parce qu'il soit d'assemblage ou mono cépage. Le Chef de Caves assemble des vins issus le plus souvent de crus différents. Le cru, qui correspond à une commune viticole, est la combinaison particulière d'un cépage, d'un terroir et d'un climat. Les 3 cépages champenois ont des caractères propres qui évoluent et s'expriment différemment selon les terroirs, mais ils ont une dominante : la puissance pour le Pinot-Noir, le fruité pour le Pinot-Meunier, et la finesse pour le Chardonnay. Finesse, fruité ou puissance, le caractère est toujours accentué dans le cas d'un assemblage ou on ne trouve que des vins d'un seul cépage. Un blanc de blancs n'assemble que les raisins blancs du Chardonnay, un blanc de noirs les raisins noirs du Pinot-Noir et, ou, du Pinot-Meunier. Les Champagnes rosés sont le plus souvent obtenus en assemblant des vins blancs et un vin rouge d'appellation Champagne. Tous ces Champagnes ne sont pas de la même couleur, mais choisir une couleur, c'est préférer un blanc ou un rosé. Les blancs vont de l'or pâle à l'or vert, du vieil or à l'or gris, du jaune paille au jaune intense. Toutes les nuances s'offrent aux yeux, elles aussi déterminées par l'assemblage et par le caractère du vin. Un vin léger est clair, un vin puissant plus foncé. Les rosés aussi vont du rose tendre au rose profond et leurs goûts, du plus léger au plus charpenté.

Millésimé ou non millésimé? À la diversité des crus et des cépages s'ajoute celle des années. Chaque année, une partie de la vendange est mise de côté pour entrer dans les futurs assemblages. Avec ces vins de réserve, l'élaborateur parvient à pérenniser le goût et le style de son Champagne, représentatif non seulement de son terroir mais encore de sa personnalité. La tradition veut qu'on assemble des vins de plusieurs années. C'est par ses choix que l'élaborateur crée l'harmonie qui correspond à sa vision du Champagne. C'est pourquoi l'assemblage dit *non millésimé* est celui où s'exprime véritablement le style de sa marque. On assemble plus exceptionnellement des vins d'une même année, qu'on appelle *millésimés.* Le choix de millésimer son vin appartient au seul élaborateur. Si la tvpicité de la vendange mérite d'être magnifiée, il décide de réaliser un vin millésimé. Un Champagne millésimé sera donc toujours un vin de caractère marqué par les caractéristiques de son année.
La maturation du Champagne est décidée

par son élaborateur et a lieu chez lui, en bouteilles et en caves. Jeune, mature ou de plénitude, un plus ou moins long vieillissement va jouer sur le développement des sensations. Tous les Champagnes s'épanouissent dans les caves de leurs élaborateurs, au moins 15 mois, 3 ans minimum pour les millésimés, beaucoup plus pour les cuvées spéciales. Le temps permet d'enrichir les arômes du vin. Jeunes, 15 mois à 3 ans, les Champagnes sentent les fleurs blanches, les agrumes, les fruits frais et le blé mûr. La bouche est puissante et charpentée. Matures, 3 à 5 ans, ce sont les fleurs capiteuses et la brioche, les arômes de fruits secs et confits qui dominent. La bouche est devenue plus moelleuse et s'est arrondie. Les Champagnes de plénitude, 5 ans et plus, expriment les fleurs séchées et les arômes grillés. Ce sont de très grands Champagnes qui touchent à la perfection. Après les années de vieillissement, le vinificateur ajoute un mélange de sucre et de vin appelé liqueur d'expédition. Cette touche sucrée, différente selon les vins, permet d'établir une échelle de caractère, du moins sucré au plus sucré, c'est-à-dire de l'extra-brut au brut, sec et demi-sec. Le terme de ***brut*** qui nomme la grande majorité des Champagnes consommés n'est que bien peu explicatif de sa personnalité. Il s'agit simplement de la particularité qu'il acquiert à la fin de sa vinification, lorsque l'on procède au dosage, c'est-à-dire à l'apport d'une touche sucrée. Cette dernière attention est nécessaire à la parfaite expression des arômes, particulièrement délicats en Champagne. Les bruts à peine sucrés s'adaptent à toutes les circonstances et sont présents dans les 4 familles de Champagnes. Les ***demi-secs*** sont souvent des Champagnes de cœur et se marient mieux aux mets suaves.

À côté de leurs assemblages classiques, les Champenois aiment à imaginer des cuvées particulières. Ce sont celles qu'on appelle ***cuvées spéciales*** ou de ***prestige***. C'est la perle de leur collection, l'essence la plus profonde de leur style. L'assemblage est alors un parti pris encore plus affirmé.

ACCORDS METS CHAMPAGNES

Puissants, les Champagnes de corps accompagnent bien des mets riches. Servez-le avec le foie gras, le jambon de Parme, un pot au feu, un osso-buco ou une volaille travaillée. Les Champagnes d'esprit, parfaits à l'apéritif, se marient naturellement avec poissons et crustacés. Ils sont aussi excellents pour les fins de repas avec les sorbets ou les desserts glacés. Les Champagnes de cœur s'harmonisent avec l'agneau, les mets sucrés salés, les gratins, les tartes tièdes, les fruits rouges. Les Champagnes d'âme se dégustent pour eux-mêmes. L'éternité dans ce domaine ne se partage pas avec un plat.

Les quatre familles des Champagnes

Les Champagnes de corps, **sensuels, puissants, charpentés et intenses, aux notes de sous-bois, d'épices et de fruits rouges.**

Les Champagnes d'esprit, **tout en vivacité, délicatesse et légèreté qui délivrent des notes végétales et d'agrumes.**

Les Champagnes de cœur, **généreux, chaleureux, fondus, aux senteurs de brioche, de cannelle, de miel qui sont parfois des vins rosés ou demi-secs.**

Les Champagnes d'âme, **matures et riches, au bouquet d'épices précieuses et délicates. On compte parmi eux les cuvées spéciales, les millésimes rares.**

Sommaire :

Ce vignoble de qualité est mal connu. Pourtant le renouveau de cette superbe région viticole est passé par la restructuration complète du vignoble. Il ne faut donc plus réserver ces vins à la consommation pendant des vacances locales et ne pas hésiter à partir à la découverte de leurs senteurs puisées dans la flore locale. Quelques millésimes présentent une finesse et une race annonciatrices d'un talent prometteur.

LE VIGNOBLE CORSE

Les vignobles de Corse, entourés de toutes parts par la Méditerranée, renferme quelques coteaux particulièrement propices à la culture de la vigne. Sa restructuration, engagée il y a 20 ans a été radicale. Le renouvellement du vignoble ancien permet aujourd'hui de produire des vins de qualité. Les rendements sont modérés : 37 hectolitres à l'hectare pour les A. OC. et 60 hectolitres à l'hectare pour les Vins de Pays. Cette production modeste est issue de la culture de 7200 hectares. Un peu moins de 30 % de la production sont vinifiés au titre des 9 A.O.C., la moitié en Vins de Pays et Vins de Cépage, le reste étant dévolu à un classement en Vins de Table.

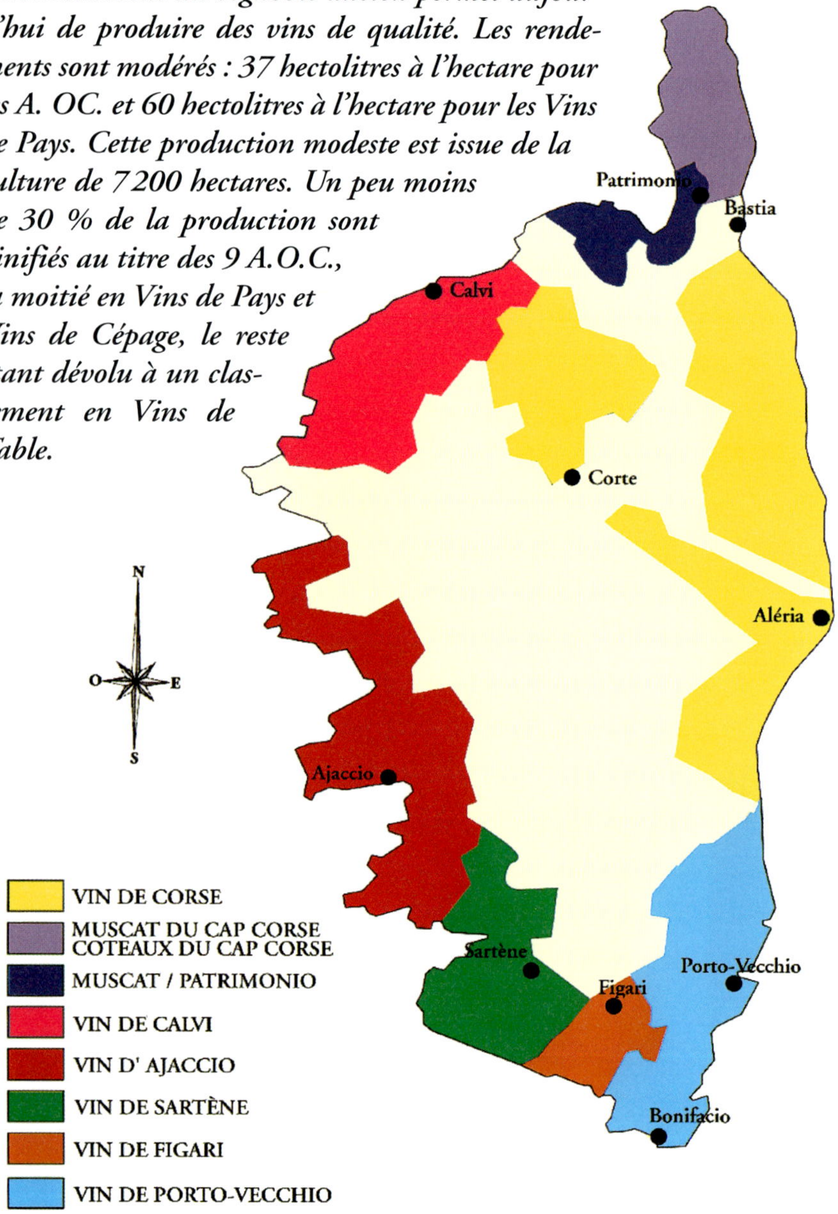

LES CÉPAGES ET LE TERROIR

La Corse détient le record de France de l'ensoleillement avec une moyenne annuelle de 2750 heures. Mais la chaleur, que l'on peut supposer très forte en été est modérée par les influences conjuguées de la mer et de la montagne. L'île est une chaîne de montagnes qui culmine à plus de 2000 mètres et plonge dans la mer. Cette montagne plongée au cœur de la Méditerranée bénéficie d'un climat, d'un relief et des sols et qui se conjuguent pour former un terroir à nul autre pareil. C'est un environnement d'autant plus favorable à la qualité des raisins que les gelées sont y rares, les printemps précoces et souvent pluvieux. Chacune des nombreuses vallées de cette terre profite d'une exposition et d'un microclimat différent. Elle offre, en outre, une grande diversité de sols particulièrement appropriés à la vigne : schistes à l'est, granits à l'ouest, alluvions sédimentaires au centre et affleurements calcaires au nord et au sud. La Corse donne à la vigne et à ses vins toute la force et la spécificité de son insularité. Mais que sont les vins corses ? Les vins corses sont des vins d'identité forte.

LES CÉPAGES NOBLES DES CRUS.

Sous l'impulsion de vignerons conciliant tradition et modernité, le vin corse a gagné ses lettres de noblesse. Des cépages nobles ont été réintroduits, essentiellement pour les crus, afin de développer une typicité puissante. L'appellation Cru désigne deux terroirs : Ajaccio et Patrimonio. L'encépagement **Sciaccarellu** est largement dominant dans le premier, le cépage

Nielluccìu caractérise le second. Le cépage **Vermentinu** est présent dans toutes les régions de vignes. Le Niellucciu est à la base de la renommée des vins de Patrimonio. Il donne un vin bien charpenté à la robe rouge foncée. On le dit au nez de fourrure de lièvre et de réglisse, il libère des arômes de petits fruits rouges des bois, de violette, d'épices et d'abricot. Sa forme est grasse et souple. Des études des années quatre-vingt ont montré qu'il ne faisait qu'un avec le SanGiovese toscan qui n'est autre que le cépage du fameux Chianti Classico. Le Sciaccarellu est le cépage noir caractéristique de la Corse granitique du sud. Il est considéré comme favorable à la production de vins de garde. Il donne un vin d'une grande distinction au nez poivré. On y distingue des arômes de fruits rouges, cassis, framboise, groseille, ainsi que d'amande et de bois grillé, et une saveur de pêche et d'amande. Le Vermentinu est le cépage blanc du Cap Corse. Il s'inscrit dans la lignée de la Malvoisie, le grand cépage de la Méditerranée. On l'appelle aussi Malvoisie de Corse. Le Vermentinu donne des vins blancs de très haute qualité comptant parmi les meilleurs du pourtour méditerranéen. Ceux-ci vont du blanc pâle transparent au jaune doré. Les vins, de couleur cristalline, se caractérisent par leurs arômes floraux, leur légèreté et leur fraîcheur. Les vins couleur d'or sont plus aromatiques que fruités, et ont des arrière-goûts d'amande, de noisette, de pomme et de miel. S'ils sont aujourd'hui moins prisés que les vins pâles, eux seuls sont des vins de garde. Incorporé au rouge, il est également utilisé pour la réalisation de vins rosés à forte personnalité.

Les cépages des vins de pays

Pour compléter l'approche des Vins de l'Île de Beauté, il reste à évoquer les vins dits de pays dont les qualités sont loin d'être négligeables. Ils sont d'ailleurs souvent récompensés. Ces vins sont produits sur des parcelles Qui portent les cépages suivants : Aleatico, Barbarossa, Cabemet Franc, Cabernet, Sauvignon Carignan blanc, Carignan, Chardonnay, Chasan, Chenin, Cinsaut, Ganson, Gramon, Grenache blanc, Grenache gris, Grenache, Lledoner pelut, Merlot, Monérac, Mourvèdre, Nuscat à petits grains, Muscat à petits grains rouge, Muscat d'Alexandrie, Nielluccio, Pinot, Portan, Riminese, Sauvignon, Sciacarello, Syrah, Tempranillo, Ugni blanc, Vermentino.

Des cépages nobles ont été réintroduits, essentiellement pour les A.O.C. afin d'apporter notoriété et sérieux au vignoble.

Domaine de Torraccia
20137 Porto-Vecchio

DOMAINE ORENGA DE GAFFORY
20253 PATRIMONIO

PATRIMONJO

Patrimonio produit les vins de Corse les plus connus et la plus ancienne appellation de l'île. Le vignoble est morcelé en petites propriétés. Dominée par son clocher carré et ses hautes murailles de forteresse, enracinée sur sa colline au-dessus des

vignes, Patrimonio est le cœur viticole du Nebbio. Cette région vivante et riche est faite de dépressions et de collines enchevêtrées qui abritent des terroirs nombreux remarquablement exposés, dominant le Conca d'Oro, et le golfe de Saint-Florent. La variété géologique, la qualité des cépages et en particulier le Nielucciu, base des rosés et des rouges, le savoir-faire des hommes pour lesquels la vigne et le vin sont une passion depuis de longs siècles, ont permis la production de vins nobles. Ici règne le Niellucciu donnant des rouges puissants et chaleureux, des rosés de soleil et de fruits. Ici s'exprime aussi le Vermentinu avec des blancs sec bouquetés, d'une richesse aromatique incomparable. Les rouges, provenant de vignes cultivées sur des arènes granitiques vinifiés séparément et peuvent être assemblés pour vieillir pendant 2 ans en bouteilles. Ils ont une belle robe grenat foncé, intense. Leur joli nez, fin, subtil, délicat, s'ouvre sur des notes fruitées et poivrées accompagnées d'une senteur du maquis. La bouche est superbe, ronde, ample, avec des tanins fins et soyeux. Le vin de Patrimonio est racé, puissant, d'une grande finesse et d'une structure remarquable qui lui donne son grand potentiel de vieillissement (8 à 10 ans).

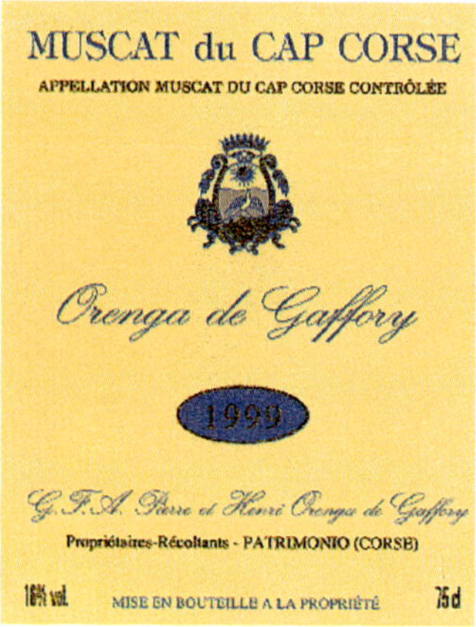

DOMAINE ORENGA DE GAFFORY
20253 PATRIMONIO

CAP CORSE

L'environnement rappelle que ce pays a eu un passé prospère où la vigne, avec plus de 2300 hectares aux XVIIIe et XIXe siècles, a joué un rôle capital et suscité une civilisation du vin. Les villages en nid d'aigle ponctuent un paysage dans lequel les vignerons montrent leur côté tenace et méticuleux. Ici, autour de Centuri, de Santa Severa ou de Rogliano, il reste de précieux témoins de ce superbe vignoble. Les vins blancs sont admirables de fruit et d'élégance, mais il y a également des muscats qui peuvent rivaliser avec les plus grands, et ce « Rappu », sorte de vin doux naturel et tonique, fait à partir du moût de raisin rouge muté à l'alcool. Le Muscat du cap corse est un vin délicat et plein de soleil. Le plaisir qu'il donne est à la mesure des efforts de ceux qui le produise. Le Muscat du Cap Corse est un vin rarissime. Les rendements y sont si faibles que chaque grain de raisin se gorge de soleil. Pour tout dire, ils ne sont que quelques poignées de producteurs à poursuivre inlassablement l'élaboration secrète de ce vin unique qu'il faut apprendre à mériter. Le nez est concentré sur un fruité exceptionnel que laisse supposer une robe dense et dorée. La concentration se transforme en une bouche généreuse et bavarde, d'une longueur qui ne semble pas avoir de limites. C'est un Muscat voluptueux.

Les meilleures cuvées de vins rouges sont en général de longue garde. Les muscats sont très équilibrés et leur finesse subtile.

LA CÔTE ORIENTALE

Les vins sont produits sur les coteaux de la côte orientale et dans la vallée intérieure du Golo. Les « piedmonts » de la côte orientale ont de bien beaux vignobles. Adossée aux remparts des arêtes rocheuses qui culminent à 1 200 mètres, la vigne occupe les premières pentes. La qualité des vins obtenus nous rappelle que c'est là que furent plantés les premiers ceps de vigne de Corse. À 25 km au sud de Bastia, au pied du mont San-Angelo, s'enracinent les vignobles traditionnels de Casinca, l'un des plus riches vignobles de Corse, avec ses coteaux aux terroirs et aux vocations variés. C'est là que, sur les coteaux qui dominent le fleuve, le Golo, s'étend un beau vignoble de cépages nobles et de vignes anciennes qui nous livre des vins de haute qualité, avec des tanins et des fruités bien dosés. Les rouges ont une robe pourpre aux reflets tuilés qui laisse présager une bouche solidement charpentée.

PORTO-VECCHIO

Porto-Vecchio est une ville qui grandit dans une région vivante et active. Le tourisme tire profit d'une côte découpée de criques et de merveilleuses forêts de pins parasols, mais les richesses traditionnelles sont agricoles. PortoVecchio, c'est aussi la plus grande forêt de chênes lièges de l'île. Ce sont aussi quelques beaux vignobles que seules la volonté et la passion de vignerons déterminés ont fait naître au milieu des rochers et du maquis, sur des coteaux impressionnants. Ici règne l'alliance du Niellucciu et du Sciaccarellu qui donnent, avec le grenache, des rouges plutôt élégants et ronds, parfaits pour un repas estival. Les rosés fins et aromatiques, sont habillés d'une robe rose à reflets dorés. Quant aux blancs de Vermentinu, ils sont secs et très fruités mais peuvent accompagner dignement un poisson de mer grillé ou un plateau de fruits de mer.

FIGARI

C'est le vignoble le plus méridional de France, à la latitude du sud de Rome, et l'une des vieilles régions viticoles de Corse, au caractère sauvage et retiré. La petite chapelle romaine du XIIe siècle de Montilati et les ruines de celle de Tarabuceta attestent l'ancienneté des plateaux granitiques de

cette région. La vigne y a connu un développement important sur les trois communes de Figari, de Pianottoli et Monaccia La faible pluviométrie aggravée par un climat très venté, des arènes granitiques qui ne retiennent pas l'eau, constituent des

DOMAINE LECCIA
20232 POGHJU D'OLETTA

DOMAINE SAN QUILICO
20253 PATRIMONIO

Les cépages anciens sont privilégiés : Nielluccìu et Sciacarellu pour les rouges, Malvasia pour les blancs. Ceci confère aux vins une personnalité très différente des vins du Sud. Ils sont capiteux sans être lourds.

conditions de culture si difficiles que la culture de la vigne tend à y devenir marginale, malgré la qualité d'un encépagement de choix et la finesse des vins. Cet environnement austère leur donne une bouche vive et légèrement acidulée, moyennement charpentée mais bien équilibrée.

Le Domaine Peraldi, niché sur les coteaux de Mezzavia, domine le golfe d'Ajaccio

SARTÈNE

Du haut rocher, la capitale du sud-est surveille d'un côté le golfe du Valinco et de l'autre les coteaux de Baracci et ceux de Tallano, des vieilles vignes aux vieux cépages locaux. Les vins, qu'ils soient vinifiés traditionnellement ou par des techniques plus modernes, ont acquis une bonne renommée, notamment les rouges. Les plus vieux cépages locaux, Sciaccarellu, Nielluciu, Barbarossa, Vermentinus, se retrouvent pour donner des vins étoffés, à la forte personnalité et d'un velouté remarquable. Les rouges sont bien charpentés. Ceux nés en plein coteaux sont souvent caractéristiques de l'appellation. La bouche retrouve tout cela dans un bon équilibre entre la rondeur et la chair. L'attaque est souple et se développe sur des saveurs animales avec des tannins bien présents. les rosés, un peu plus sobres, sont soutenus et ont du corps. sans pour autant jouer sur la complexité. Les blancs sont amples et bouquetés dans une robe pâle, presque transparente sur une ossature parfaitement ferme.

DOMAINE DE PIETRA BIANCA
20114 FIGARI

AJACCIO

Les coteaux d'Ajaccio couvrent un vaste territoire entre Balagne et Sartène. Il y a, à Ajaccio, un nombre important de viticulteurs récoltants qui vinifient dans leur propre cave. On trouvera ici quelques-uns des plus vieux domaines renommés de la Corse et des parcelles de vigne qui sont de véritables archives ampélographiques. Le Sciaccarellu fait l'orgueil des vignerons d'Ajaccio. Il donne son type aux vins

Les vignobles de Figari sont à la fois balayés par les vents et inondés de soleil. La personnalité de ses vins résulte de la meilleure utilisation des potentialités de ce climat.

DE PERETTI DELLA ROCCA
20114 FIGARI

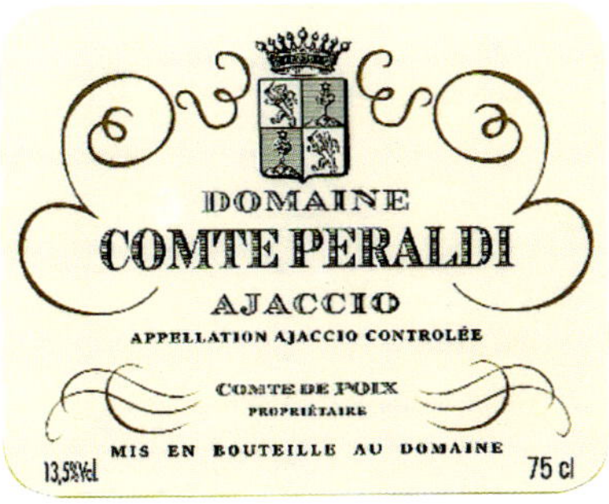

DOMAINE COMTE PRERALDI
20167 MEZZAVIA

rouges et aux rosés leur si particulière couleur claire. Ce cépage de tradition transmet de l'étoffe et du feu et une distinction remarquable. Mais si la robe est peu évoluée, il en va tout autrement des sensations qu'il propose. Il permet d'obtenir des rouges qui ont du style grâce à un bouquet expressif teinté d'un fort parfum de terroir qui se laisse parfois aller à une bouche suave d'une belle profondeur. Les vins rosés se distinguent par une puissance aromatique de bon aloi. Les uns et les autres s'accordent à merveille avec la gastronomie locale et sont le choix idéal en accompagnement d'un buffet froid de l'été ou plus simplement avec du melon.

CALVI

La Balagne est la région entre la mer et les sommets des forêts de Tartagne qui comprend Calvi, sa plaine, jusqu'aux contreforts des hauts sommets où règne le gros bourg de Calenzana. Toscane de la Corse elle a longtemps été l'une des régions les plus aimables et les plus civilisées de l'île, avec ses terroirs ordonnés, ses productions variées, ses villages superbes. Ici, le vin connaît avec l'appellation Calvi, quelques de belles réussites. Il offre des rouges charnus et bouquetés, des rosés frais et ensoleillés et des blancs d'une grande finesse.

DOMAINE RENUCCI
20225 FELICETO

ACCORDS METS VINS

Un blanc de Corse, jeune et tonique, ou un rosé fruité fera merveille pour aiguiser l'appétit. En entrée, un rouge léger ou un rosé accompagnera parfaitement la charcuterie blanche. Pour la charcuterie fumée, comme la charcuterie corse, mieux vaudra choisir un rouge bien charpenté. Le foie gras, lui, se dégustera avec un verre de Muscat frais ou de Rappu, ce vin doux naturel, et rare, du Cap Corse.
En plat principal, un vin blanc, jeune et vif, ou un rosé musclé fera le délice de tous les amateurs de poisson. Un rosé léger ou un rouge souple à base de Sciaccarellu s'accordera très bien avec les viandes blanches tandis que les viandes rouges, en sauce et les gibiers seront pleinement révélés par des rouges plus soutenus, forts en tanin, à base de Nielluciu. Pour les fromages, choisissez des rouges jeunes sur les fromages légers, des rouges plus marqués sur les Camembert, Brie et autres fromages relevés et des blancs secs sur les fromages de chèvre. Quant au Roquefort, il exprimera toute sa saveur et son originalité avec les vins doux du Cap : Muscat ou Rappu.

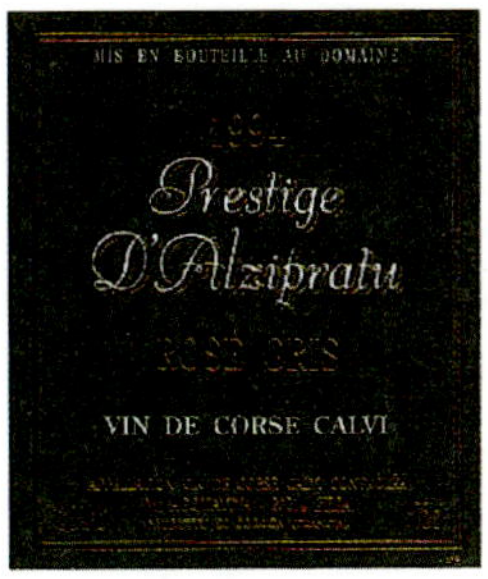

DOMAINE D'ALZIPRATU
20214 ZILIA

Sommaire :

Le vignoble du Jura remonte à la plus haute antiquité. Avant la crise du phylloxera, il comptait plus de 40 cépages. Le vignoble s'étend sur une bande de terre longue d'une centaine de kilomètres, appelée Revermont. La gamme des vins du Jura est exceptionnelle et on y trouve tous les types de vinification.

Le vignoble de Savoie occupe les basses pentes des Alpes et s'établit dans les vallées en îlots de tailles diverses. Il produit des vins surprenants et généreux qui sont capables d'acquérir en vieillissant des qualités que peuvent exiger les palais les plus avertis.

LE VIGNOBLE DU JURA

Le vignoble du Jura remonte à la plus haute antiquité. Aujourd'hui, il produit six A.O.C. régionales. Quatre d'entre elles sont qualifiées de géographiques : Arbois, Côtes du Jura, Château-Chalon et l'Étoile. Deux autres, qui se rapportent uniquement à un processus d'élaboration spécifique, ont pour nom Macvin du Jura et Crémant du Jura. Les vins sont issus de cinq cépages. Les vignes profitent d'une exposition favorable sur des terrains marneux

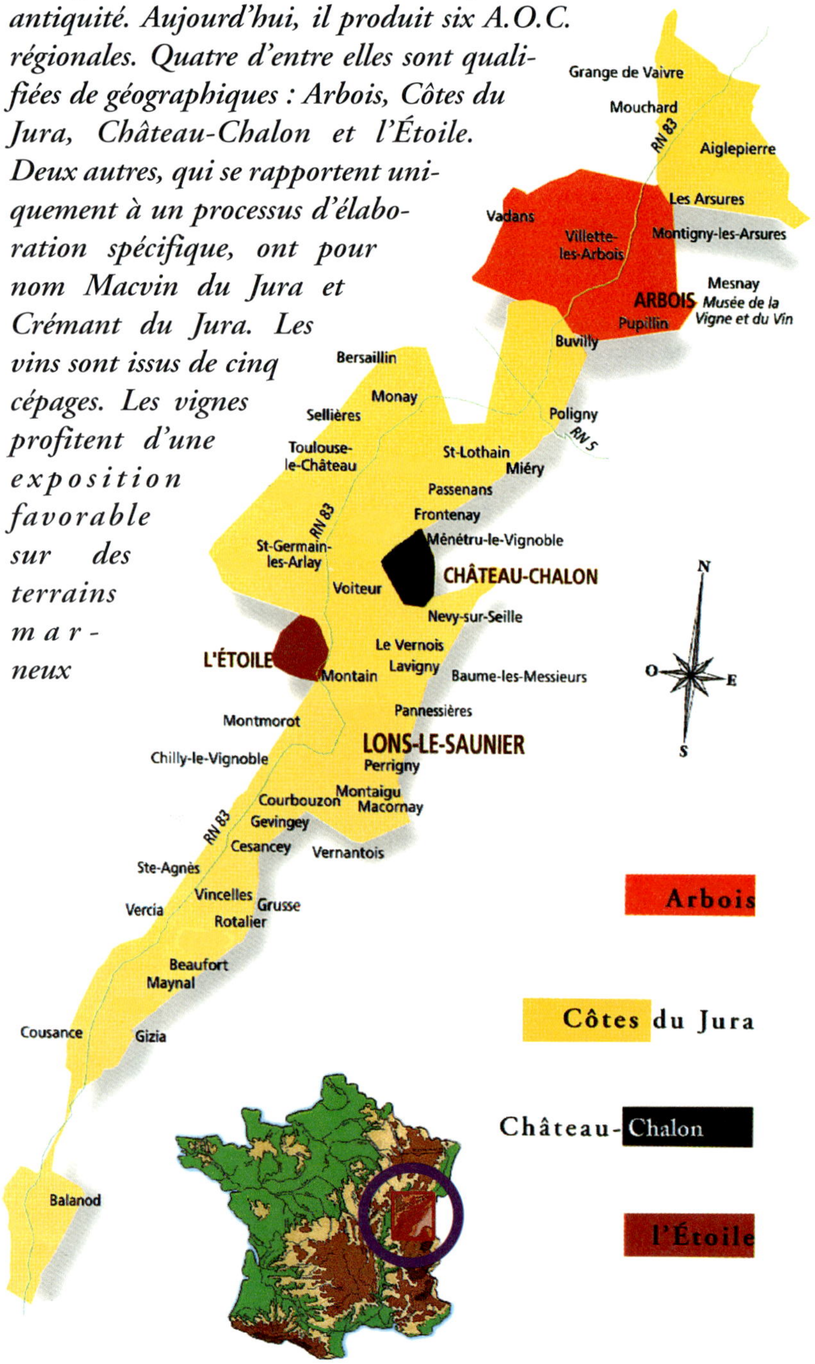

LES CÉPAGES ET LE TERROIR

Le Poulsard, appelé Ploussard, se plaît sur les terres marneuses ou argileuses. Il craint les gelées tardives. Ses grains ovoïdes et juteux, à mince pellicule violette, forment des grappes peu serrées. **Le Trousseau** est cultivé au nord de l'appellation Arbois. C'est un cépage tardif et exigeant adapté aux sols graveleux et chauds de marnes rouges. Ses ceps trapus et vigoureux portent des grappes de forme cylindrique. Les baies à peau bien noire et épaisse sont charnues et sucrées. **Le Pinot noir** s'exprime sur les terrains argilo-calcaires de la région d'Arlay. Ses grappes très serrées se constituent de petits grains au goût savoureux. Précoce, il est très sensible aux gelées. **Le Chardonnay** s'est adapté aux sols du Revermont. Il est utilisé avec le Savagnin pour l'élaboration des vins blancs ou des Crémants. On le retrouve dans le Vin de Paille et le Macvin. Ses grains ronds plutôt petits, d'un jaune doré, sont juteux, très sucrés avec une pellicule fine et résistante. Ses grappes sont serrées, plus grosses que celles du Savagnin. **Le Savagnin** est l'unique cépage utilisé pour élaborer le Vin Jaune. Il préfère les marnes bleues ou les schistes. La chaleur emmagasinée par les éboulis calcaires aide à sa bonne maturité. Ses grains ronds et charnus, à pellicule épaisse, d'une saveur fine et délicate, forment des grappes petites et serrées.

ARBOIS.

C'est ce vignoble qui porte haut les couleurs des vins du Jura. Qui plus est, il a obtenu en 1936 le droit d'être la première A.O.C. de France. En son centre, le village d'Arbois est aussi connu par l'un de ses habitants célèbres, Louis Pasteur. Dans un relief tourmenté par des éboulis calcaires, ce terroir est particulièrement propice aux cépages rouges qui représentent 50 % de l'encépagement. Les Arsures, Montigny, Mesnay, Pupillin Vadans et Villette les Arbois figurent parmi les principaux villages vignerons de l'appellation. Les vins rosés sont essentiellement élaborés à partir du cépage *Poulsard.* Ils présentent une robe rubis clair quand il est jeune et devient pelure d'oignon en vieillissant. Le bouquet est toujours délicat, le goût fruité ou profond selon l'âge. Vin très agréable l'été pour sa fraîcheur, avec des arômes de fruits rouges fraîchement cueillis, de groseilles, de cassis et de cerises, il évolue sur des notes d'épices ou de réglisse. Il est soyeux, léger au palais. Ses amateurs le consomment sur le fruit dans sa jeunesse et d'autres le préfèrent sur des arômes tertiaires après quelques années de garde. À déguster entre 11 et 14 degrés sur des viandes grillées ou rôties, des viandes blanches, de la charcuterie.

Les vins rouges sont obtenus à partir des cépages *Trousseau*, *Poulsard* et *Pinot Noir*, vinifiés seuls ou en assemblage. D'un rouge plus soutenu que le Poulsard, il offre progressivement avec l'âge une robe profonde et intense. Sur des arômes de fruits murs, d'herbe sèche et de vanille, il vieillit superbement bien et donne progressivement des nuances de confit pour en final devenir plus animal et giboyeux. En bouche, il est structuré, bien équilibré avec des tannins toujours présents. Le Trousseau est le vin de garde par excellence qui accompagne avec finesse les viandes rouges et le gibier à une température de service de 15 et 17 degrés. Le cépage *Pinot Noir*, vinifié seul, il donne des vins fruités à robe rouge profond. Il étonne par sa robe rouge et séduit par ses arômes complexes. Rond et charpenté, il offre des arômes de fruits rouges (cerise, framboise et mûre). En vieillissant, il devient plus subtil encore et plus long en bouche. Il peut être assemblé aux autres cépages rouges pour sa structure et sa couleur intense. Le Pinot noir s'accorde avec les fumés comtois et aussi avec les viandes rouges à un service entre 13 et 16 °C.

Les vins rouges sont élaborés à partir des cépages Poulsard, Trousseau et Pinot noir travaillés seuls ou en assemblage. Les différents terrains et méthodes de vinification sont à l'origine de vins à fortes personnalités. Les vins élaborés à partir du cépage Poulsard sont baptisés rosés en raison de leur couleur claire. Ils sont vinifiés comme des vins rouges.

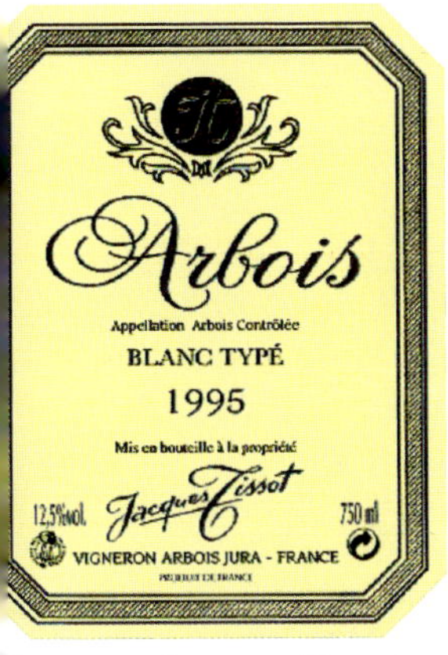

DOMAINE JACQUES TISSOT
39600 ARBOIS

DANIEL DUGOIS
39600 MONTIGNY-LES-ARSURES

C'est souvent par ses vins blancs que le Jura est le plus connu. Les vins blancs sont issus des cépages Chardonnay et Savagnin vinifiés seuls ou assemblés. Le Chardonnay est le cépage le plus étendu. Vinifié seul, il donne un vin aromatique et complexe.

Domaine de Montbourgeau
39570 L'Étoile

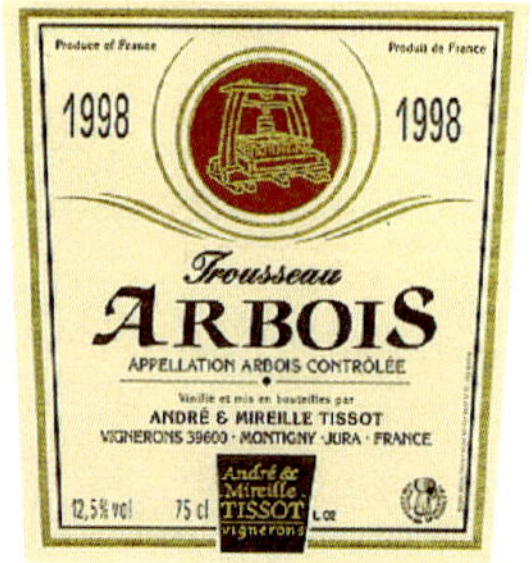

André et Mireille Tissot
39600 Montigny-les-Arsures

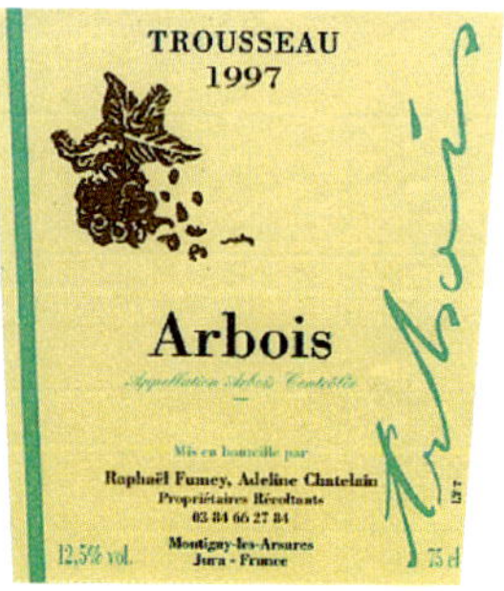

R. Fumey, A. Chatelain
39600 Montigny-les-Arsures

L'Étoile.

Les 80 hectares en production sont exploités par une quinzaine de vignerons. L'A.O.C. l'Étoile produit exclusivement du vin blanc puisque l'encépagement se compose de 90 % de Chardonnay et 10 % de Savagnin. Ce sont des blancs au goût de terroir très prononcé de pierre à fusil et de noisette qui se démarquent également par leur suavité. L'Étoile a aussi bâti son renom avec ses méthodes traditionnelles pour ses vins effervescents, ses Vins Jaunes et ses Vins de Paille. Les vignobles de Plainoiseau, Quintigny et Saint-Didier ont également droit à l'appellation. Vin sec et fruité, *le Chardonnay* peut se consommer jeune ou se garder une dizaine d'années dans le cas d'un vieillissement en fûts. Avec l'âge, sa jolie robe jaune pâle argentée devient vieil or. Au nez, il est fin et élégant avec des arômes d'amande grillée, de miel, de vanille, d'agrumes, de pomme verte, de mirabelle et de poire. Vin très fruité, quelques années de vieillissement lui permettent d'acquérir toute l'expression du terroir jurassien affirmant une finesse et une longueur en bouche remarquables. Jeune, il accompagne les poissons et crustacés à une température de service variant de 10 à 12 degrés. Élevé en fûts de chêne, il se marie avec des plats crémés. Il faut le servir entre 12 et 14 degrés. *Le Savagnin*, élevé en pièces pendant quelques années est un vin délicat d'une complexité aromatique telle, qu'il peut constituer une excellente approche à la dégustation du Vin Jaune. À l'œil, il se pare d'un jaune doré et profond. Au nez, il est puissant et fruité avec des notes d'amande grillée, de noix verte, de café grillé et de pomme. D'une grande persistance aromatique, il présente en bouche des notes de noix, d'amande verte, de noisette et de silex. Apte à un long vieillissement, il se consomme légèrement chambré (15 à 16 degrés) sur de la volaille, du poisson de rivière à la crème, du Comté, et des plats épicés. Il peut également être assemblé au Chardonnay dans des proportions propres à chaque producteur (10 à 40 %).

Les Côtes du Jura.

Les Côtes du Jura s'étendent du nord au sud du vignoble. Le climat est identique aux autres A.O.C même Si le Sud-Revermont présente un plus fort taux d'ensoleillement. Tous les vins jurassiens y sont représentés, mais c'est la production de blanc et de Crémant qui prédomine avec des vins ronds, minéraux et généreux. Les exploitations de cette appellation se situent à Arlay, Beaufort, Gevingey, Passenans, Poligny, Rotalier, Le Vernois et Voiteur. Si chaque secteur se différencie par le climat ou le sol, le vigneron de par ses choix de vinification ou d'élevage demeure le facteur essentiel de différenciation des vins. Les Côtes du Jura constituent un fabuleux territoire de découvertes des différentes expressions des cépages.

VINS JAUNES ET CHÂTEAU-CHALON.

Aucun vin de France ni même du monde n'est plus fidèle à son passé glorieux. Mais son élaboration requiert un sol riche en marnes bleues ou noires et le seul cépage Savagnin. L'appellation produit exclusivement du Vin Jaune sur le territoire de Château-Chalon, mais Ménétru-le-Vignoble, Domblans et Nevy-Sur-Seille ont également droit en partie à l'appellation Château-Chalon. Le raisin est récolté assez tardivement, vers le mois d'octobre. Une fois les fermentations achevées, le vin est passé en fûts de chêne déjà avinés, puis vieilli sans soutirage et sans compléter la part de vin qui s'évapore, dite « *part des anges* ». Un voile de levures se développe alors en surface et préserve le vin de l'oxydation. L'élevage durera pendant six ans et trois mois minimum. Suivi au plus près pendant cette période, le Savagnin acquiert mystérieusement les caractéristiques organoleptiques complexes du Vin Jaune. La couleur devient jaune or plus ou moins ambrée. Le bouquet s'amplifie de manière surprenante et le goût acquiert celui de la noix et du curry. La densité des notes aromatiques et leur persistance sont exceptionnelles. Il titre 13° degrés d'alcool, mais régulièrement il atteint 14 ou 15 degrés. Sa longévité proverbiale lui permet de dépasser cinquante et même cent ans! C'est plus qu'un vin de garde, c'est un vin qui peut braver le temps. Seul le clavelin est habilité à recevoir le précieux nectar. La première dégustation d'un vin jaune peut surprendre car avec ce vin, les repères habituels n'ont pas cours. Il se déguste presque chambré entre 14 et 16 degrés. Il serait imprudent de le servir au début d'un repas car les vins qui le suivraient seraient inexistants. On aura pris grand soin de le déboucher plusieurs heures avant de le déguster afin de le laisser pleinement s'épanouir. Il se marie à merveille avec les foies gras, les escargots ou les mets crémés et accompagne au mieux le Comté et les fruits secs.

Le vin jaune est considéré comme l'un des vins les plus remarquables. Sa terre natale est le vignoble de Château-Chalon, mais il est aussi produit en Arbois, à L'Étoile et dans les Côtes du Jura.

DOMAINE JACQUES TISSOT
39600 ARBOIS

DOMAINE JACQUES TISSOT
39600 ARBOIS

Le Crémant et le Macvin du Jura ont de lointaines origines. Les cépages Chardonnay pour les blancs et Pinot ou Poulsard pour les rouges doivent constituer au moins 50 % du Crémant. Le Macvin provient uniquement des cépages nobles.

CRÉMANT DU JURA.

La production de vins effervescents dans le Jura a de lointaines origines puisqu'elle remonte à 1671. La méthode d'élaboration est identique à celle des Champenois. Les raisins vendangés à la main sont transportés en caisses percées, pressurés par grappe entière pour offrir un jus de grande qualité gustative. La seconde fermentation a lieu en bouteilles couchées sur lattes pendant neuf mois, provoquant ainsi la prise de mousse. Issus essentiellement du Chardonnay, du Poulsard et du Pinot noir, les effervescents Jurassiens sont délicats et fins. Au nez et en bouche se dégagent des arômes de pomme, de brioche et de noisette qui traduisent une complexité propre à faire des Crémants du Jura un autre terrain de découverte. Bruts ou demi-secs, blancs ou rosés, ils sont à boire frappés à l'apéritif ou au dessert, de préférence dans une flûte fine. Au final, ces vins font ressortir la quintessence même du fruit.

DOMAINE JACQUES TISSOT
39600 ARBOIS

MACVIN DU JURA.

Connu depuis le XIVe siècle, le Macvin est obtenu à partir de jus de raisin non fermenté auquel on ajoute un tiers de marc. Il est élevé pendant 12 mois en fûts de chêne. La réduction des moûts par la chaleur et l'adjonction d'aromates sont totalement exclues par les conditions d'agrément. Titrant 18 degrés d'alcool, il peut se servir frais en apéritif, ou en dégustant un melon. Il pourrait aussi accompagner avec bonheur une glace au miel. Particulièrement apprécié des amateurs, son bouquet est remarquable.

FRUITIÈRE VITICOLE
39120 VOITEUR

Vin de Paille.

Le Vin de Paille est obtenu par un assortiment de cépages autorisés dans le Jura : le Poulsard qui apporte robustesse et le goût du terroir, le Chardonnay pour le moelleux et le fruité et le Savagnin pour donner du corps à l'ensemble. Il subit le passerillage, opération qui consiste à faire évaporer l'eau de constitution du raisin pour obtenir un vin liquoreux ayant un degré alcoolique élevé. Le passerillage et la fermentation du jus sucré des raisins nécessitent des conditions favorables où se combinent le froid et le sec. Les raisins sélectionnés pour l'élaboration du vin de paille doivent être sains et à maturité parfaite. Les raisins sont déposés dans des clayettes dès leur coupe, à la vigne même, pour éviter de blesser les grappes. Ces clayettes sont ensuite transportées dans une grange bien ventilée où le passerillage va s'effectuer naturellement durant 2 à 3 mois. Tout au long de cette phase une surveillance constante est nécessaire. Le moment de la pressée est choisi lorsqu'un équilibre idéal se forme entre l'acidité et la teneur en sucres du raisin. Les grappes entières sont mises dans le pressoir. Il libère un jus sucré où se concentrent les arômes. Ensuite, vient la fermentation. Les levures naturelles mettront du temps à enclencher la fermentation. Contrairement aux autres vins liquoreux, la fermentation s'arrêtera d'elle-même lorsque le degré avoisinera 15° à 17°. Toutefois, le sucre ne sera pas complètement transformé en alcool et il faudra donc surveiller le vin constamment jusqu'à sa mise en bouteilles. Le vieillissement s'effectue pendant trois ans dont les premiers 18 mois dans des pièces de chêne. Au final, c'est un vin de finesse que l'on déguste frais à l'apéritif ou avec des entremets. Chaque cuvée présente des arômes différents, mais on retrouve des traits de caractère communs liés aux cépages, au savoir faire lors de la vinification et au vieillissement sous bois. Le Vin de Paille a un nez généreux composé de miel, d'épices et de fruits mûrs, une bouche moelleuse où coing, cannelle, amandes grillées et autres fruits confits se succèdent.

Le vin de Paille s'obtient à partir de la vinification de grappes mises à sécher. Trois cépages sont utilisés pour ce vin : Poulsard, Chardonnay et Sauvagnin. La quantité de raisins nécessaires en fait un vin rare et précieux, spécialité du vignoble jurassien.

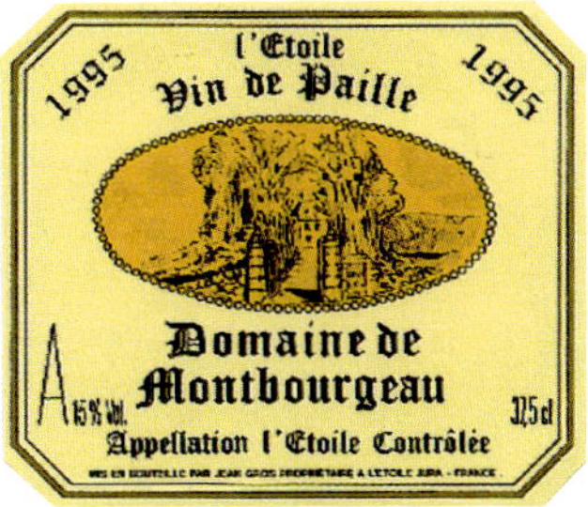

Domaine de Montbourgeau
39570 l'Étoile

Fruitière Viticole
39120 Voiteur

Le vignoble

et les appellations

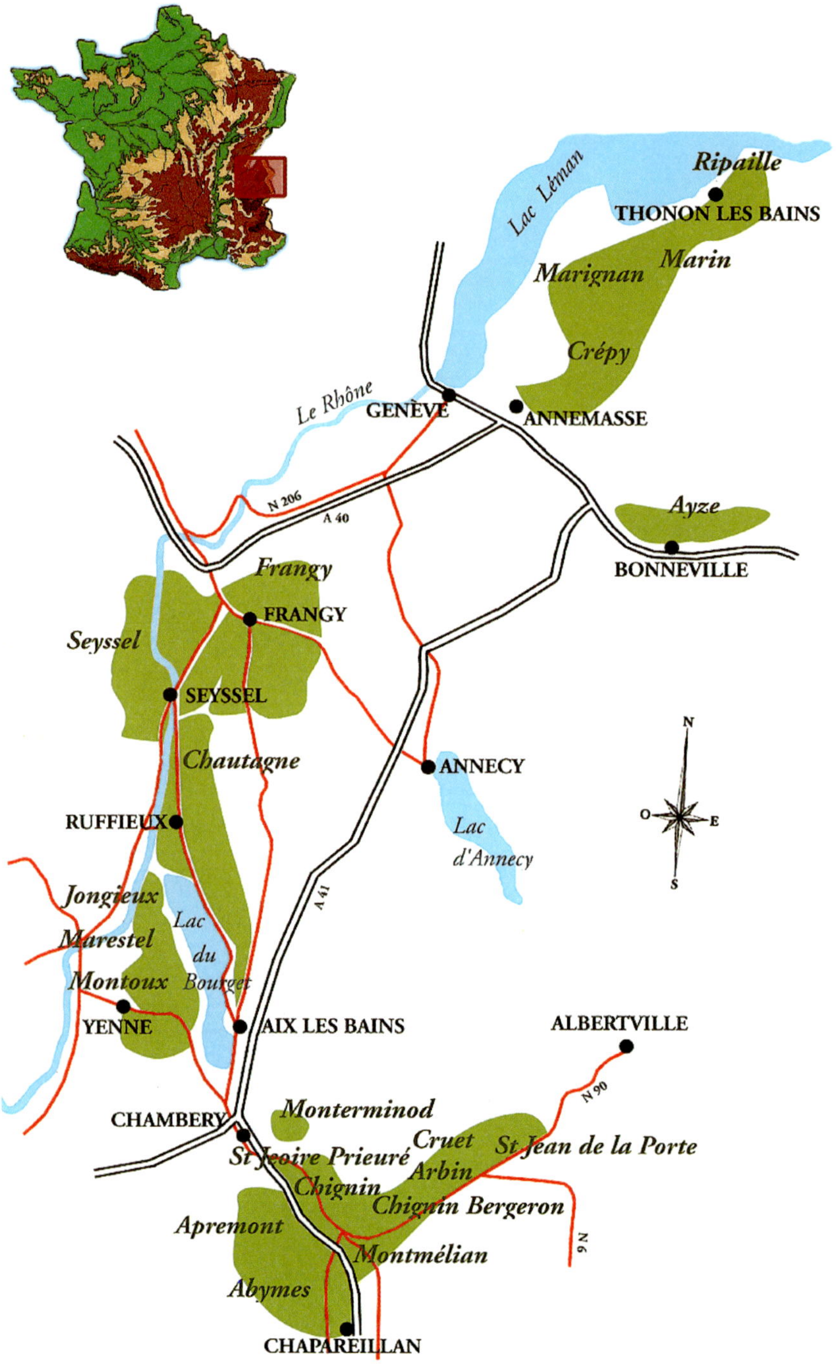

Le vignoble de Savoie se répartit en une vingtaine de lieux disséminés dans 4 départements : la Savoie, la Haute-Savoie, l'Isère et l'Ain. Le vignoble, en forme de croissant, est de petite taille. La vigne, accrochée à des éboulis caillouteux, intéresse moins de 2 % des surfaces agricoles.
En Haute-Savoie, la vigne couvre 170 hectares qui sont cultivés sur la rive sud du Lac Léman et produisent les crus Ripaille, Crépy, Marignan et Marin, dans la Côte d'Arve pour le cru Ayze, dans la Vallée des Usses pour le cru Frangy ainsi qu'au bord du Rhône avec le vignoble de Seyssel qui déborde sur le département de l'Ain.
En Savoie, de loin la plus importante des surfaces avec ses 1550 hectares, la vigne escalade les premières collines de la rive gauche du Rhône ou est produit le cru Chautagne. Elle descend ensuite vers Aix les Bains en s'étageant sur le versant occidental de la montagne du Chat. Ce vignoble produit les crus Marestel, Monthoux et Jongieux. Le vignoble se poursuit au sud dans le Val du Bourget et la Cluse de Chambéry puis déborde sur l'Isère. Ici sont produits les crus Saint Jeoire, Monterminod, Chignin, Chignin-Bergeron, Apremont et Abymes. Enfin, les crus Montmélian, Arbin, Cruet et St Jean de la Porte sont produits sur le vignoble qui remonte vers l'est la rive droite de la Combe de Savoie, de Chambéry vers Albertville.

LES CÉPAGES ET LEUR MILIEU

Avec une altitude moyenne de 1 500 mètres, la Savoie est un département de haute montagne dans lequel on a logiquement peu de chance de découvrir des vignobles. Mais les glaciers du quaternaire ont modelé de grandes vallées qui constituent des sites privilégiés et des expositions propices pour l'implantation de la vigne. En dépit de son caractère montagneux, la Savoie bénéficie d'un climat tempéré. Sa dominante continentale est atténuée par de fortes influences océaniques. Les précipitations atteignent un niveau relativement élevé mais se répartissent sur les différents mois de l'année. Du fait de l'installation du vignoble sur des sols pentus et généralement bien drainés, l'importance des apports d'eau n'est pas gênante. Malgré la petite taille du vignoble, les vins de Savoie sont issus de 23 cépages différents. Cette diversité résulte sans doute de la variété des sols, des situations de plantation ainsi que des conditions climatiques contraignantes pour les viticulteurs. La situation frontalière de la région a sans doute aussi contribué à la propagation des cépages qui se retrouvent d'ailleurs en Piémont, en Dauphiné et dans l'Ain. Les principaux cépages savoyards sont utilisés selon les régions et leur climat, en fonction du moment ou les bougeons apparaissent et qui s'appelle *le débourrement*. Ceux au débourrement précoce sont le **Gamay**, le **Pinot-Noir,** le **Chasselas** et le **Chardonnay**. Les autres, un peu plus tardifs dans la saison et donc de débourrement moyen sont le **Jacquère**, la **Mondeuse,** l'**Altesse**, le **Gringet**, la **Molette**, le **Roussanne**. La couleur du cépage révèle des situations très différentes. Les blancs et les rouges s'équilibrent en importance dans l'Ain et l'Isère, alors que la Savoie, et la Haute-Savoie se spécialisent nettement dans la production de vins blancs. Ces derniers sont d'ailleurs majoritaires dans les plantations récentes alors que les rouges dominent dans les vignes de 10 à 20 ans. Les cépages Pinot-Noir, Altesse et Chardonnay, se rencontrent plutôt dans les plantations récentes. Le Jacquère est le cépage blanc du vignoble savoyard le plus répandu. L'Altesse est partout en expansion. Le Chasselas n'est présent qu'en Haute-Savoie. La Molette blanche dans l'Ain, le Gringet en Haute-Savoie, le Chardonnay en Savoie et dans l'Ain complètent cet inventaire des cépages blancs. Le Gamay, cépage rouge dominant du vignoble de Savoie est aussi présent dans l'Ain et un peu moins dans l'Isère. La Mondeuse progresse en Savoie et dans l'Ain. Le Pinot noir est généralement savoyard.

Les quantités vinifiées sont assez faibles. Les vins blancs constituent la majorité d'une récolte très largement influencée par l'incidence des aléas climatiques.

CAVE DE CHAUTAGNE
73310 RUFFIEUX

Plusieurs semaines après le développement des feuilles, la grappe se forme et va fleurir.

CHÂTEAU DE LA VIOLETTE
73800 LES MARCHES

L'orientation propice de tous ces terroirs se prête magnifiquement à la culture de la vigne. Il n'est pas rare de trouver les ceps plantés en oblique afin qu'ils puissent utiliser toute l'épaisseur de terre meuble dont la couche est mince sur la plupart des coteaux. La viticulture en Savoie est largement tributaire des aléas climatiques et en particulier des dernières gelées de la saison qui peuvent encore survenir au début de la floraison. La marge de sécurité vis-à-vis des contraintes climatiques est étroite, mais plus que tout, il faut redouter au printemps le vent du Nord qui apporte des courants froids et secs qui pourraient réduire à néant le travail accompli. Pour prévenir ces risques d'accidents, des cépages tardifs ont été plantés sur les parcelles les plus exposées. Les vignerons, forts d'une longue tradition, parviennent à maîtriser l'ensemble de ces paramètres et présentent une gamme très complète de vins au caractère biens spécifiques.

Les vins blancs.

Chaque année, les vins blancs constituent les deux tiers de la récolte. Abymes, Apremont, Chautagne, Chignin, Cruet, Jongieux, Montmélian, Saint Geoire-Prieuré sont les communes qui donnent leurs noms aux crus les plus célèbres. Ils ont un charme certain et laissent en bouche un fruité clair. ils se présentent dans un verre surprenant par sa clarté. Ceux généralement issus du cépage Jacquère qui lui donne ce petit côté brillant, perlant et un peu acide, s'assemblent avec une certaine réussite au jus du Chardonnay. Ils deviennent alors des vins vifs, souples en bouche, accompagnés de jolies senteurs d'aubépine, de miel et de brioche. L'usage veut qu'ils se dégustent dans leur prime jeunesse.
Les Roussettes de Savoie se trouvent essentiellement à Fangy, Monthoux, Marestel, et Monterminod. L'usage veut là aussi qu'on les serve jeunes alors qu'elles sont

tout à fait capables de bien s'épanouir avec l'âge. Issues du seul cépage Altesse pour les crus, elles sont réputées pour leur nez très floral de fleurs blanches. C'est un vin un peu romantique, à la robe légère, qui reste secret dans sa jeunesse.
Les vins produits à Crépy, Seyssel, Chignin-Bergeron, Marigna, Marin et Ripaille peuvent être de cuvée exceptionnelle. Ils s'expriment à travers des arômes et une bouche intéressants par leur longueur originale. Il convient de savoir que les cépages utilisés dans les appellations Crépy et Seyssel donnent un bouquet spécifique et traditionnel reconnaissable entre tous à son original parfum de violette.
Tous se servent frais, à 10 °C.

Les vins rouges et rosés.

Produits en quantité limitée, ils se trouvent essentiellement à Arbin, Chautagne, Chignin, Cruet, Jonguieux et Montméliand. Si ici le Gamay prend un certain relief, la production reste dominée par les cépages Mondeuse et Pinot Noir. Les rosés sont résolument légers et parfumés. Les vins rouges, peu connus, ont besoin de plusieurs années de garde pour s'épanouir. Ils deviennent alors des vins d'un niveau remarquable, servis par une superbe robe de feu qui vire au rouge sombre et superbe au fur et à mesure de la garde. Avec un peu de patience, on découvre alors un vin au bouquet complexe, à la fois floral, fruité et épicé, équilibré et subtil. Tant de plénitude le prédispose à accompagner soit des plats puissants tels le gibier soit encore le fameux Reblochon ou la Tomme de Savoie. Servir à température de cave, soit environ 15 °C.

Les accords avec les mets.

Il est possible de faire tout un repas avec les vins de Savoie. En apéritif, les blancs secs ou les vins mousseux feront parfaitement l'affaire. Un rosé accompagnera naturellement une entrée ou des charcuteries de montagne. Il sera suivi d'une Roussette ou d'un blanc de Seyssel sur des fruits de mer ou sur un poisson. Une volaille grillée, une viande blanche ou un gibier s'accorderont d'un vin rouge. Ils accompagnent aussi particulièrement bien les salaisons et produits de Savoie, tels les fromages. Pour conclure ce repas, les Pétillants et les Mousseux de Seyssel ou d'Ayse, au bouquet si particulier seront servis avec les desserts.

André et Michel Quenard
73800 Cormery-Chignin

Sommaire :

Les vignobles du Languedoc et du Roussillon sont adossés aux contreforts des Pyrénées ou languissent dans les plaines. Aucun vin ne ressemble à un autre, si ce n'est ce qui les réunit depuis l'antiquité : la Méditerranée. En 20 ans le vignoble a été profondément remodelé. Grenache, Mourvèdre et Syrah sont devenus des cépages dominants des nouvelles plantations. La vinification et l'art de l'assemblage permettent d'offrir des vins structurés et épanouis.

Le vignoble du Languedoc et du Roussillon

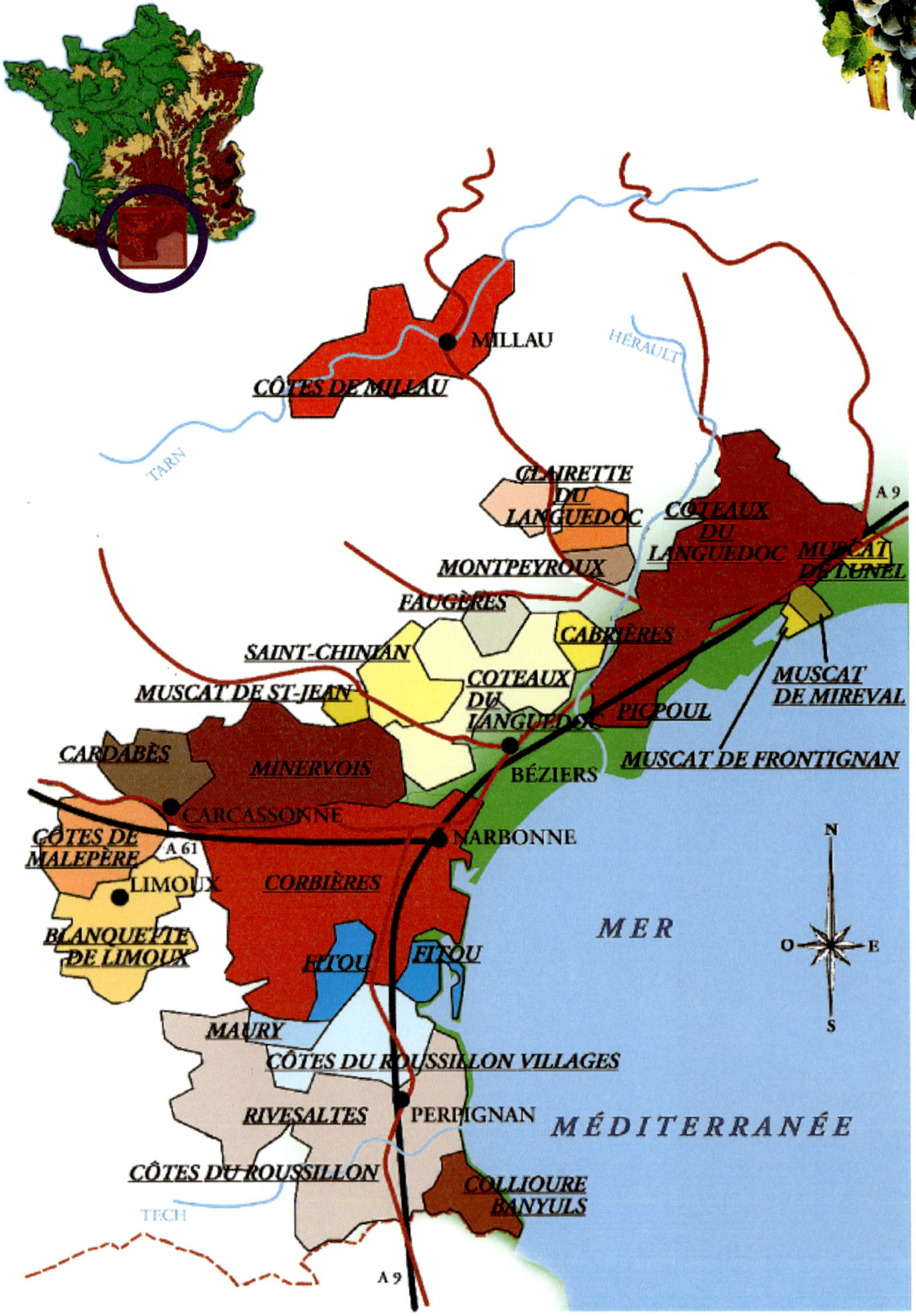

Les cépages et les terroirs

Le vignoble se prévaut d'une origine ancienne. Si pendant longtemps les vignobles de plaines ont été privilégiés par rapport à ceux des coteaux, la tendance s'inverse. Les terroirs diffèrent les uns des autres. Certains, à la lisière la plus méridionale, longent la côte et s'adossent à la montagne des Pyrénées. Dans les coteaux abrupts, les parcelles cultivées en terrasses sont parfois minuscules. Pour pouvoir vivre, les vieux ceps enfoncent leurs racines dans des sols qui vont des schistes aux sables. Cette vaste région produit des vins rouges, des rosés et des blancs. Quelques régions élaborent des vins doux naturels à partir des cépages Muscat ou Grenache. Tous les cépages méridionaux sont présents : Mouvèdre, Grenache, Syrah, Carignan, Cabernet, Merlot pour les rouges et rosés, Muscat, Ugni, Viognier, Cinsault, Chardonnay, Chenin et Vermentino pour les blancs. Il faut noter quelques sympathiques apparitions de Riesling et Gewurztraminer.

Ce très vieux vignoble qui couvre le Gard, l'Hérault et l'Aude fut implanté par les Grecs dans la région d'Agde, au IVe siècle avant J.-C. Essentiellement localisée en Narbonnaise, son expansion, comme celle de l'olivier, est due à la colonisation romaine. À la chute de l'Empire ce furent les moines de l'abbaye de Saint-Chinian qui, dès le Haut Moyen Âge, prirent le relais. L'histoire du vignoble languedocien fut alors marquée par deux événements. Au XVIIe siècle eut lieu l'ouverture du canal du Midi qui reliait la Méditerranée à l'Atlantique, provoquant ainsi la confrontation des vins languedociens avec le bastion bordelais. En 1868, l'invasion du phylloxéra détruisit la quasi-totalité du vignoble. Il fut replanté en Carignan, cépage très productif mais de piètre qualité. L'arrivée du chemin de fer allait transformer cette région en énorme réservoir de vin de table français, situation qui dura jusqu'à la fin des années soixante-dix lorsque les vignerons languedociens accomplirent une véritable révolution copernicienne. Nouvel encépagement qui, tout en conservant les traditionnels grenaches et Carignan, s'orienta vers la qualité avec le replantage de cépages Syrah, Mourvèdre, pour les rouges, Roussanne, Marsanne et Rolle pour les blancs; nouvelles méthodes de vinification avec des macérations carbonique et pelliculaire et, surtout, diminution des rendements limités à 50 hectolitres par hectare.

Le vignoble de plaine vient s'adosser à la montagne

Coteaux du Languedoc

Cette appellation régionale recoupe en réalité une dizaine de terroirs répartis sur 120 communes, essentiellement dans l'Hérault, mais également dans l'Aude et le Gard. Cet immense secteur de plus de 50 000 hectares ne classe guère plus de 16 000 hectares en vignobles d'appellation, eux-mêmes divisés en une constellation d'appellations locales. La plupart des communes n'ont pourtant droit qu'à la simple appellation Coteaux du Languedoc. Les vins sont obligatoirement des rouges à la robe soutenue, assez légers, fruités et vineux, et des rosés ocre doré plein de fraîcheur. Leur jolie robe se décline dans des couleurs saumonées à abricot clair. Quelques vins blancs issus en majorité de Roussanne sont sympathiques.
Ils sont produits en Coteaux du Languedoc, Corbières, Saint-Christol, Vérargues, Méjanelle, Montpeyroux, Pic-Saint-Loup, Saint Drézéry, Saint-Saturnin, Picpoul-de-Pinet, Saint-Georges-d'Orgues, La Clape, Quatourze. Deux autres A.O.C., Faugères et Saint-Chinian, font partie de cette entité, quoique leur promotion en A.O.C., soit bien antérieure à celle des Coteaux du Languedoc.

Isabelle et Guilhem Bruguière
34270 Valflaunès

Les Corbières

Pas de doute, avec des rouges savoureux, tanniques, longs, aromatiques et des blancs qui s'annoncent année après année plus exceptionnels, le massif des Corbières mérite amplement le titre d'A.O.C. auquel il accéda en 1985.
La vigne occupe, du sud-est de Carcassonne jusqu'à la Méditerranée, 42 000 hectares de montagnes arides et de garrigues inondées de soleil, battues par le mistral et le Cers. Au total, 25 000 hectares sont classés en appellation, plantés en Syrah, Grenache et Mourvèdre auxquels se joignent le picpoul noir et le Terret noir.
Pour les blancs, aux Mourboulenc et Maccabeo s'ajoutent maintenant la Roussanne, la Marsanne et le Rolle. La production des Corbières s'élève à plus de 700 000

Le cépage Syrah

hectolitres dont plus de la moitié est vinifiée par quelque 57 caves coopératives regroupant environ 9 000 viticulteurs.
Pourquoi alors ne pas emprunter la route du vin des Corbières, en commençant au nord par les marches de l'Alaric ? Elles s'élèvent comme un immense belvédère, montagne mystérieuse dominant la vallée de l'Aude veillant sur ses villages entourés de vignes : Monze, Roquenrégade, Montlaur, Ribaute, Fabrezan, Fontcouverte et tant d'autres encore.
À Camplong d'Aude, petit bourg à la belle pierre ocre bâti sur le piémont est de l'Alaric, la cave coopérative des vignerons de Camplong se distingue par une production de grande qualité, obtenue grâce à une récolte volontairement limitée, une vinification soignée et un vieillissement prolongé en tonneau.

Autre itinéraire, la route des abbayes et des chapelles qui traverse le terroir de Fontfroide, cachant au fond d'un vallon une ancienne abbaye cistercienne de grès rose et ocre reposant dans un havre de grâce et de silence. En parcourant les chemins de garrigue qui sillonnent le massif de Fontfroide, vous êtes au cœur des Corbières centrales, au climat sec, propice aux vins très aromatiques, distingués et longs en bouche.
Il faudrait aussi passer par l'abbaye de Lagrane et suivre la route des Étangs, celle qui traverse Gruissan, Bages, Peyriac-de-Mer, Portel, Sigean, Leucate, offrant ses Corbières maritimes, vins tendres, veloutés et faciles à boire.
Enfin, une dernière route, celle des Citadelles du Vertige, vous fera pénétrer dans le haut pays des Corbières : Durban, Cascastel, Albas, Montgaillard, et Cucugnan immortalisé par le conte d'Alphonse Daudet. Les châteaux de Peyrepertuse, de San Jordy et la forteresse cathare de Quéribus sont des haltes obligées pour déguster des vins bouquetés, tanniques et puissants. Les blancs sont vifs et pleins.

L'encépagement est réalisé sur des coteaux en terrasses étayés par des murs de pierres sèches.

Saint-Chinan - Faugères

Ces deux appellations, A.O.C. depuis 1982, font partie de la grande famille des Coteaux du Languedoc. Elles couvrent les pentes schisteuses et très caillouteuses du nord-ouest de l'Hérault, sur les hauteurs de Saint-Chinian et de Faugères.

Les vins rouges ou rosés proviennent d'un assemblage de grenache, lladoner pelut, Mourvèdre, syrah, avec un Carignan omniprésent puisque sa proportion est encore de 50 %.

Les rouges originaires des coteaux sont des vins très colorés, amples, puissants, à l'arôme de fruits rouges prononcé. Les rosés sont élaborés par saignée, égouttage ou pressage direct.

Domaine Daumas-Gassac
34150 Aniane

Fitou

Du Fitou, puissant, charnu, généreux, à la robe rubis foncé, on dit que c'est un vin qui a de l'accent. Ici, dans les Coteaux du Languedoc, il a l'antériorité pour lui. N'a-t-il pas été reconnu A.O.C. en 1948, alors que le reste du vignoble se contentait d'un classement en VDQS ?

Ses 2 000 hectares d'appellation au sud de Narbonne coïncident avec les meilleures communes des Corbières : le secteur des Hautes Corbières au pied du mont Tauch, près de Tuchan, et les Corbières maritimes qui surplombent la Méditerranée et l'étang de Leucate au-dessus du village de Fitou. Les sept caves coopératives qui regroupent la quasi-totalité des vignerons produisent environ 100 000 hectolitres de vins rouges issus des cépages Cinsault, Mourvèdre, Terret noir, Maccabéo, syrah et lladoner. À noter également, la production autorisée des vins doux naturels de Rivesaltes.

Château Villerambert Julien
11160 Caunes

MINERVOIS

Dans l'Aude mais empiétant sur l'Hérault, le vignoble classé A.O.C. du Minervois regroupe une soixantaine de communes sur 4 000 hectares qui s'étendent au pied de la Montagne Noire, dans le nord des Corbières. Pour gagner les premières collines du Minervois, laissez la plaine de Narbonne et, après avoir traversé Aigues-Vives, vous pénétrerez dans un paysage de calcaire jusqu'à Minerve. Ce minuscule village dominant les gorges de la Cesse est en fait la capitale du Minervois où se cachèrent les Cathares. Ses coteaux abritent un très intéressant vignoble exposé plein sud et protégé des vents froids par la Montagne Noire. Ici, l'encépagement est un véritable casse-tête. Pour ces vins rouges à la robe grenat, au bouquet de fruits mûrs et à la saveur si particulière due à la teneur du sol en manganèse (nuance boisée et vanillée), comptez 30 % de grenache noir, de lladoner pelut, de syrah, de Mourvèdre.
Le Carignan représente encore 60 %, et les 10 % restants sont un amalgame de Cinsault, picpoul noir, Terret noir et aspiran noir. Les blancs sont vifs, chaleureux et aromatiques. Ils sont issus du Bourboulenc et du Maccabéo (50 % minimum) avec un complément de grenache blanc, picpoul blanc, clairette, Terret blanc, marsanne, roussanne, vermentino.

Le vignoble du Château Villerambert Julien, créé en 1 858 par la famille Julien, s'étend sur 70 hectares de coteaux exposés plein sud, tous classés en appellation Minervois. Le terroir, absolument unique, fait appel à huit variétés de sols, tous prédisposés à produire de grands vins : marbre rose, schistes, argilo schisteux, argileux, argilo calcaires, calcaires, calcaires à silex et graves. Cette diversité de terroirs associés a chacun des cépages suivants selon leurs capacités d'adaptation : Syrah, Grenache, Mourvèdre, Carignan pour les rouges, et Marsanne, Roussanne, Viognier pour les blancs, confère aux vins du Château Villerambert-Julien une complexité d'arômes digne des plus grands crus.

DOMAINE DONNADIEU
34360 SAINT-CHINIAN

CLOS BAGATELLE
34360 SAINT-CHINIAN

CLOS BAGATELLE
34360 SAINT-CHINIAN

Ci-dessus et de haut en bas :
Le cépage Malvoisie
Le cépage Muscat d'Alexandrie
Le cépage Maccabeo

Pour ce faire, le plus grand soin est apporté aux méthodes culturales avec, comme souci majeur, le respect du terroir et de son environnement : forte densité de plantation, matériel végétal peu productif, taille courte, labourage, non utilisation des désherbants et des engrais chimiques. Ainsi traitée, la vigne va pouvoir s'enraciner sur plusieurs mètres de profondeur et pourra alors puiser les éléments minéraux qui permettront aux vins d'exprimer toute leur richesse et toute la particularité de leurs saveurs. Les vinifications relèvent de la même volonté : contrôle strict des maturités, recherche des surmaturations pour la vendange, érafla ge et nettoyage minutieux de la cueillette, macérations longues pour une meilleure diffusion des tanins et une meilleure extraction des arômes. L'élevage a fait l'objet de recherches passionnantes afin de valoriser toutes les composantes aromatiques sans les dénaturer. Enfin, les méthodes de collage et de filtration ont été volontairement sélectionnées parmi les plus légères pour préserver l'authenticité des vins. Pour toutes ces raisons, les vins du Château Villerambert-Julien sont reconnus et appréciés par les amateurs les plus exigeants.
Le Château Villerambert-Julien est, en rouge, l'expression des terroirs les plus extrêmes du domaine. Produit à des niveaux de rendement très faibles, il permet de révéler l'extraordinaire potentiel de la syrah et du grenache. Sa complexité, sa longueur en bouche, ses tanins soyeux, sa concentration et sa puissance aromatique le placent parmi les grands crus du Languedoc.
Le Château Villerambert-Julien Rosé est issu de la saignée des cuves les plus aromatiques. Toujours doté d'une très belle couleur, il est à la fois puissance et finesse, force et délicatesse, douceur et gourmandise. Désormais un très grand classique.
L'Opéra, deuxième vin du Château VillerambertJulien, concilie à la fois finesse, intensité aromatique et structure.
Ce vin d'un excellent rapport qualité prix peut aussi bien se déguster dans ses jeunes années que disposer d'une très belle garde.

Blanquette de Limoux

Avec la Blanquette de Limoux, le Languedoc possède son seul vin pétillant provenant du Mauzac. Ici, autour de Limoux, de Saint-Hilaire et dans les villages qui jalonnent les petites vallées perpendiculaires à la haute vallée de l'Aude, on l'appelle blanquette à cause du fin duvet blanc couvrant la face inférieure de ses feuilles. C'est au XVIe siècle, à l'abbaye de Saint-Hilaire, que fut utilisée pour la première fois une propriété naturelle du cépage. Les moines avaient constaté que la blanquette mise en cruchon au mois d'avril devenait naturellement pétillante. Il suffisait alors de provoquer un peu la nature du Mauzac qui, cultivé en haut des pentes sur des sols caillouteux où le calcaire domine, donnait des vins de forte acidité, accentuée par une vendange précoce, avant complet mûrissement. On produit ainsi à Limoux, depuis plus de quatre siècles, un vin de blanquette effervescent, la prise de mousse s'opérant par une seconde fermentation en bouteille grâce au sucre naturel demeuré dans le vin après la première fermentation. Cette méthode permet de conserver le fruité de pomme caractéristique du cépage. Aujourd'hui, la Blanquette de Limoux, méthode champenoise, s'obtient avec un minimum de 80 % de Mauzac soutenu par de la clairette, du chardonnay, voire du chenin pour ses qualités de fraîcheur. La production annuelle s'élève à huit millions de bouteilles par an. Quant au Limoux, c'est un vin tranquille et sec, provenant exclusivement du Mauzac.

La Haute Vallée de Gassac

Dans un paysage de forêts et de garrigues, les petites vignes du Domaine Daumas-

Gassac produisent hors appellation, un excellent vin enrichi des senteurs méditerranéennes. Installé dans un sol profond et bien drainé, caractérisé par une grande richesse en oxyde minéraux, le vignoble exprime ses meilleures capacités. Les faibles rendements sont issus de cépages particuliers. Le domaine est parti, pour chaque cépage, de la forme ancienne en prélevant les bois sur des vignes plantées avant la guerre de 1914. Les rendements sont moindres mais la richesse organoleptique plus grande. Pour les rouges, le rendement ne dépasse pas les 40 hectolitres à l'hectare, et encore, dans les années fastes. Pour les blancs le rendement moyen est de 15 à 30 hectolitres hectares, soit un peu plus d'un verre par mètre carré. Ces rendements modérés sont à rapprocher d'une faible densité de plantation.

Le vignoble rouge est planté en majorité de Cabernet Sauvignon, le reste étant planté de Malbec, Merlot, Pinot et des rares Niebolo du Piémont, Tempranillo de Navarre et Areni d'Arménie. Ces cépages produisent des vins de garde fruités, charnus et agréables à boire dans leur jeunesse. Ces superbes tendances vont se développer dans le temps pour connaître leur apogée au bout d'environ 20 ans, moment ou ils seront vifs et pleins de fruits. C'est un colosse concentré et généreux qui ne demande qu'à s'exprimer.

Le vignoble des blancs porte 30 % de Viognier, 30 % de Petit Manseng, 30 % de Chardonnay. Ce mariage des 3 cépages fait naître des arômes originaux et incomparables. S'ils représentent 90 % du vin, le reste est apporté par quatorze autres cépages venant de Madère, du Portugal, du Yémen, d'Arménie et de Suisse. Une macération en pièces bourguignonnes de bois neuf pendant quatre à huit semaines donne naissance à des grands vins alliant une grande fraîcheur à une superbe générosité de saveurs. La bouche est fruitée, soutenue par une persistance onctueuse.

Le Roussillon, qui occupe les limites administratives des Pyrénées-Orientales, est la terre par excellence des Vins Doux

Château de
66600 Cases de Pène

Naturels. En une vingtaine d'années, les caves du Roussillon se sont métamorphosées. Peu à peu, les cuves en acier inoxydable de petite capacité remplacent les cuves béton d'un autre âge. Elles ouvrent la voie des vinifications par cépages ou par terroirs. Rares sont les caves qui ne possèdent pas d'importants groupes de froid qui permettent le contrôle des températures lors des fermentations ainsi que la climatisation des chais d'élevage. Les pressoirs pneumatiques et les cuves de débourbage au froid ont permis d'améliorer considérablement l'intensité et la complexité aromatique des vins blancs secs, des vins rosés et des Muscat de Rivesaltes. Les grands foudres de chêne de Hongrie sont bien souvent épaulés par des parcs importants de barriques qui reçoivent les vins les plus concentrés. Enfin, la formation n'est pas oubliée. La station viti-vinicole de Tresserre est sans doute la plus performante du monde dans le domaine des vins mutés et épaule les œnologues régionaux.

Superbe Côte Vermeille qui voit les Pyrénées, après un dernier sursaut au Canigou (2 788 m), s'abîmer en Méditerranée au milieu des vignes de muscat et de grenache. Au VIIe siècle avant J.-C., les Grecs colonisaient déjà cette terre aride pour y exploiter des mines de fer, celles-là même dont on voit encore les traces sur le Canigou. C'est également eux qui implantèrent la culture de la vigne et de l'olivier.

Quoi de plus naturel pour le Roussillon que d'accorder la couleur de ses vins à celle de ses paysages, avec ces rouges pourpre ou tuile, ces rubis, ces acajous, ces ambres ?

Le sol est si ingrat ici que la vigne semble arrachée au schiste, tandis que lumières, parfums et chaleur se retrouvent dans les vins de Collioure, de Banyuls et de Rivesaltes. Voyez la couleur brique des argiles brûlées par le soleil et, dans l'arrière-pays catalan, l'ocre des arènes granitiques. Voyez ce pays de forêts de chênes-lièges, de ce liège qui fait des bouchons capables de durer douze ans.

C'est tout cela le Roussillon, avec en toile de fond le bleu intense de la Méditerranée si souvent célébré dans les splendides tableaux de Matisse, venu passer l'été 1905 à Collioure.

ZONE DE BANYULS ET COLLIOURE

Les Pyrénées s'interrompent brusquement sur la mer par une côte particulièrement découpée et un arrière pays au relief tourmenté. Le vignoble est établi sur les schistes, micaschistes et gneiss à chlorite.
Sur ces schistes cambriens, le sol est très érodé et, en surface, il ne subsiste bien souvent qu'un amas de débris noyés dans une argile sableuse de décomposition, d'à peine 20 à 50 centimètres d'épaisseur, qui repose sur la roche mère. Pour survivre, les pieds doivent atteindre les zones profondes afin de résister à la sécheresse, souvent terrible. La lutte contre l'érosion est permanente et les terrasses soutenues par de petits murets en pierre sèche sont artistiquement entrecoupées de « peus de gal », fossés qui canalisent le ruissellement. Au pied des versants, le sol est un peu plus épais et s'appuie sur de petits cônes de déjection élémentaires.

RIVESALTES

Le vignoble des Vins Doux Naturels couvre 30 000 hectares en Roussillon, sur 115 communes des Pyrénées-Orientales et de l'Aude, dont 18 000 hectares de terres rouges au nord de Perpignan pour le seul Rivesaltes. Sur des collines fort caillouteuses, avec l'un des rendements les plus bas de France (30 hectolitres de moût par hectare), Rivesaltes (hautes rives en catalan) nous offre deux sortes de vins doux.

LE MUSCAT DE RIVESALTES

Ce superbe vin à la belle couleur d'ambre est élaboré uniquement à partir du muscat blanc à petits grains et du muscat d'Alexandrie. Le vignoble couvre 4 500 hectares répartis sur toutes les communes des appellations Rivesaltes, Banyuls et Maury.

L'APPELLATION RIVESALTES

Elle concerne des vins rouges, blancs ou rosés provenant essentiellement du grenache, du muscat, du malvoisie et du Maccabéo. Les rouges sont obtenus par macération du moût avec la pulpe pendant la fermentation. Quant aux blancs ou rosés, ils se font par fermentation des

CELLIER DES TEMPLIERS
66650 BANYULS SUR MER

CELLIER DES TEMPLIERS
66650 BANYULS SUR MER

moûts séparés de la pulpe. À noter également le fameux Rivesaltes Rancio, un Rivesaltes qui a pris le goût Rancio après un long vieillissement en fûts exposés au soleil.

Banyuls

Cette appellation s'étend sur quatre communes : Collioure, Port-Vendres, Cerbère, et Banyuls. Son goût très particulier vient du grenache, son cépage de prédilection (50 % au minimum). Il faut compter également avec le Maccabéo (pour les Banyuls blancs), le muscat, le malvoisie ainsi qu'avec le Carignan, le Cinsault et la syrah. Dans les Banyuls assurément, les meilleurs sont les Banyuls Grands Crus qui se distinguent par une proportion de grenache plus élevée et une vinification encore plus restrictive (égrappage et macération d'au moins cinq jours, avant le mutage et le vieillissement « sous bois » d'environ trois ans).

Les Côtes du Roussillon

Cette A.O.C. depuis 1977 est la plus méridionale de France. Elle couvre une vaste zone du sud des Corbières jusqu'aux monts Albères à la frontière espagnole. Mais les meilleurs secteurs se situent le long de la vallée de l'Agly, au nord de Perpignan, et sur les plateaux arides au pied des monts du Canigou, des Ferrouillèdes et des Corbières.

Le sol est un véritable melting pot géologique ; on y trouve de tout, des argiles rouges, des sols granitiques, schisteux, argilo-calcaires, sur lesquels prospère une bonne dizaine de cépages (Carignan, limoult, grenache, lladoner pelut, complétés par le Mourvèdre, la syrah et le Maccabéo pour les blancs).
Ce sont des vins d'un grenat profond, corsés, gras, superbement charpentés, avec un bouquet de fruits mûrs aux notes épicées et vanillées.
Vingt-cinq communes ont droit à l'appellation Côtes du Roussillon-Villages sur 2 500 hectares et, parmi ceux-ci, deux ont l'honneur de faire figurer sur l'étiquette le nom de la commune : Caramany et Latour-de-France, astreintes à une vinification par macération carbonique.
La plupart sont élevés en fûts de chêne pendant trois ans au minimum, donnant alors des vins mieux charpentés, plus harmonieux, longs en bouche et bien encadrés par des tanins fermes.

Les appellations d'Origine Contrôlées

Entre les Pyrénées au sud et à l'ouest, les Corbières au nord et la Méditerranée à l'est, le Roussillon fut longtemps sujet de discorde entre la France et l'Espagne.

Ce petit bout de Catalogne devient une première fois territoire français en 1 462. Il retombe à nouveau dans les mains espagnoles, avant de redevenir français en 1 659. En 1790, le Roussillon devient département français sous le nom que nous lui connaissons aujourd'hui : les Pyrénées-Orientales. Dualité de la mer et de la montagne, le Roussillon est un petit monde au relief extrêmement varié, au climat excessif mais généreux. Une infinité de terroirs, géologiquement très variés, sont particulièrement propices à la culture de la vigne et à la production de grands vins. Depuis toujours, ces coteaux caillouteux et apparemment stériles enfantent toute une gamme de vins rouges, rosés ou

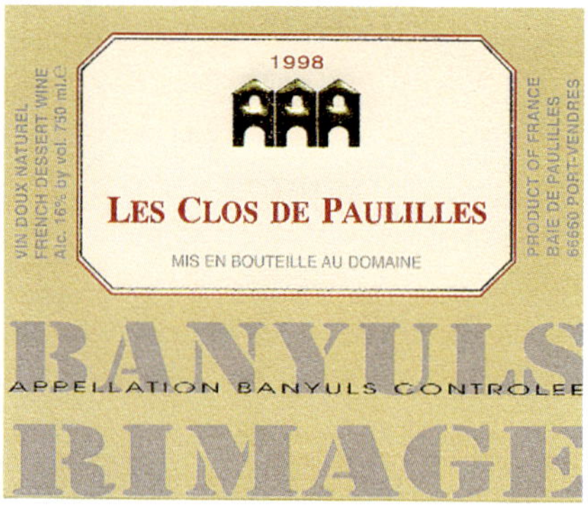

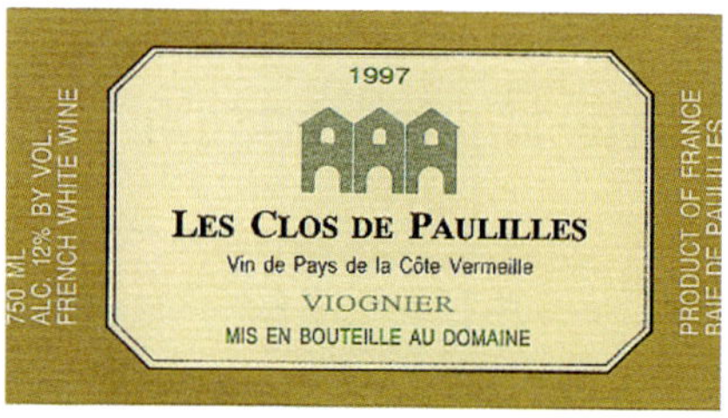

Baie de Paulilles
66660 Port-Vendres

blancs et bien sûr de Vins Doux Naturels, une presque exclusivité du département puisque 90 % de la production française est élaborée ici.
En choisissant des modes de culture et de vinification adaptés à leur personnalité, les vignerons affirment leur spécificité à travers des vins dont la qualité et la réputation progressent d'année en année.

GÉOLOGIE RÉGIONALE

Le Roussillon est un bassin bordé de trois massifs, ouvert sur la Méditerranée à l'est, les Corbières au nord, le Mont Canigou à l'ouest, les Albères au sud.
La plaine est par ailleurs drainée par trois cours d'eau : l'Agly, la Têt et le Tech.
Chaque terroir a sa propre spécificité.
Le Roussillon est sans aucun doute la seule région de France, avec l'Alsace, où il existe des structures géologiques et des microclimats aussi variés. Schistes, gneiss, argiles, graves, galets, quartz, calcaires, chaque cépage des A.O.C. du Roussillon peut trouver son terroir de prédilection et exprimer son caractère.

Depuis quelques années, les nombreuses sélections de crus pratiquées, alliées à des vinifications adaptées aux cépages et aux terroirs, permettent aux vignerons de proposer des vins très différents, à la typicité indiscutable.

LE SOL

Le Roussillon se présente comme un amphithéâtre dominé par des hauteurs souvent difficiles à franchir qui le séparent des provinces voisines.
Au nord, les pentes vertigineuses de la barrière calcaire des Corbières s'allongent depuis le Roc Paradet (900 mètres) jusqu'au Montoulié de Périllou, dominant Périllos en passant par le plateau de Saint-Paul (943 mètres), le château de Quéribus (728 mètres) et la serre de Vingrau.

À l'ouest, le cirque roussillonnais est dominé par le massif du Canigou (2 785 mètres), entre le Tech et la Têt, premier maillon des sommets pyrénéens en forme de promontoire avancé vers l'est, puis le massif du Madres (2 741 mètres), moins imposant et plus en retrait, entre Têt et Agly.
Au sud, le massif des Albères et le Roc de France (1 450 mètres) marquent le sud du Roussillon et forment la frontière avec l'Espagne.
Géologiquement parlant, le Roussillon est une zone tourmentée qui a subi de profonds bouleversements au tertiaire et au quaternaire.

Jusqu'à la fin de l'ère secondaire, les couches de terrains qui se forment sont à peu près planes. Lorsque s'opère la surrection des Pyrénées, les couches anciennement formées vont être mises à jour ; terrain primaire des Albères, du massif du Canigou, du groupe montagneux de Baixas au massif du Madres et les couches de terrain superficielles vont être prises dans l'étau formé par les futures Pyrénées et le vieux bloc inébranlable du Massif Central, ce qui entraîne leur plissement, ainsi que la formation du synclinal de Maury.
Conséquence directe de ces nombreux bouleversements, la variété des sols et des sous-sols permet de passionnantes balades géologiques, chacun des quatre principaux terroirs étant lui-même divisé en une multitude de zones aux caractères bien distincts, parfois reconnus par une A.O.C. particulière.

ZONE DES CORBIÈRES DU ROUSSILLON

C'est le plus au nord des terroirs du Roussillon, de l'autre côté des premiers contreforts des Corbières. Au pied du mont Tauch, en calcaire cénomanien, le calcaire du Trias moyen est couvert de marnes du Crétacé supérieur qui se termine dans le

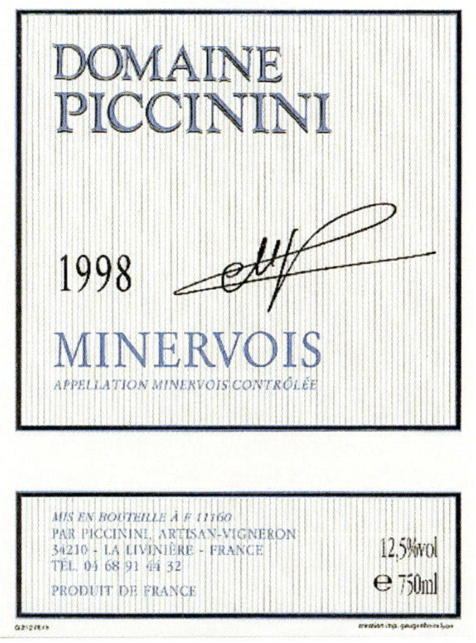

J.-C. PICCININI
34210 LA LIVINIÈRE

CHÂTEAU PECH-LATT
11220 LAGRASSE

sud du bassin, à la limite entre l'Aude et les Pyrénées-Orientales. Autour de Tuchan, les alluvions du pliocène alternent avec des formations géologiques plus complexes.

ZONE DE LA VALLÉE DE L'AGLY

Au nord de l'Agly, les vignobles de Vingrau, sont assis sur des roches du crétacé inférieur, établis sur des sols de dépressions marneuses au bas desquelles s'accumulent des éboulis calcaires gélifractés. Les vignes du haut du cirque de Vingrau, plantées dans un calcaire très pur de l'ère secondaire, attirent d'ailleurs les convoitises des industriels. Au nord-est, les vignes d'Opoul sont sur des terroirs similaires.
En descendant vers le sud, le terroir de Tautavel et le vignoble de Maury, situés sur le synclinal complexe des Fenouillèdes, sont établis sur une large bande de schiste de l'albien-aptien, en réalité des marnes intercalées de bancs gréseux. Les marnes schisteuses du crétacé donnent des sols noirs peu épais qui obligent la vigne à s'enraciner en profondeur.

Le vignoble de l'Agly proprement dit s'étend au sud, au-delà du col de Maury. À l'ouest, le village de Lesquerde possède d'uniques sous-sols de granit et de gneiss, récemment reconnus par l'A.O.C. Côtes du Roussillon Villages Lesquerde.

Puis, en descendant la vallée, les vignes s'accrochent en altitude sur le sol d'arène profond à forte concentration argileuse du petit village de Saint-Arnac.

Sur la zone d'A.O.C. Côtes du Roussillon Villages Caramany, en descendant vers l'est, le vignoble est planté sur les gneiss précambriens. Les sols qui en dérivent, à la couleur rouge typique, sont extrêmement favorables à la production de vins de qualité.

Un peu à l'écart de la rivière, autour de Bélesta, le vignoble s'étend sur des sols de gneiss magmatiques puis, plus au sud encore, le vignoble est assis sur un milieu acide, avec un affleurement de molasses blanches du pliocène, parfois très graveleuses.

En rejoignant la rivière, au nord, entre Rasiguère et Estagel, l'A.O.C. Côtes du Roussillon Villages Latour-de-France repose sur des sous-sols de schiste.
En descendant l'Agly, les terroirs de Baixas, au sud, et d'Espira-de-l'Agly donnent accès au vaste « Crest » de Rivesaltes qui s'étend sur plusieurs centaines d'hectares au nord, jusqu'à Salses, fin de la zone d'appellation. C'est une vaste plaine caillouteuse d'origine alluvionnaire. Son sol épais (jusqu'à 6 à 8 mètres de profondeur) est dominé par l'argile rouge mêlée de cailloux roulés. À 30/40 cm de profondeur, ces sols pauvres et maigres présentent une zone dure, le taparas, où les cailloux sont littéralement cimentés par les concrétions de calcaire cristallin.

ZONE DE LA VALLÉE DE LA TÊT

Au sud de Belesta, d'Ille-sur-Têt à Perpignan, les affleurements de molasses blanches du pliocène abondent.

Dans leur ensemble, les vignobles de la terrasse schisteuse de la Têt sont plantés sur d'importantes épaisseurs de cailloux roulés et de roches grenues très détériorées où affleurent des zones de schiste gris, de gneiss, de quartzite, de granit et d'argile jaune.

Ce sont des formations détritiques, en général grossières car déposées en premier à la fin de l'ère tertiaire, provenant de matériaux arrachés aux Pyrénées en général et au Canigou en particulier, par l'érosion.
En général très pauvres, leurs éléments

nutritifs ayant disparu depuis longtemps, les sols sont très adaptés à la culture de la vigne, surtout sur les croupes et les coteaux.

Zone des Aspres, des Albères, Vallée du Tech

Passé Thuir, en descendant vers le sud-est, on traverse une succession de terrasses faites de galets roulés sur plusieurs niveaux, basses, moyennes et hautes, résultant de l'érosion de l'immense glacis calcaire qui recouvrait tout le sud du département à la fin de la dernière ère glaciaire.
C'est le magnifique terroir des Aspres, où les basses terrasses à galets arrondis de quartzite, à sols lessivés, alternent avec des terrasses moyennes à dominante de galets schisteux.
Au sud, le Tech est bordé de considérables épaisseurs de gros galets arrondis et de sable, typique de la région des Albères.

Zone littorale

C'est un terroir alluvionnaire dominé par l'argile et les sables argileux gris bleu ou jaune et par les décompositions de matériaux des piémonts pyrénéens.
Plus tardifs, plus fins, plus riches, ils forment la riche plaine de la Salanque où affleurent d'excellents microterroirs composés de cailloux roulés du quaternaire dans un milieu à dominante argileuse.

Les Millésimes

1998	*****
1997	**
1996	***
1995	****
1994	****
1993	***
1992	**
1991	****
1990	***
1989	***
1988	*****
1987	**
1986	****
1985	*****
1984	**

*****	Millésime exceptionnel
****	Excellent millésime
***	Bon millésime
**	Millésime difficile

Millésimes : ce qu'il faut savoir

1998

Une année extraordinaire qui restera dans les mémoires. Année très sèche, hiver doux et sec, printemps très sec et venteux, été sec et très chaud, automne doux, petites pluies sur la fin. Température supérieure à la normale, sorties faibles, petites baies à cause de l'absence d'eau, année précoce, potentiel alcoolique élevé, tout était réuni pour faire des vins puissants et concentrés. Carignan exceptionnel, grenaches magnifiques, syrah et mourvèdre d'anthologie si les maturités phénoliques ont été attendues. Vins de garde pleins de promesses.

1997

Année très précoce (plus de 15 à 20 jours d'avance à la sortie de l'hiver), encouragée par une période sèche et chaude à la sortie d'un mois de décembre doux et pluvieux. À partir de juin, une nouvelle période pluvieuse active la végétation et fait grossir les baies. Un été pluvieux et des températures inférieures à la moyenne aggravent les choses : volume des baies important, faible acidité et maturités alcooliques très

André et Bernard Cazes
66602 Rivesaltes

lentes sont observées sur tous les terroirs. Période de vendange pluvieuse et froide, attaques de pourriture acide générale pour les vignes mal entretenues. En dehors de quelques cuvées marquées par de faibles rendements, des terroirs exceptionnels et des tris sévères, les vins sont à boire rapidement, sur le fruit et la souplesse.

LES ANNÉES

1996
Une année délicate marquée par des attaques de pourriture sur les vignes précoces trop chargées en raisins. Maturités irrégulières en début de vendanges, satisfaisantes sur la fin. Année pluvieuse en hiver et au printemps, marquée par un mois d'août assez froid bloquant les baisses d'acidité. Année moyenne dans l'ensemble, les bons viticulteurs qui ont pris des risques présentent malgré tout d'excellents vins, moins concentrés que les 1995 mais d'une extrême finesse.

1995

Couleur et tanins sont au rendez-vous. Maturités rapides, précoces mais irrégulières sur certains secteurs, surmaturités fréquentes. Année chaude, marquée par la sécheresse dès le printemps. En septembre, les vents desséchants arrivent à point nommé et compensent les pluies précoces. Grands rouges de garde qui feront date. Blancs intéressants, surtout sur les vendanges précoces.

1994

Beau millésime dans l'ensemble de la région. Couleurs profondes, tanins soyeux et solides. Vendanges précoces dans de parfaites conditions. Syrah somptueuse. Vins blancs réussis dans l'ensemble.

1993
Maturité très hétérogène selon les cépages et les régions. Millésime très irrégulier, presque tardif alors que les mûrissements avaient bien commencé. Particulièrement décevant pour la Syrah. Vins légers dans l'ensemble, à boire.

1992

Bonne maturité au départ, stoppée par la pluie. Vins blancs étonnamment réussis car vendangés précocement. Rouges dans l'ensemble assez légers, à boire.

1991

Beau millésime dans l'ensemble, vins concentrés, réguliers, arômes de surmaturation marqués, nez complexe sur les épices et les fruits cuits. Les meilleurs tiendront 20 ans, les autres seront parfaits pour l'an 2000. Les blancs sont excellents, particulièrement fins et aromatiques. Certains secteurs sont néanmoins décevants.

1990

Année difficile. Vins irréguliers, maturités hétérogènes. Certains vignerons maîtrisent leurs installations et tirent la quintessence de leur encépagement amélioré. Leurs vins ont alors un important potentiel de vieillissement. Pour les autres, vins dans l'ensemble peu concentrés, souples, ronds et fruités mais à l'acidité faible. Devraient être bus. Blancs aromatiques, encore très en forme pour les meilleurs d'entre eux.

1989

Année très sèche. Certains secteurs ont beaucoup souffert. Certains tanins de vins rouges sont un peu secs et donnent des vins durs. Vins rouges denses et charpentés chez les meilleurs vignerons qui ont tiré tout le potentiel de cette année piège. Maturités précoces, très différentes selon les terroirs.

1988
Bonne année dans l'ensemble. Climat idéal, bonnes conditions de vendanges. Maturités lentes, il fallait attendre. Vins structurés, équilibrés, possédant tanins et acidité, incontestablement de longue garde.
Quelques fabuleuses cuvées de rouges, puissants et racés, démonstration des immenses possibilités de la région. Blancs puissants, certaines fermentations en barrique devraient réserver des surprises aux amateurs qui ont du nez.

1987

Vins souples, fruité intéressant mais sans réelle concentration. Faible potentiel alcoolique, évolution lente, difficile, manque de maturité dû aux pluies de fin septembre. Peu de vins de garde, même dans les cuvées spéciales. Potentiel de vieillissement faible. Les blancs étaient agréables dans les dix-huit mois.

1986

Millésime irrégulier où le rendement joue un rôle primordial. Quelques superbes vins rouges, concentrés, denses et élégants ; les autres, dilués, sont à boire. Vins blancs assez légers, acidité faible.

1985

Beau millésime, puissant et généreux. Rouges charpentés, opulents, amples, avec une maturité idéale, régulière, complète. Harmonieux, épicés, merveilleux en ce moment, surtout dans les cuvées où la Syrah et le Mourvèdre étaient présents. Blancs secs irréguliers, parfois un peu lourds. Quelques réussites exceptionnelles.

1984

Vins dans l'ensemble assez légers. Devraient être bus.

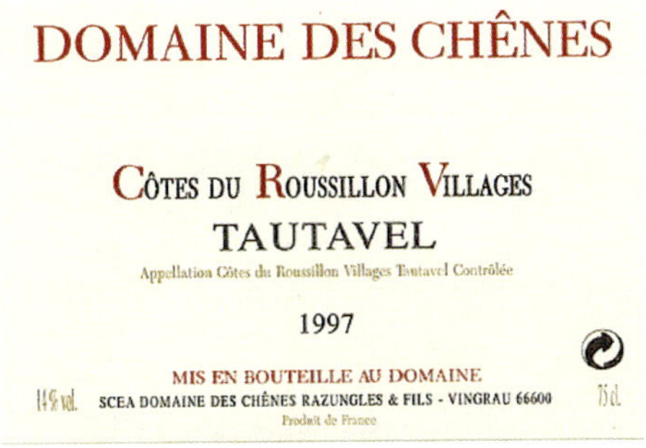

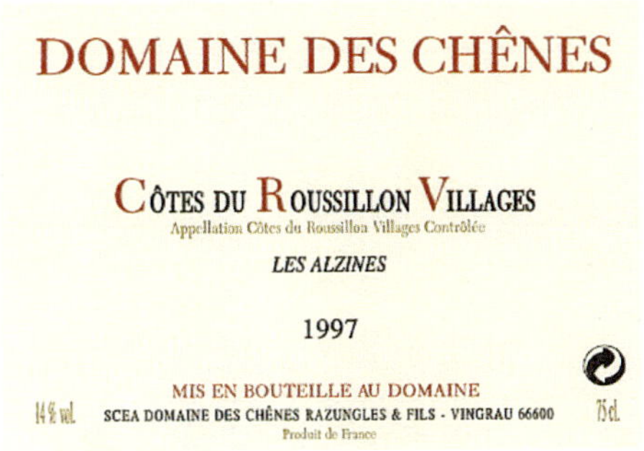

Domaines des Chênes Razungles
66600 Vingrau

Prieuré Saint Jean de Bédian
34120 Pézenas

R8
131 hl

Sommaire :

*Entre tradition et modernité,
la Provence comme ses vins
est variée et malicieuse.
Grâce à cette variété, s'ouvre
un large domaine de découvertes
dans lequel les vins peuvent se
faire vifs comme la
lumière ou odorants
comme les paysages dans
lesquels ils naissent.
Leur harmonie se construit
dans le bouquet coloré des
saveurs de cette terre.*

Les vignobles de Provence

Les vignobles, bien que très étendus, ne recouvrent pas toute la superficie de la Provence. Ce terroir qui possède une culture de la vigne solidement ancrée dans ses traditions, s'étend depuis les Bouches-du-Rhône jusqu'aux Alpes Maritimes. Ces terroirs possèdent leur propre personnalité géologique et climatique. Ils ont cependant quelques points communs qui sont les conditions d'un terroir de qualité : une pluviométrie faible concentrée sur le printemps et l'automne, des sols pauvres en humus, perméables et caillouteux. Cette situation privilégiée leur permet de produire peu de vins blancs et de vins rouges mais souvent d'une grande qualité, l'essentiel étant consacré à la production de vins rosés, symboles de vacances au soleil. La structure très morcelée du vignoble explique la présence de nombreuses caves coopératives, encore que certains domaines prennent de plus en plus d'importance. Comme dans tous les vignobles méridionaux, les cépages sont très variés mais répondent parfaitement au nécessaire équilibre des diverses composantes de ces vins.

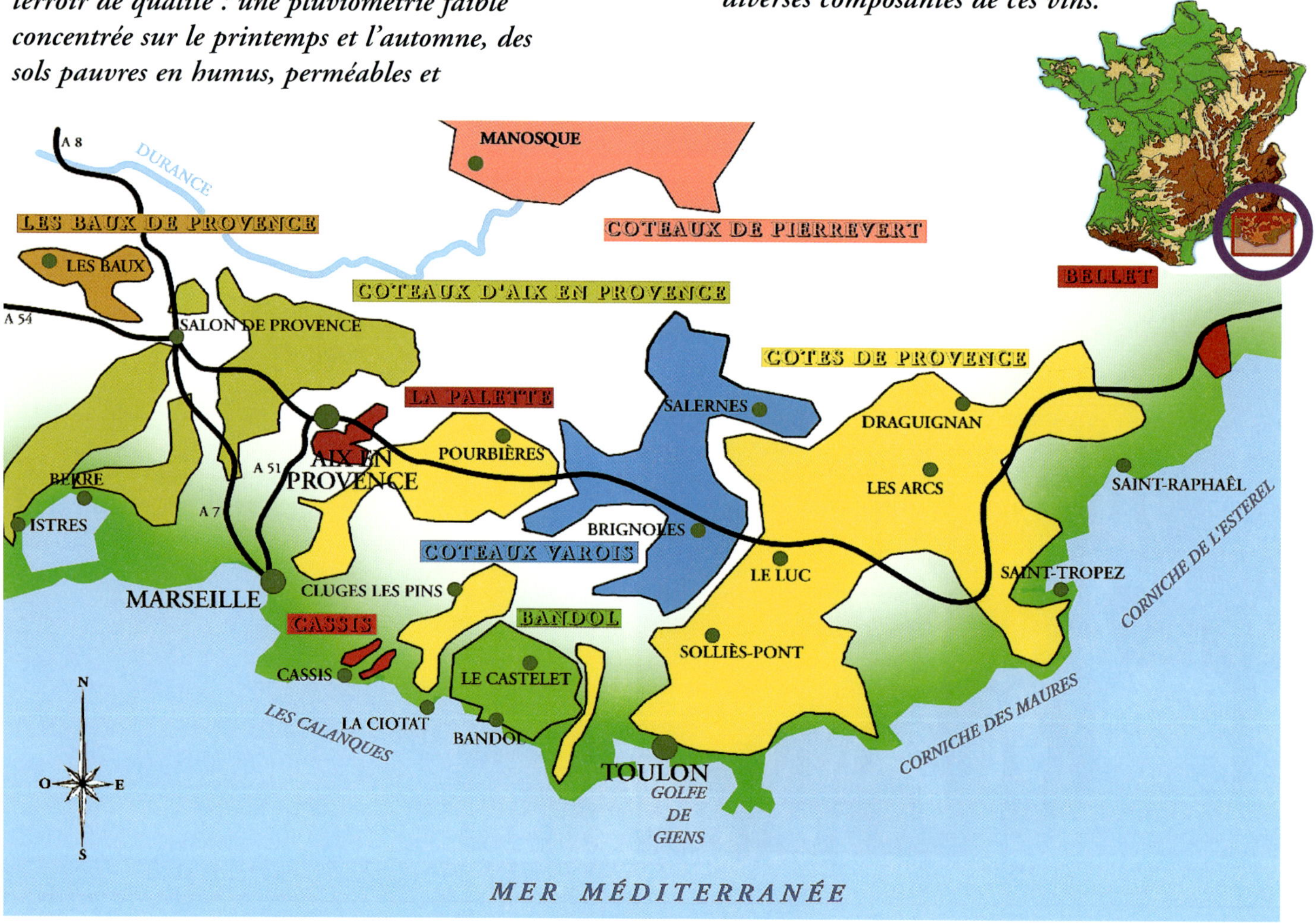

LES CÉPAGES ET LES APPELLATIONS

Sur un territoire qui s'étend de Nice jusqu'à Marseille, plusieurs aires se partagent le vignoble de Provence. Chacune d'elle possède sa propre personnalité et quelques traits communs : sols pauvres en humus, pluviométrie réduite.

BANDOL
L'aire de production se limite à huit communes du Var. Le Mouvèdre domine largement. Il entre pour 50 % dans la composition des vins rouges avec les cépages Grenache et Cinsault. Les blancs sont issus des traditionnels Bourboulenc, Clairette et Ugni-Blanc. Les blancs sont principalement issus de Vermentino, de Rolle et de quelques parcelles de Chardonnay.

BAUX DE PROVENCE
L'appellation ne concerne que les vins rouges et rosés, à l'exclusion des blancs restés en appellation Coteaux d'Aix. La répartition par couleur est de 70 % en rouges, 30 % en rosés et 5 % en blancs. Les cépages cultivés sont Mouvèdre, Grenache et Cinsault pour les rouges et rosés.

CASSIS
Le vignoble planté en terrasse ne couvre plus que 168 hectares. En dépit de sa petitesse, la variété des cépages y est pourtant impressionnante. Les cépages cultivés sont Carignan, Barbaroux, Mouvèdre, Grenache et Cinsault pour les rouges et rosés, Bourboulenc, Doucillon, Clairette, Ugni-Blanc, Sauvignon, Marsanne, Pascal-Blanc pour les blancs qui constituent 80 % de la production.

CÔTES DE PROVENCE
L'appellation s'étend sur les départements du Var, des Bouches du Rhône et des Alpes Maritimes. Elle est consacrée principalement aux rosés qui représentent plus de 80 % de la production. Les rouges et les rosés sont vinifiés à partir des cépages principaux Grenache, Cinsault, Syrah, Mourvèdre, Cabernet-Sauvignon et Tibouren alors que cépages des blancs sont Rolle, Ugni-Blanc, Clairette et Sémillon.

COTEAUX D'AIX EN PROVENCE
Ils sont compris entre la Durance, la Sainte Victoire et la chaîne des Alpilles. Outre les principaux cépages méridionaux, on trouve ici des encépagements en Cabernet-Sauvignon et Counoise pour les rouges et les rosés, en Grenache-Blanc, Sauvignon, Sémillon et Vermentino pour les blancs.

COTEAUX DE PIERREVENT
L'appellation s'étend sur 11 communes des Alpilles et couvre une superficie de 1770 hectares. L'encépagement est essentiellement composé des cépages principaux méridionaux : Grenache, Syrah, Cinsault, Ugni-Blanc, et Grenache-Blanc.

COTEAUX VAROIS
Le vignoble s'étend sur 28 communes au cœur du Var et autour de Brignolles. Les vins sont à l'image de cette petite ville : joyeux et tendres.

PALETTE
L'appellation qui doit son nom au village de Palette est la plus petite de la région. Avec une superficie de 22 hectares, sa production annuelle ne dépasse pas 800 hectolitres. Pourtant sa taille ne la rend pas anecdotique dans le paysage viticole provençal. Classée en A.O.C. depuis 1948, elle est l'héritière d'une longue tradition et de vins de haute qualité qui manifestent une bonne aptitude au vieillissement. L'encépagement est réalisé avec les variétés régionales. Il faut remarquer une intéressante petite partie en Muscats-Blancs.

Le terroir provençal, âgé de 2600 ans, est le plus ancien de France. Il a été créé par les Phocéens qui ont importé la vigne et l'ont cultivée en bordure de la Méditerranée. Le territoire est vaste et la variété des cépages multiple. Aujourd'hui, cette région représente presque la moitié des vins rosés produits en France.

Le terroir de Bandol est millénaire. Les vins qui y étaient élaborés réchauffaient sans doute déjà les papilles des Romains. C'est un vignoble dont les terres entre mer et montagne ont une prédisposition à la culture de la vigne. Orienté plein sud, face à la mer, celui-ci bénéficie d'un ensoleillement important. À ses pieds, la Méditerranée le protège des écarts de températures alors qu'un peu plus loin sur les hauteurs, les collines de pinèdes et de forêts de chênes font barrage aux vents froids venus du Nord. À l'abri de cet amphithéâtre naturel parsemé d'oliviers et d'amandiers, le vignoble jouit d'un microclimat où brises de mer et de terre lui apportent un juste équilibre d'aération et de pluie répartie en automne et hiver. La nature des sols est, elle aussi, déterminante pour la qualité du site. La presque totalité de l'aire de production est située sur des terrains silico-calcaires du néo-crétacé. Une faible partie du vignoble se trouve sur les versants des îlots triasiques du Canadeau et du Télégraphe ainsi que sur les éboulis calcaires du Sanoisien, du Jurassique et du Lias pour les zones de Sanary et Saint-Cyr. Les sols provenant de la désagrégation des roches mères qui jouent le rôle le plus important, sont issus de grès calcairifères et de marnes sableuses. Ce sont des terrains très arides, riches en éléments siliceux, et naturellement pauvres. Seules ces terres arides et les coteaux ont droit à l'Appellation d'Origine Contrôlée qui occupe ainsi une superficie extrêmement réduite de 1 384 hectares. Ces sols aux rendements limités évitent la dilution des arômes et permettent au vin de révéler toute la richesse de ses saveurs. Alors que le décret d'A.O.C de 1941 limite la production à 40 hectolitres à l'hectare, les vignerons sont plus stricts encore, avec des rendements moyens n'excédant pas les 35 hectolitres à l'hectare. Le commerce et la réputation des vins de Bandol vont s'accroître encore avec la construction du port en eaux profondes. Auparavant, les bateaux étaient obligés de rester en rade : les « *cayennes* » étaient alors jetées à la mer puis hissées à bord des bateaux ou acheminées vers les gros vaisseaux par des petites embarcations destinées au cabotage. Avec le nouveau port, les vins de Bandol s'ouvrent au monde entier, de la Chine à l'Amérique Latine. La ville elle-même se transforme en un vaste atelier de tonnellerie. À la fin du Second Empire, on y fabriquait 80 000 barriques de chêne par an. Ce bel essor est stoppé net, à Bandol comme dans tous les vignobles français, par les ravages de l'oïdium en 1868, puis du phylloxera en 1 870 qui achève de détruire toutes les vignes. Ruinés, la plupart des vignerons capitulent devant l'immense coût de la reconstitution des vignobles dont la rentabilité est d'autant plus aléatoire que l'apparition du chemin de fer a bouleversé le marché des vins français.

Quelques pionniers ont cependant l'audace de replanter les *restanques* en Cinsault, Grenache et surtout Mourvèdre, le cépage traditionnel de la région. Le vignoble renaît peu à peu et les nouvelles générations de vignerons optent unanimement pour une production de qualité. Ils constituent un syndicat, coordonnent leurs initiatives, replantent les meilleures terres de l'ancien vignoble, perfectionnent leur métier. En 1941, les vins de Bandol reçoivent leurs titres de noblesse par l'attribution de l'Appellation d'Origine Contrôlée. Après des années d'efforts pour affiner leurs méthodes de préparation des sols, de culture, de taille et de vinification, les vignerons du Bandol méritent plus que jamais leur fameuse appellation. Mieux encore : en allant au-delà des exigences déjà strictes de l'A.O.C., ils ont hissé les vins de Bandol au rang des meilleurs crus de France, De l'acharnement il en a fallu aux vignerons pour bâtir les fameuses « *restanques* », ces gigantesques terrasses

Un cépage roi, le Mourvèdre.

de pierres sèches montées à la main à flancs de coteaux. C'est pour planter et travailler la vigne dans ce décor accidenté, mais aussi pour éviter l'érosion, que toutes les terres de l'appellation ont été ainsi façonnées. Ce chantier de titans, entrepris depuis des siècles, est sans cesse poursuivi par des générations de « ***murailleurs*** ».

À Bandol, il faut compter de nombreuses années entre la décision de planter un hectare de vigne et la dégustation de la première bouteille. Lorsqu'il s'agit de vins rouges, pas moins de sept années s'écoulent avant la première vendange en AOC, qui est elle-même suivie d'un vieillissement de 18 mois minimum, requis pour son agrément. Dès le mois de juin, la récolte est impitoyablement éclaircie par la « *vendange verte* » pour ne conserver que les meilleures grappes et favoriser une maîtrise des rendements. Conformément au Décret d'appellation, la vinification des vins de Bandol doit exclure « toute opération d'enrichissement ou de concentration, même pratiquée dans la limite des prescriptions légales en vigueur ». Seul le soleil provençal doit participer à leur élaboration. On n'est pas peu fier, en Bandol, d'avoir su apprivoiser un cépage qui, partout ailleurs, refuse obstinément de bien mûrir : le Mourvèdre Véritable signe extérieur de noblesse, ce grand cépage à maturation difficile et tardive a trouvé là son terroir d'élection. En mûrissant lentement au creux des coteaux, à l'abri du Mistral. Il garde dans le secret de ses grappes denses tous les éléments aromatiques qui font la richesse du vin et son harmonie. Il favorise en outre l'aptitude au vieillissement propre aux vins de l'appellation. On le rencontre en quantité confidentielle, dans d'autres vignobles français où il mûrit généralement très mal.

À Bandol, il a trouvé son terroir de prédilection. Ce plant à maturation lente et difficile convient parfaitement au très fort ensoleillement local. D'autres cépages ne produiraient sous de tels climats que des vins lourds et alcoolisés. Le Mourvèdre donne au contraire aux Bandol toute leur harmonie et leur élégance. Les plants de Mourvèdre portent des grappes de forme triangulaire aux raisins petits et serrés. Taillés « *en gobelets* ». Ils forment avec le temps des ceps droits, aux sarments dressés vers le ciel qui mûrissent à l'abri du mistral. Le Mourvèdre est un cépage de très faible rendement : 25 à 30 hectolitres par hectare, peut-être 35 dans les meilleures années, alors que la production autorisée est de 40 hectolitres. Cette production est d'ailleurs assez aléatoire, les années se suivant souvent sans se ressem-

Vignoble de Frégate

Domaine de l'Hermitage

DOMAINE DE L'HERMITAGE
83330 LE BEAUSSET

Héritier d'un authentique art de la vigne, le vigneron du Bandol est avant tout un passionné qui soumet toutes ses actions à une exigence : la qualité.

bler. Le Mourvèdre doit représenter au minimum 50 % de l'encépagement pour les vins de Bandol rouges. Certains vignerons poussent la proportion jusqu'à 70 % voire 80 %. On retrouve également le Mourvèdre dans les rosés auxquels son pouvoir antioxydant apporte une excellente tenue dans le temps Toujours récolté le dernier, le Mourvèdre doit l'être avec un potentiel d'alcool de 12° minimum pour conserver tout son éclat.

DOMAINE TEMPIER
83330 LE BEAUSSET

CHÂTEAU LA ROUVIÈRE
83740 LA CADIÈRE D'AZUR

LES VINS ROUGES

C'est dans les Bandol rouges que le Mourvèdre fait merveille. Il donne des vins remarquables d'équilibre, virils et élégants à la fois, les pare de leur robe pourprée au beau rouge profond et enrichit leurs arômes de fruits rouges, griotte, mûre, cassis et framboise. Largement majoritaire dans les vins rouges, le Mourvèdre s'allie fort bien au Grenache et au Cinsault qui apportent l'un une touche de vigueur et l'autre toute sa finesse. Les cépages secondaires, Syrah et Carignan, sont ensemble limités à 15 % de l'encépagement. La durée minimum de leur séjour en foudres de chêne où leur tempérament impétueux et tannique commence à s'arrondir est de 18 mois. C'est à partir de cinq ou six ans qu'ils donnent le meilleur d'eux mêmes, car ce sont d'excellents vins de garde à savourer dans la force de l'âge. Leur bouquet épanouit, acquiert toute sa rondeur et sa noblesse terrienne. Avec les années, les vins de Bandol rouges voient leurs arômes évoluer subtilement vers les fruits noirs, la pivoine, l'héliotrope et un nez de sous-bois. Puis avec plus de temps se dévoilent des notes de truffe, d'épices, de réglisse et de cannelle. Ces d'arômes peuvent encore s'affirmer pendant dix ou quinze ans et parfois plus. Parvenus dans cette plénitude de la maturité, ils s'avèrent dignes des grandes tables.

LES VINS ROSÉS

Souples et fruités tout en restant très secs, les vins rosés, en général de pressée directe, sont issus des mêmes cépages que les vins rouges : Mourvèdre, Grenache et Cinsault. Les cépages secondaires, Syrah et Carignan, autorisés par décret, sont ensemble limités à 15 % de l'encépagement total de l'appellation. Ces vins à la robe pâle aux nuances d'églantine, se boivent le plus souvent jeunes, encore riches des senteurs de leurs restanques natales. Mais la présence du Mourvèdre leur permet aussi d'acquérir avec l'âge une typicité que les vignerons de l'appellation ne cessent d'affiner

LES VINS BLANCS

Vifs dans leur attaque, les vins blancs de Bandol développent de subtils arômes où l'on peut discerner des notes de noisette ou d'amande, de jasmin, de tilleul et d'aubépine où des arômes d'agrumes.
Caractérisés par leur robe claire et leur délicate fraîcheur, ils sont issus de trois cépages principaux, Bourboulenc, Clairette et Ugni Blanc, qui représentent 60 % de l'encépagement auxquels peut s'ajouter selon le choix du vigneron, un cépage secondaire tel le Sauvignon. Ils seront servis frais, entre 8 et 10 °C sur une cuisine estivale.

Les Baux de Provence sont une région touristique fort visitée. Ses vins valent mieux que la dégustation estivale. Les vignobles qui s'étendent au pied du célèbre rocher des Baux de Provence, sur le versant sud des Alpilles donnent naissance à des vins hauts en caractère. Bon nombre de propriétés sont d'anciennes exploitations fruitières qui se sont réorganisées l'extension des cépages nobles. Aujourd'hui, 13 caves particulières ont pour vocation principale la viticulture de qualité. La chaîne des Alpilles forme une barrière naturelle de roches calcaires. À l'aplomb de la commune des Baux, la nature du calcaire provient du Crétacé Supérieur et du Miocène. La vigne trouve ici une implantation très favorable. Cette structure où se mêlent argile, cailloutis et marne favorise le drainage naturel des sols. La pluviométrie diffère sensiblement entre les versants Nord et Sud de même que la précocité. Le Mistral, vent de Nord-Ouest très fréquent dans ces régions, favorise le bon état sanitaire du vignoble par son rôle asséchant. Sur ces terroirs, les vins blancs, sont minoritaires.

LA VINIFICATION EN ROUGE

Elle représente environ 70 % de la production. Ceux qui sont tendres conviendront parfaitement à un gigot ou à un rôti. Quelques cuvées de caractère offrent des rouges charpentés d'une harmonie parfaite entre la longueur en bouche et les arômes variétaux. Ceux qui sont plus puissants et généreux sont à réserver pour des harmonies plus tranchées ou pour un fromage de caractère.

LA VINIFICATION EN ROSÉ

L'implantation favorable de la vigne permet d'obtenir des rosés pâles aux jolis reflets saumon. Les arômes sont flatteurs et délicats, justes marqués par une nervosité de bon aloi. Ils seront servis frais, entre 8 et 10 °C sur des entrées de charcuteries ou avec des grillades.

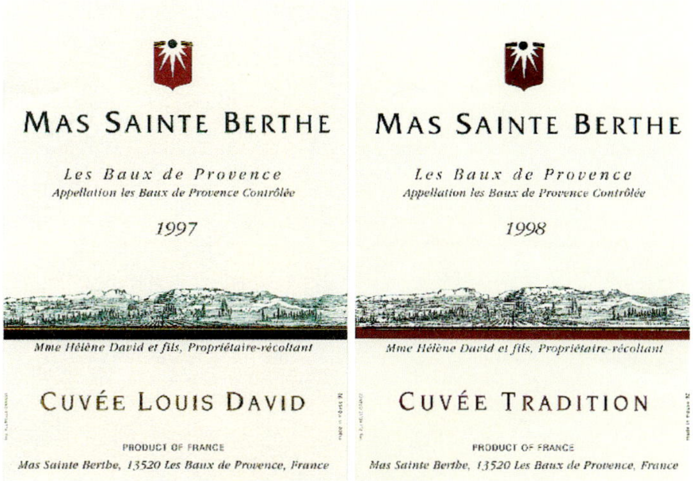

MAS SAINTE-BERTHE
13520 LES BAUX DE PROVENCE

Domaine Tempier

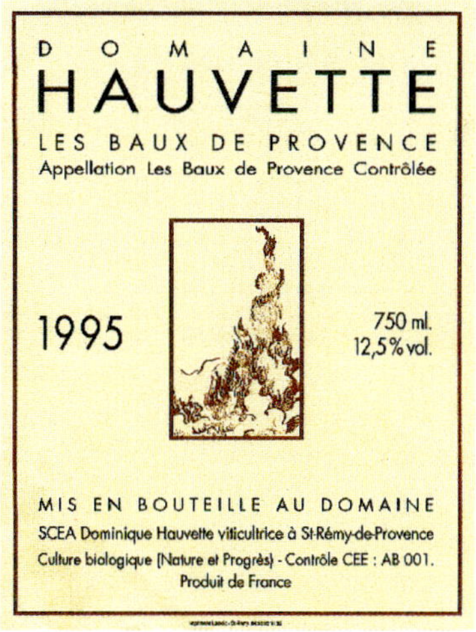

DOMAINE HAUVETTE
13210 SAINT REMY DE PROVENCE

Le Domaine du Clos Sainte-Magdeleine, créé à la fin du XIXe siècle, s'étend sur près de vingt hectares

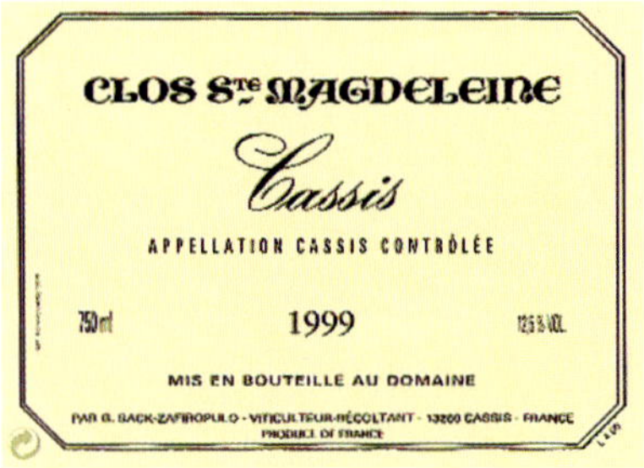

CLOS SAINTE-MAGDELEINE
13260 CASSIS

Sur la côte des calanques, tout autour du petit port de Cassis, les vignerons ont conservé 168 hectares de vignes sur des collines calcaires. La surface du vignoble a fortement régressé sous l'effet de l'urbanisation. Il y a encore 15 ans, il couvrait 290 hectares. Le vin qu'ils produisent a obtenu son appellation dès 1936, mais il existe depuis les premiers siècles de notre ère. Les plantations de vignes, étagées en restanques, donnent directement sur la mer et grimpent à l'escalade des flancs du Cap Canaille, la plus haute falaise de France. Les vins blancs, avec 80 % de la production, occupent une place prépondérante.

LES VINS BLANCS

Les vins blancs de Cassis sont assez rares. La production n'est pas très importante en quantité et depuis 1979, une dégustation officielle est obligatoire chaque année pour l'agrément définitif. Ce sont des blancs secs dont le degré alcoolique peut quelques fois dépasser les 12°. La robe est jaune dorée et limpide. Le nez évoque les fleurs blanches d'aubépine et parfois la vanille. En bouche, ils sont à la fois fruités et onctueux, fins et tout en fraîcheur, développant un parfum soutenu. Le palais s'épanouit dans des saveurs plaisantes et bien équilibrées. Il n'est pas utile de les garder plus de 3 ans et ils se servent frais à 12 °C sur la bouillabaisse locale ou avec tout plat de poissons de mer ou de roche.

LES VINS ROSÉS

Souples en bouche et de bonne persistance, ils développent un nez caractéristique de pêcher et de jacinthe sauvage. À boire très jeune à une température de 10 °C, ils accompagnent de préférence des plats légers.

LES VINS ROUGES

Plutôt corsés et charpentés, ils ressemblent fort à leurs cousins de Bandol et seront mis en valeur sur un gibier.

Pour beaucoup, la Provence n'est qu'un pays de vacances ou l'on goûte le vin rosé bien frais à l'abri des rayons du soleil. Si le développement du tourisme les a mis à l'honneur, bien peu partent à la découverte vinicole de ce terroir de longue tradition. On a longtemps raconté que les Phocéens avaient été les premiers importateurs de pieds de vigne en Gaule. Cette plante poussait probablement déjà sur place à leur arrivée, vers 600 avant J-C, et il est certain que la région de Marseille a bénéficié de leur technique, en particulier pour la taille. L'occupation romaine apporta énormément au vignoble méditerranéen. Les anecdotes abondent sur les Romains et leur amour du vin. Et les historiens de rappeler, entre autres, que César avait choisi de donner des vins de Provence aux soldats qui avaient conquis la Gaule. La tradition du rosé remonte au « *bon roi René* », qui encouragea les producteurs à vinifier de cette manière. Les moines se firent les gardiens d'un savoir-faire perpétué jusqu'à nos jours. Suite à des examens concernant l'encépagement, les techniques de conduite de la vigne et les conditions de production, une distinction a été accordée en 1955 à 23 domaines classifiés en Crus Classés. La structure très morcelée du vignoble explique la présence de nombreuses caves coopératives. Les vignes sont encore par endroits conduites en gobelets bas.

La production se répartit dans trois principaux secteurs : la côte, allant de La Ciotat à Saint-Tropez et à l'exclusion de la région de Bandol, une partie du massif des Maures, en particulier dans la vallée de l'Arc, et la vallée d'Argens. C'est la diversité des terroirs qui donne la richesse de l'appellation, tout comme la diversité de ses nombreux microclimats, certains plus humides ou plus ventés que d'autres. Les cépages traditionnels sont pour les rouges et les rosés : Cinsault, Grenache, Mourvèdre, Tibouren et Carignan. Dans la composition du vin, ils doivent constituer un minimum de 70 %, dont 40 % maximum pour le Carignan. Comme cépages complémentaires, on utilise les Barbaroux, Cabernet-Sauvignon et Syrah. Pour les blancs, ce sont Clairette, Ugni-Blanc, Sémillon et Rolle qui constituent l'essentiel de l'encépagement.

Les vins rosés dominent. Ils représentent près des deux tiers de la production. À travers cette assez vaste et disparate région, ils sont très variés, avec une robe qui peut prendre toutes les nuances de rose et des goûts diversifiés. Leur couleur et leur structure dépendent en grande partie du temps de contact entre le jus, incolore, et la peau du raisin chargée des pigments naturels.

Château Sainte Roseline
83460 Les Arcs sur Argens

Les caves de vieillissement des vins rouges, Château Sainte-Roseline

La Provence, pays de contrastes et de lumière offre les terroirs pauvres de ses Coteaux. La géologie et le climat permettent de vinifier des vins rouges d'une grande classe.

Domaine Gavoty
83340 Cabasse

Château la Moutète
83390 Cuers

Les vins blancs, plus confidentiels, n'atteignent guère que 5 % de la production globale. Dans l'ensemble, ce sont des vins frais, assez souples et fruités.

Les vins

Le vigneron provençal, qui a donné ses lettres de noblesse au rosé, fait preuve d'un certain talent dans la vinification des rouges et des blancs.

Les vins rosés

À tout seigneur tout honneur ! La technique des vignerons leur permet de réaliser à chaque cuvée la robe rose aux reflets cuivrés et limpide des rosés de Provence. Toutes en harmonies, les différentes cuvées partagent entre elles des saveurs vineuses puissantes. La bouche est longue, avec juste ce petit quelque chose de plus dans le registre de la nervosité. Ceci étant, il y a en Provence comme ailleurs, des rosés bien différents et d'un intérêt limité à un repas estival à la campagne. Mais qui saura sortir des sentiers battus, sera récompensé par la découverte de la finesse et du fruité des grands rosés à la conversation généreuse si proche de la faconde méridionale. Néanmoins, les uns et les autres se consomment sans attendre.
Les rosés se servent à une température de 10 °C et peuvent accompagner tout le repas, de l'apéritif au dessert. Sa prédilection va cependant vers les cuisines riches aux saveurs généreuses et bien entendu pour la cuisine provençale.

Les vins rouges

Au gré des terroirs et des producteurs, on découvre des vins souples aux parfums joueurs de fruits rouges ou des crus plus établis, bien solide dans leur charpente. Les premiers, sans prétentions, frais et parfumés ont une ampleur et une densité qui incite à les boire jeunes. Les derniers, vieillis en foudres de chêne peuvent acquérir avec l'âge des saveurs profondes. Cela n'empêchera pas les grands millésimes qui sont souvent des vins de garde de bien vieillir. Avec le temps, la robe se transforme et devient plus sombre, presque noire parfois. Elle laisse présager une bouche aux saveurs profondes qu'il convient de ménager par une température de service aux alentours de 16 °C. Ils feront un brin de chemin sur la table en compagnie d'une viande en sauce, alors que les plus jeunes, servis plus frais feront bien l'affaire sur une volaille grillée.

Les vins blancs.

S'il est dit plus avant que les vins blancs sont presque confidentiels, il faut savoir cependant que certains domaines leur consacrent toute leur activité. Ils pourraient bien être à la base du renouveau des blancs de Provence. Ces vignerons ont appris à développer un réel talent qui aboutit à un style moins sec et plus fruité. Les blancs de blancs, vinifiés uniquement à partir de cépages blancs, se distinguent par leur robe dorée aux reflets brillants et des qualités aromatiques intéressantes. La fraîcheur parfumée du chèvrefeuille partage la place à la rondeur des arômes de poire Ils seront servis très frais, aux alentours de 9 °C et tiendront compagnie aux poissons et aux fruits de mer.
Seconde appellation provençale avec une

superficie de 3 500 hectares, le vignoble des Coteaux d'Aix en Provence porte le nom de cette ville. Ville prospère sous les Romains, ancienne capitale du Comtat de Provence pendant plusieurs siècles, ville de culture et d'art, Aix-en-Provence a conservé ce cachet ancien qui lui donne charme et élégance. La visite de la ville demanderait à elle seule plusieurs jours si l'on voulait regarder chacun des cent quatre-vingt-dix hôtels particuliers que l'on a dénombré. Aix, c'est aussi Paul Cézanne, le peintre de la montagne Sainte-Victoire, à qui une salle est consacrée au musée Granet. Tout autour de la ville, s'étendent des vignobles abrités du Mistral, dans un climat idéal, sous l'appellation Coteaux d'Aix-en-Provence. La région concernée est limitée au nord par la vallée de la Durance, à l'ouest par le Rhône. Au sud, elle englobe l'étang de Berre, longe la montagne Sainte-Victoire et pousse, à l'est, une pointe jusque dans le Var, à la limite d'Artigues. Les viticulteurs produisent essentiellement des vins rouges, bien équilibrés, fins au bouquet fruité et aromatique. 30 % de la production est consacrée aux rosés et 5 % aux blancs. La qualité de l'encépagement et la pluralité des cépages conseillés permettent d'élaborer des vins jeunes, assez légers et aromatiques. Pour l'essentiel, les rouges et les rosés sont issus du cépage Grenache. Son potentiel alcoolique et l'équilibre de ses tanins permettent l'obtention de vins rouges de qualité. Il est toujours associé à un cépage secondaire.

Quelques accords privilégiés

Des rouges de caractère

Avec un nez puissant, bien développé et charnu, les rouges sont gras, amples et peuvent agréablement être consommés jeunes sur grillades et gratins.

Mais après un vieillissement de deux à six ans en cave, ils deviennent exceptionnels par leur persistance aromatique et s'apprécient sur les daubes, gibiers ou fromages.

Des rosés pleins de vivacité

Légers, souples et fruités, ils arborent une belle robe rose pâle aux reflets de cerises. Le nez est flatteur, puissant et complexe. Consommés de préférence dans leur jeunesse, ils accompagnent tout naturellement la cuisine de l'été : ailloli, bourride, brandade mais aussi artichauts barigoule et anchoyade.

Des blancs frais et aromatiques

Finesse et élégance caractérisent ces vins parfumés qui se marient avec bonheur aux poissons grillés ou cuisinés mais aussi aux desserts les plus raffinés.

Château des Gavelles
13540 Puyricard

Château Bas
13116 Vernègues

Château Calissanne
13680 Lançon de Provence

DOMAINE GÉRARD DUFFORT
83390 CUERS

BELLET

Dans l'arrière-pays niçois, un minuscule terroir caillouteux et riche en silice, le Bellet s'est fait une place, au milieu des cultures de fleurs. À 300 mètres de haut, les vignes surplombent la vallée du Var, sur les terrains escarpés d'un éboulis calcaire qui excluent la mécanisation des récoltes. En voie de disparition, cette appellation a été relancée il y a une dizaine d'années par un propriétaire plus dynamique et bien équipé pour la vinification. D'une belle couleur rubis brillante, le Bellet est un rouge délicat, léger et fin. Les rosés sont agréables en raison de leur finesse et leur légèreté, alors que les blancs sont délicats et élégants, un peu nerveux et très frais.

Travaux d'hiver, le brûlage des sarments

COTEAUX VAROIS

Situés au nord des Côtes de Provence, leur terroir est plutôt fractionné. Le vignoble, qui couvre environ 1 750 hectares, est planté sur un sous-sol calcaire, en cépages grenache, Mourvèdre, syrah (minimum 40 %), principalement, pour les rouges, les cépages secondaires étant le cabernet et le sauvignon (20 % maximum). Quant aux rosés ce sont le grenache et le Cinsault qui dominent, complétés de syrah, de Mourvèdre, de Carignan. L'appellation, classée en VDQS depuis 1984, est groupée dans les régions de Tavernes, Brignoles, Brue-Auriac, Saint-Maximin. Elle ne concerne que les vins rouges et rosés, qui sont des vins frais et fruités et qui doivent se boire jeunes.
La production moyenne annuelle atteint environ 70 0 00 hectolitres.

PALETTE

Le vignoble de l'A.O.C. Palette couvre actuellement une trentaine d'hectares produisant des vins rouges rosés et blancs les écrits abondent prouvant qu'au cours des âges les vins de ce terroir ont joui d'une grande réputation. C'est que la nature a rassemblé en ce lieu tout un ensemble de facteurs particulièrement favorables à la production de vins originaux de grande classe : sol, climat, orientation des coteaux. L'aire délimitée, basée sur la formation géologique du sol, se présente comme une ellipse allongée du sud-est vers le nord-est. Seuls ont été retenus les terrains d'éboulis calcaires dérivés de la roche appelée *calcaire de Langesse ou du Montaiguet.* Les forêts qui entourent ce cirque, la masse rocailleuse du mont Sainte Victoire qui le domine en créant une brèche l'horizon d'Aix, produisent un microclimat particulier. L'exposition nord des coteaux et le sol d'éboulis calcaires sont également des facteurs déterminants. La richesse de l'encépagement est exceptionnelle, et ce n'est pas moins d'une quinzaine de cépages qui entrent dans la composition des vins de cette appellation. Tradition et continuité prennent ici un relief particulier qui ne se dément pas au fil des générations; la moyenne d'âge du vignoble est supérieure à cinquante ans au Château Simone dont certaines parcelles datent encore de la période de reconstitution après le phylloxera. Les ceps sont là plus que centenaires. Pour les vins blancs, après un foulage léger des raisins et un pressurage doux, les fermentations sont effectuées en petits foudres de chêne à basse température après un léger débourbage. Après avoir été séparé de ses lies à la fin de l'hiver, le vin continue son élevage en fûts jusqu'à sa mise en bouteilles 18 à 24 mois plus tard. Les vins rosés proviennent de vinifications par *saignée* et par pressurage direct. Les vins sont assemblés au cours du printemps.

Quant aux vins rouges, ils procèdent de cuvaisons relativement longues, 12 à 15 jours après égrappage. Ils sont ensuite élevés en fûts de chêne pendant au moins deux ans avant leur mise en bouteilles Les vins de Palette ont une grande personnalité et beaucoup de distinction. Les blancs possèdent une grande fraîcheur en même temps qu'une solide structure et un parfait équilibre. Ils mettent particulièrement en relief l'exposition nord des vignobles. Dans leur jeunesse, ils se présentent avec de fins arômes floraux, sur fond légèrement boisé. Ils peuvent également vieillir en beauté en prenant une couleur jaune or et en développant des bouquets très complexes. Les vins rosés ont une grande originalité. Ils ont une belle couleur rubis clair et une incomparable finesse aromatique. Ils ont en outre la faculté, grâce à leur puissante constitution, de développer leurs caractères pendant plusieurs années. Les vins rouges ont eux beaucoup de corps et une robuste charpente. Leur structure très complète et tannique dans leur jeunesse les rend particulièrement aptes au vieillissement. La complexité de l'encépagement se retrouve dans la multiplicité de leurs arômes. Ils s'épanouissent vers sept à dix ans, mais ils peuvent atteindre un âge très avancé avec encore de merveilleuses qualités. Malgré leur production très limitée, les vins A.O.C. PALETTE sont à l'image du vigneron qui garde ici l'objectif d'une qualité toujours renouvelée.

CHÂTEAU SIMONE
13590 MEYREUIL

Sommaire :

Des rives de la Dordogne à la Vallée du Lot, du Pays Basque à la Gascogne et à l'Agenais, du Sud du Massif Central aux coteaux du Tarn, des terrasses bordant la Garonne et jusqu'aux portes de Toulouse... les vignobles du Sud-Ouest nous font découvrir la plus vaste collection de cépages particuliers, de vins typés, tous riches d'une grande histoire.

Les vignobles du Sud-Ouest

Enserrés entre les vignobles de Bordeaux et ceux du Languedoc Roussillon, le Sud-Ouest a su perpétuer sa vocation viticole à travers une mosaïque de vignobles aussi divers que les appellations qui le compose. Cet inventaire ne compte pas moins de 16 appellations différentes regroupées sous la dénomination Vignobles du Sud-Ouest. Cette région recense sans doute la plus vaste collection de cépages. Proche de ce riche voisin bordelais, cette région viticole a eu bien du mal à trouver sa place. Si dans un passé récent la préoccupation semblait d'aller concurrencer les Bordeaux génériques, elle est devenue plus soucieuse de produire des vins de qualité. La production est réalisée en vins rouges, corsés et légers, en blancs, secs et moelleux, en rosés.

Dans ces régions, le climat de type océanique, la nature des sols, constituent des atouts pour la culture de la vigne.

Les appellations Gaillac, Fronton, Madiran, Pacherenc du Vic Bilh, Côtes de Saint-Mont, Jurançon, Tursan, Lavilledieu, Côtes du Brulhois, Marcillac, Estaing, Côtes de Millau, Entraygues et Fel, Béarn et Béarn-Bellocq, Irouléguy, Coteaux du Querçy, Floc de Gascogne, forment ensemble le vignoble du Sud-Ouest.

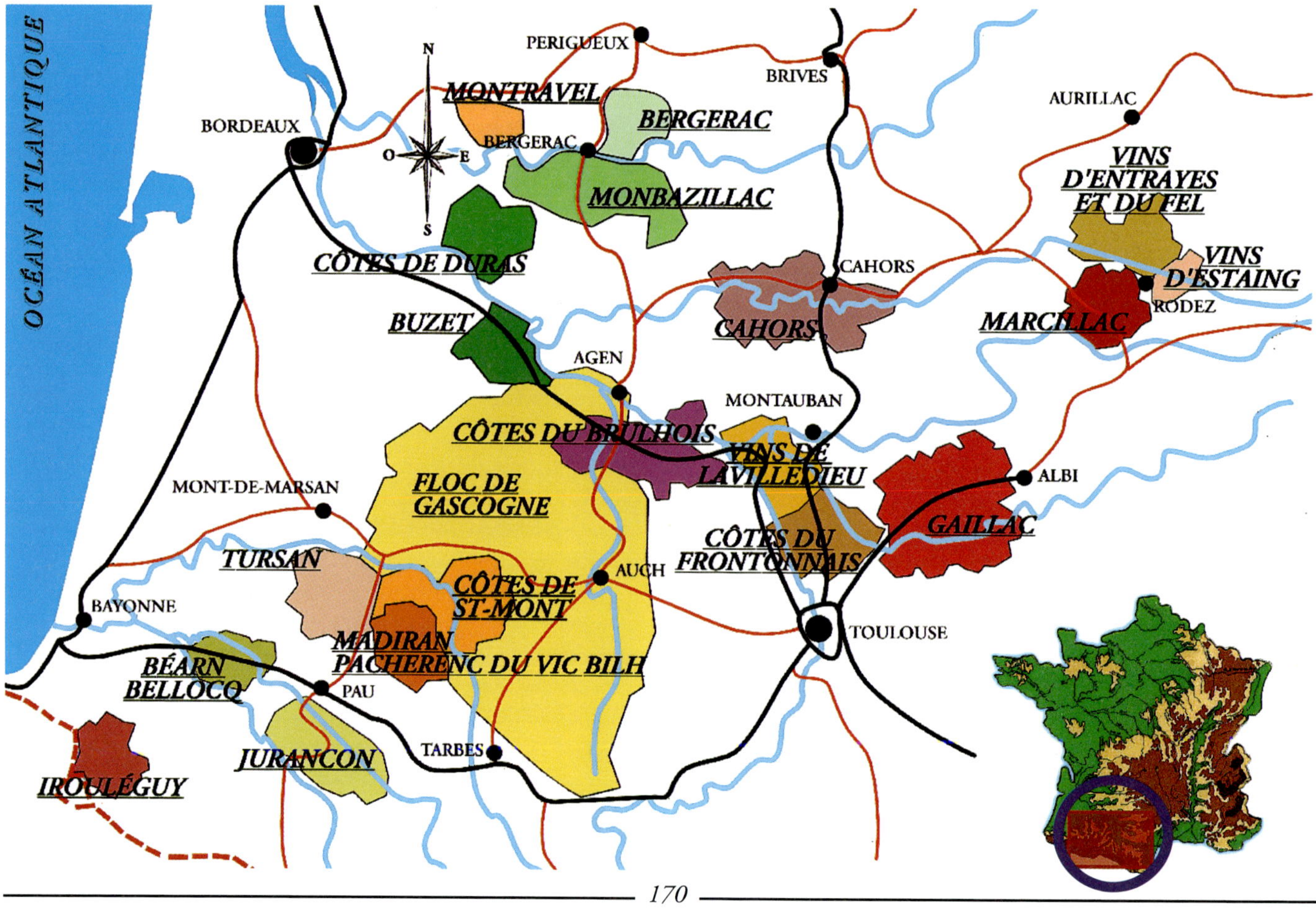

Bergerac

Avec son impressionnant voisin le Bordelais, les relations ne furent pas toujours fameuses. Pourtant les affinités sont multiples, aussi bien pour les encépagements que pour les techniques viticoles.

Mais les mesures protectionnistes prises pour le Bordeaux et la place commerciale qu'il occupait ne jouèrent guère en faveur du Bergeracois.

Cependant, en 1511, une « lettre de bourgeoisie » émanant du parlement de Guyenne offrit à certains d'entre eux l'accès à la mer pour leurs vins.

Le véritable développement vint au XVIIIe siècle, avec des exportations de vins liquoreux vers la Hollande.

Le Bergerac est appellation contrôlée depuis 1936. Ce sont des vins légers, souples, assez fruités, secs, vinifiés à partir de cépages traditionnels en rouges et rosés (cabernet franc, cabernet sauvignon, merlot, malbec et accessoirement fer servadou et mérille), ainsi qu'en blancs (sauvignon, sémillon, muscadelle auxquels on ajoute de l'ondenc, chenin blanc ou encore ugni blanc, sans dépasser les 25 % maximum

Famille De Conti
24240 Ribagnac

FAMILLE DE CONTI
24240 RIBAGNAC

pour ce dernier).
Les rouges sont agréables et se boivent jeunes et frais. Les blancs sont secs et fins.
L'appellation Côtes de Bergerac, qui couvre une région moins importante, concerne des vins titrant entre 11° et 13° pour les rouges et 12 à 15° pour les blancs moelleux.
Les rouges sont nettement plus corsés que ceux d'appellation simple, leur robe est foncée et ils sont aptes au vieillissement. Vinifiés essentiellement à partir du sémillon, les vins moelleux présentent une teneur en sucre résiduel qui se situe entre 18 et 54 grammes par litre. À Bergerac, le Conseil interprofessionnel des vins a choisi l'élégant cloître des Récollets pour y implanter son siège.
Le quartier du vieux port a conservé quelques charmantes ruelles avec quelques belles maisons.
Il faut aussi visiter le musée du Tabac dans la maison Peyrarède, appelée aussi Château Henri IV, et découvrir la fabrication des tonneaux et la navigation d'autrefois dans le musée de la Tonnellerie et de la Batellerie.
Au sud de Bergerac, à partir de Sigoulès, on peut suivre une « Route des vins » qui traverse les vignobles du Bergeracois.

PÉCHARMANT

L'origine du nom de cette AOC (1 946) vient du mot pech qui signifie sommet. Certains utilisent d'ailleurs la dénomination de « Pech-Charmant ».
Il s'agit d'un vin rouge utilisant les cépages merlot, cabernet et malbec, sur des terrains silico-argileux. Ce vin est tannique, puissant et capiteux, titrant au minimum 11°. Il a l'avantage de développer de nombreuses qualités dès sa jeunesse et n'a pas besoin d'attendre un long vieillissement. Parmi les crus les plus réputés, on cite souvent celui du Château de Tiregand.

MONBAZILLAC

Très connu dès la Renaissance, ce vin est exporté au nord de l'Europe, en particulier vers la Hollande, où se sont réfugiés de nombreux protestants français originaires de la région. L'apogée commerciale est atteinte au XVIIIe siècle. AOC en 1936, le Monbazillac, malgré ses qualités, ne cherche pas à se comparer au prestigieux Sauternes, même si dans la région on aime à rappeler le prestigieux passé et à vanter que la pourriture noble trouva sa source ici. Très riche et gras, le Monbazillac offre une belle ampleur dans le palais et dégage de beaux arômes floraux et de miel.

Le Monbazillac est élaboré à partir de raisins touchés et concentrés par la Botrytis Cinerea

CLAUDIE ET BRUNO BILANCINI
24240 MONBAZILLAC

AGNÈS ET ROBERT SCHULTE
47180 SAINT SAUVEUR DE MEILHAN

ROSETTE

Cette appellation, qui date de 1949, regroupe les productions de six communes de la rive droite de la Dordogne.
Il s'agit de blancs doux ou demi-doux, dont la production devient de plus en plus confidentielle (650 hectolitres).

SAUSSIGNAC

Très proche des Bergerac, cette appellation peut s'adjoindre à celle des Côtes de Bergerac. Elle ne concerne que des vins blancs, recueillis sur les communes de Saussignac, Gageac-et-Rouillac, Monestier et Razac-de-Saussignac. Outre les habituels cépages, le Saussignac a acquis sa personnalité avec l'adjonction de chenin blanc. Ce semi-doux se boit jeune mais peut se garder une dizaine d'années.

MONTRAVEL

Il provient des cépages muscadelle, sauvignon, sémillon, odenc, chenin blanc, avec un peu d'ugni blanc éventuellement. Cette appellation regroupe des vins blancs secs et fruités produits sur la rive droite de la Dordogne, autour de la commune de Vélines. Les appellations Côtes-de-Montravel et Haut-Montravel ne sont produites que dans certaines communes, avec seulement les cépages sauvignon, sévignon et muscadelle, et doivent titrer entre 12° et 15°. Moelleux ou liquoreux, ils sont appréciés pour leur équilibre et leur bouquet particulier.

CÔTES DE DURAS

À la limite du Bordelais, sur la rive droite du Dropt et dans la vallée de la Dourdèze, s'étendent 1 500 hectares de vignobles, plantés sur les terrasses et coteaux calcaires d'une quinzaine de communes.
Autrefois le vin produit dans cette région était vendu comme Bordeaux.
Le découpage administratif lui a permis de créer sa propre appellation en 1937. On retrouve donc les cépages habituels du Bordelais : sémillon, sauvignon, muscadelle et mauzac pour les vins blancs ; cabernet sauvignon, cabernet franc, malbec et merlot pour les vins rouges.
Les rouges sont assez légers, fruités et délicats, se dégustant les premières années. Suivant la vinification adoptée, on peut obtenir des rouges plus tanniques et corsés qui acceptent le vieillissement.
Les blancs secs (leur production dépasse celle des moelleux) sont frais et fruités ; ils évoquent les vins blancs de Bergerac.

MARMANDAIS

Entre le Dropt et la Garonne, sur un millier d'hectares de coteaux molassiques et de plateaux de cailloutis garonnais, se récoltent les Côtes du Marmandais. Classés VDQS en 1956, ils ont obtenu l'appellation d'origine contrôlée en 1990. Vingt-sept communes au nord de Marmande produisent essentiellement des vins rouges, à partir des cépages habituels du Bordelais, mais dans la limite de 75 % du total, car on emploie dans la région des cépages de complément comme l'abouriou, le fer servadou, le cot, le gamay noir et la syrah (50 % maximum).
Pour les blancs, ce sont les classiques sauvignons (70 % minimum) et ugni blanc, muscadelle et sémillon.
L'essentiel de la production concerne les rouges, vins de bonne tenue, bien charpentés, solides, dégageant des parfums de fruits et supportant un vieillissement en caves. La production des vins blancs ne dépasse pas les 1 700 hectolitres.

BUZET

Sur la rive gauche de la Garonne, un peu au sud de Marmande et jusqu'à la ville d'Agen, des vignobles en ordre dispersé offrent une production classée AOC depuis 1973. L'ancienne appellation Côtes de Buzet, bâtie autour d'une vinification réalisée, dès 1955, par la coopérative de Buzet-sur-Baïse, a fait place à l'appellation Buzet tout simplement. Ces coopérateurs ont limité leur production pour obtenir la qualité.

Cela donne essentiellement des vins rouges (à 95 %), souples et agréables dans leur jeunesse, mais qui prennent beaucoup de corps et de « cœur » après quelques années de bouteille. Il existe une petite production de vins rosés et blancs, ces derniers étant issus des classiques cépages sémillon, sauvignon et muscadelle.

Côtes du Bruhlois

Le vignoble des Côtes du Brulhois est situé principalement au sud de la vallée de la Garonne, à cheval sur les départements du Lot-et-Garonne, du Tarn-et-Garonne et du Gers. Les sites viticoles sont la moyenne terrasse et les coteaux argilo-calcaires. Sur la moyenne terrasse formée de boulbène blanche, les vins produits sont colorés et de bonne qualité. Sur les coteaux, les pentes de graves caillouteux produisent peu mais les vins sont riches en alcool, fins bouquetés, aptes à vieillir. Par ailleurs, les argiles rouges à silex donnent des vins excellents. Le terroir de l'A.O.V.D.Q.S. Côtes du Brulhois couvre une superficie d'environ 200 ha pour un potentiel de 1 million de cols en rouge et rosé. Ce vignoble en pleine restructuration pourrait couvrir prochainement une superficie de 300 ha pour une production d'environ 18 000 hectolitres. L'encépagement en rouge et rosé est typé par le Tannat, les Cabernets Franc et Sauvignon et le Merlot. Deux autres cépages locaux, Malbec et Fer Servadou, complètent par leurs arômes particuliers l'originalité des vins. Les vins du Brulhois, appelés «vins noirs» dès le XIIIe siècle ont une couleur rubis très soutenue. Grâce à une harmonieuse maturation et à la présence de cépages typiques, un très net goût du terroir permet de les distinguer. En rouge, l'égrappage est total. Les rosés sont obtenus par «saignée de cuve». Selon les terroirs, des arômes de fruits noirs apparaissent et s'harmonisent en longue conservation Les vins rosés se boivent jeunes.

Les vins rouges, dès la deuxième année, s'améliorent par vieillissement, atteignant leur plénitude vers la cinquième année, en développant leurs arômes typiques de fruits rouges confits, de cuir, de grillé. Servis frais, les rosés accompagnent agréablement la charcuterie, les grillades. Les vins rouges servis entre 16° et 18° sont en harmonie avec les plats traditionnels du pays : confits, cèpes, cassoulets, viandes rouges et civets ainsi que les fromages. La mise en température des vins vieillis doit s'effectuer très lentement, 1 à 2 heures avant dégustation.

Cahors

Sa réputation est ancienne, puisque les Romains exploitaient déjà la région, dont le développement se poursuivit au Moyen Âge, grâce aux évêques !

Un événement comme le mariage d'Aliénor d'Aquitaine avec Henri II d'Angleterre lui offrit une occasion exceptionnelle d'exporter sa production.

On estime que vers 1310, pas loin de 40 0 00 tonneaux de vins de cette région prirent le chemin de la mer. Clément Marot, François Ier et Henri IV furent parmi les plus nobles amateurs des vins de cette région.

Las! une fois de plus, les Bordelais, jaloux d'un tel succès, limitèrent les ambitions des Cadurciens grâce à leur monopole maritime. Il faudra la nouvelle politique de Turgot, plus libérale, et un édit de Louis XVI, en 1776, pour supprimer cet embargo. De toute façon la réputation du Cahors était déjà faite.

On l'appréciait un peu partout dans le monde, en particulier en Russie, où l'on

Alain Gayraud
46700 Soturac

S.C.E.A Baldes & Fils
46700 Puy l'Évêque

Le Cèdre
46700 Vire sur Lot

produisit un « Cahors » issu sans doute de cépages importés du Quercy. Il servira longtemps dans la religion orthodoxe où il était utilisé dans la liturgie.

Le phylloxéra détruira une grande partie du vignoble qui, toutefois, a peu à peu repris son volume d'antan. Ce n'est qu'en 1971 que le Cahors retrouvera ses lettres de noblesse en devenant AOC.

Quarante-cinq communes réparties de part et d'autre de la vallée du Lot, sur une région située entre les villes de Cahors et de Fumel, constituent le vignoble de Cahors, d'une superficie de 3 500 hectares.

Le sol est diversement constitué de calcai-

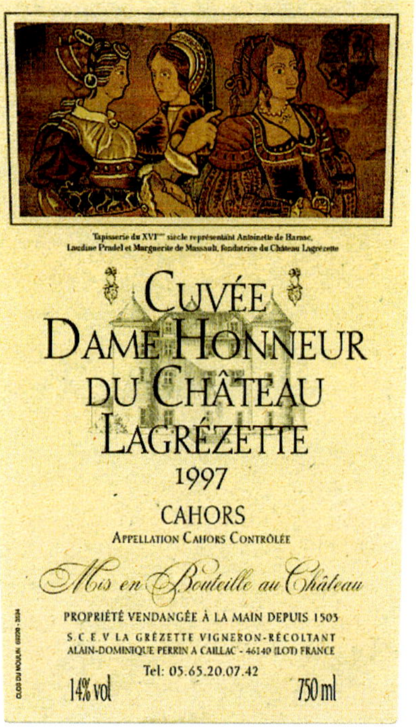

Alain Dominique Perrin
46140 Caillac

re kimmeridgien (comme au nord de la Bourgogne), d'alluvions du Lot et de sables et argiles avec quelques traces de fer. Cette diversité ne semble pas nuire à un vin remarquablement homogène. L'encépagement est constitué à 70 % au minimum de cot (ou auxerrois) et, en complément, de merlot, tanat et jurançon noir.

L'ensemble donne un vin extrêmement « noir », puissant et corsé mais un peu rude. Il ne perdra cette rudesse qu'après un long vieillissement en fût, ne développant le meilleur de lui-même qu'au bout d'une dizaine d'années. Malheureusement, cette façon de faire tend à disparaître, car de nouvelles vinifications permettent de mettre sur le marché des vins de dix-huit à vingt-quatre mois. Il y perd en harmonie et en velouté.

Marcillac, Estaing, Entraygues et Fel, Côtes de Millau

Ces quatre vignobles possèdent de très nombreuses vignes en terrasses, témoins de l'ingéniosité des vignerons à tirer le meilleur parti des pentes abruptes.

Le Marcillac

Situé non loin de Rodez, le vignoble est implanté sur des coteaux d'argile rouge, dénommés rougiers, surplombés par des plateaux calcaires. La surface en vigne atteint 150 ha pour une production de 5 000 à 6 000 hectolitres. L'encépagement est constitué à 90 % au moins de Fer Servadou, localement dénommé Mansoi. Ce cépage confère aux vins produits, rouges et rosés, une typicité toute particulière. Les vins rouges ont une robe foncée aux reflets pourpres, ils sont puissants, bien charpentés et développent dans leur jeunesse de subtils arômes de fruits rouges de type cassis, myrtille. Les vins de Marcillac gagnent à être bus jeunes ; mais certaines cuvées rentrent dans leur plénitude au terme de 3 à 4 ans. Les vins rouges, servis à 16° accompagnent agréablement les plats régionaux : tripoux, aligot, fromages de Laguiole et de Roquefort.

L'Estaing

Les vignes s'accrochent aux pentes dominant la Vallée du Lot, sur des sols de schistes ou argilo-calcaires. Les vins blancs sont à base de Chenin associé à un léger pourcentage de Mauzac. Les vins rouges et rosés ont pour cépage le Gamay, le Mansoi et les Cabernets. Les vins blancs sont secs et fruités, avec un arrière goût de «pierre à fusil». Les vins rouges sont très agréables, délicats et fruités. Les rosés sont fins et gouleyants.
Les vins rouges d'Estaing à base de Gamay sont à déguster jeunes. Par contre, les vins à dominante de Cabernet sont, tout comme les vins rouges d'Entraygues,à leur apogée entre 3 et 5 ans. Les vins rouges à 16° accompagnent une grande diversité de mets, notamment le gibier. Les rosés seront particulièrement appréciés en période estivale. Les blancs servis frais (8-10°) se marient harmonieusement avec les poissons et les fruits de mer.

L'Entraygues et le Fel

Les terroirs viticoles sont de deux types : coteaux de schistes du Fel, terres de barène et de granit d'Entraygues. L'encépagement

Château Lagrezette dans l'appellation Cahors

Vignes dans l'appellation Cahors

en blanc est dominé par le Chenin. Les vins rouges et rosés sont produits à partir du Mansoi et des Cabernets. Les vins blancs sont secs, nerveux et très parfumés. Les vins rouges et rosés sont aromatiques, racés et veloutés. Les vins blancs, dégustés frais (8-10°) soulignent avec finesse les plats de crustacés, les poissons ainsi que les fromages de chèvre. Les vins rouges (à 16°) mettent en valeur de nombreux mets dont les tripoux, la potée auvergnate.

Les Côtes de Millau

Les vignes s'étirent tout au long de la vallée du Tarn sur 80 kms. Les vins rouges sont dominés par le Gamay, la Syrah, le Cabernet Sauvignon, les rosés dominés par le Gamay , le Cabernet Sauvignon, plus Syrah, Fer Servadou, Duras et les blancs sont vinifiés à base de Chenin et Mauzac. Les vins rouges procurent parfum et longueur en bouche agréable, avec fraîcheur et liant. Les rosés possèdent une note de grande classe. Les blancs, très frais, sont délicatement parfumés, longs en bouche et d'une acidité agréable. Les vins rosés et les vins blancs sont à boire très jeunes et les rouges peuvent vieillir entre 3 et 4 ans. Les vins blancs accompagnent poissons et fruits de mer, les vins rouges une grande diversité de mets.

Gaillac

Sa tradition viticole date d'avant l'ère chrétienne. Les Gallo-Romains développèrent sa culture et son exportation, le Tarn permettant son transport en direction de Bordeaux. Le clergé en assura ensuite la « promotion », et on dit que les Plantagenêts et Henri VIII d'Angleterre en appréciaient fort le goût. Le développement des marchés vers le Massif Central et, au XIXe siècle, sur la place parisienne, offrit la possibilité d'une formidable extension de l'aire d'exploitation qui s'étendit sur soixante-treize communes. Ce vignoble très ancien remontant à l'occupation romaine est surtout devenu célèbre au XVIe siècle, puisqu'il servit de vin de baptême à Henri IV, en 1553. Cette tradition aurait été perpétuée pour tous les princes de France.

Le vignoble de Gaillac situé à 50 km de Toulouse dans le Tarn au pays des Bastides Albigeoises, s'étend sur les deux rives du Tarn et vers le nord jusqu'à la cité médiévale de Cordes. Sur la rive gauche, le sol est graveleux, il convient aux vins rouges. Sur la rive droite, les terrains sont variés, depuis les molasses tertiaires des premières côtes jusqu'aux sols granitiques et calcaires du plateau cordais. On y trouve des vins blancs et rouges. Le vignoble produisant les vins d'Appellation d'Origine Contrôlée Gaillac couvre actuellement 2 500 ha pour plus de 130 000 hectolitres (dont plus de 60 % en rouge). La variété des sols et la tradition permettent à Gaillac de présenter un encépagement varié et spécifique. Pour les vins blancs : le Mauzac, cépage traditionnel, excelle dans l'élaboration de nombreux vins blancs (blanc sec, blanc doux, effervescent). Le Len de l'El (ou loin de l'œil), cépage très ancien, produit un vin aux arômes très fins, floraux et apporte fraîcheur et souplesse au vin. Pour les vins rouges : le Duras, un des plus anciens cépages, réhabilité depuis vingt ans, donne à la fois couleur, charpente et finesse. Le Braucol (ou Fer Servadou) typiquement gaillacois donne un vin à la fois coloré, charnu et rustique, avec des arômes caractéristiques évoquant le cassis, la framboise et le poivron.

Sur le Plateau Cordais, les blancs secs ont un équilibre harmonieux, riche en arômes floraux, ils ont du fruité et de la fraîcheur. Ils doivent se boire jeunes.

Le Gaillac rouge est bien équilibré, parfumé, gouleyant. Il peut se boire jeune dès la deuxième année ou après un vieillissement de quatre à six ans.

Sur les coteaux, les blancs traditionnels de

Mauzac, et de Len de l'El, vinifiés à basse température se distinguent par des arômes extrêmement délicats et nuancés, fruités et floraux à souhait, avec en bouche une souplesse et une longueur qui charme le palais.
Le Gaillac rouge évoque le fruit confit, la groseille, le cassis. À la fois chaud et bien charpenté en bouche, avec des tanins bien fondus, il a la finale harmonieuse des vins bien étoffés et veloutés. Leur ténacité en général est capable d'assurer un bon épanouissement dans le temps.

Sur les graves de la rive gauche, les vins blancs sont cristallins, fruités, ils ont de la sève et de la chaleur. Riches en couleurs, les vins rouges ont une robe profonde grenat. C'est un mélange d'arômes de fruits confits, d'épices ou de cassis. En bouche, ils sont puissants avec un corps dense, et des tanins bien fondus. Ce sont des vins qui supportent aisément le vieillissement.

Le Gaillac blanc sec, servi à 10° met en valeur les poissons et fruits de mer. Le Gaillac Blanc doux sublime le foie gras, le fromage de Roquefort, les pâtisseries.
Le rouge (servi à 16°) chambré, accompagne idéalement les rôtis et les fromages.

Côtes du Frontonnais

Deux anciennes appellations VDQS, Fronton et Villauric sont devenues AOC en février 1975 sous le nom de Côtes du Frontonnais. Situé aux portes de Toulouse et de Montauban, le vignoble s'étage sur d'anciennes terrasses du Tarn entre le Tarn et la Garonne. Le sol est pauvre, graveleux et sec. Le fer et le quartz prédominent, ils donnent aux vins toute leur plénitude et leurs arômes fruités et floraux. Le vignoble couvre environ 2 000 hectares pour une production sensiblement proche de 80 000 hectolitres. La superficie dans les prochaines années devrait avoisiner 2 800 hectares et le potentiel de production devrait être de 140 000 hectolitres. La particularité des

Patrice Lescarret
81140 Vieux

Château Bellevue la Forêt
31620 Fronton

Michel Guérard
40320 Eugènie Les Bains

Côtes du Frontonnais est liée à la présence d'un cépage : la Négrette. C'est un cépage très ancien dont la région a gardé l'exclusivité au cours des siècles. Cépage principal (50 à 70 %) des vins rouges et rosés, il est à l'origine du fruité et de la finesse caractérisant les vins des Côtes du Frontonnais. L'encépagement est complété à 25 % par les cépages Cabernet Franc, Cabernet Sauvignon, Syrah, Fer Servadou, Cot ou Merille, à 15 % par les cépages Gamay, Cinsault ou Mauzac.

Les côtes du Frontonnais rouges sont des vins fruités, souples et délicats, à la robe rubis, aux arômes prononcés à dominante de cassis ou de pruneau pour les vins jeunes. Les vins rouges, souples et fruités, parviennent rapidement à leur plénitude. Les millésimes vieillissent harmonieusement en cave de quatre à sept ans. Les vins rouges jeunes servis à 14° se marient à merveille avec les viandes grillées ou rôties et les fromages Pyrénées. Les vins rouges millésimés, plus généreux, se dégustent à 16° ou 17° avec les cassoulets, les confits, les pièces de viande et de gibier.

Les vins rosés ont une robe légère et un nez fin, très aromatiques. Ce sont des vins distingués et harmonieusement équilibrés. Les vins rosés sont des vins à boire jeunes et seront à servir frais à 8° ou 10° maximum. Ils accompagnent les poissons, la charcuterie et en été tout un repas.

Lavilledieu

Ce VDQS, produit entre Tarn et Garonne et les villes de Castelsarrasin et Montauban, est une petite appellation d'un vin rouge proche du FrontonnaisEntre Montauban et Castelsarrasin, le vignoble de Lavilledieu est limité à 13 communes sur des sols de «boulbène» maigre des Terrasses entre le Tarn et la Garonne. Ces sols de limons fins et silicieux reposent sur un sous-sol de gros cailloutis ou d'alios ferrugineux et durs. Le vignoble V.D.Q.S. couvre environ 150 ha pour un potentiel de 8 500 hectolitres. Un harmonieux ensemble de Négrette (30% maximum), de Cabernet Franc (25 % maximum), de Gamay (25 % maximum), de Syrah (25 % maximum) et facultativement de Tannat (15 % maximum) apporte aux vins de Lavilledieu tous leurs caractères.

Le Lavilledieu rouge a une belle robe cerise ou pourpre lorsqu'il est jeune, nuancé de reflets brique à partir de deux ans. Le nez évoque un bouquet de fruits rouges très agréable, et parfois le fruit confituré. En bouche, ce sont en général des vins tendres, souples et veloutés. Très apprécié jeune, ce vin de garde tout son caractère au vieillissement avec un épanouissement de ses arômes après 4 à 5 ans en bouteille. Les plus charpentés peuvent attendre dans une bonne cave jusqu'à 7 ou 8 ans. Le Lavilledieu rouge doit être servi entre 16 et 18°, il accompagne harmonieusement les plats régionaux (confits, cassoulets, magrets, etc...). La mise en température des vins vieillis doit s'effectuer lentement (48 h) et le débouchage des bouteilles, 1 à 2 heures avant la dégustation.

Le Lavilledieu rosé a une belle robe rose pâle dans les tons pastel. Souvent très typés, ils sont essentiellement à base de Negrette. Au nez, notes florales et fruitées se côtoient, rappelant souvent la grenadine et le bonbon acidulé. En bouche, ce sont en général des vins tendres, souples et veloutés

Tursan

Planté sur des molasses et des sables fauve, le vignoble suit la boucle de l'Adour d'un côté et longe la Gabas de l'autre. Le Tursan est situé aux confins des Landes, de la Gascogne et du Béarn. Mi-landais, mi-gascons, tels sont ses paysans et ses productions. Les sols viticoles sont essentiellement les pentes argilo-sableuses avec affleurements calcaires et molassiques. Les coteaux bien ensoleillés, formés d'éboulis calcaires sont les meilleurs sites du Tursan.

Le vignoble VDQS couvre une superficie d'environ 460 ha pour une production moyenne de 20 000 hectolitres dont 35 % en blanc et 65 % en rouge et rosé.
L'encépagement pour le Tursan blanc est en majeure partie le Baroque (90 %), le Gros Manseng et le Sauvignon (10 %). Ces trois cépages selon le pourcentage indiqué donnent un vin sec, bouqueté, frais et agréable au palais. Le vin rouge du Tursan est produit par le Tannat (40 % maximum) qui donne un vin rouge rond et généreux. L'introduction des cépages Cabernet (60 % minimum) apporte finesse, charme et arôme.
Les Tursans rosés sont à base de Cabernet Franc et Sauvignon.
Le Tursan blanc (10°5 minimum) est sec, fruité, nerveux, il flatte le palais.
Le Tursan rouge (10°5 minimum) est chaud et charpenté, plein de finesse.
Le Tursan rosé (10°5 minimum) est léger, sec, fruité, fort agréable à boire jeune.
Le Tursan blanc doit être bu rafraîchi, il est le vin de début de repas et s'harmonise très bien avec les hors-d'œuvre, crustacés, fruits de mer et poissons. Il peut accompagner également le foie gras issu du même terroir.
Le Tursan rouge doit être servi chambré ; il est l'allié des produits du terroir : magret de canard, foie gras, salmis de palombes. Il est apprécié avec les rôtis de viande rouge, le gibier et les fromages.
Le Tursan rosé doit être bu frais en accompagnement des charcuteries, des viandes blanches, escargots, salades, fromages, glaces et sorbets.

Madiran et Pacherenc de Vic-Bilh

Le Vic Bilh s'étend aux confins des trois départements du Gers, des Pyrénées-Atlantiques et des Hautes-Pyrénées. Les terroirs argilo-silicieux conviennent bien aux cépages blancs pour la production de Pacherenc et les terres argilo-calcaires sont surtout favorables aux cépages rouges qui donnent le vin de Madiran.
La superficie occupée par le vignoble est d'environ 1.600 ha dont 1.400 produisant du Madiran. La production s'établit autour de 75.000 hectolitres pour le Madiran et 8.000 hectolitres pour le Pacherenc. Les grandes bouteilles de Madiran et de Pacherenc moelleux peuvent facilement dépasser dix ans d'âge.

Vignoble du Fronton

Pacherenc du Vic-Bilh

Pays de collines, rattaché au Béarn, le Vic Bilh est à cheval sur trois départements. Cette région de production couvre vingt-huit communes des Pyrénées-Atlantiques, six des Hautes-Pyrénées et trois du Gers. Elle développe deux appellations AOC depuis 1975, un vin rouge, le Madiran, et un vin blanc, le Pacherenc du Vic Bilh.
Le Pacherenc du Vic Bilh est produit à partir de 6 cépages : l'Arrufiat, le Petit et le Gros Manseng, le Courbu, le Sauvignon et le Sémillon. Le Pacherenc provient en grande partie du cépage arrufiac et des cépages courbu, gros et petit manseng, sauvignon, sémillon. Il titre au minimum 12°. Le Pacherenc du Vic Bilh est un vin blanc sec ou moelleux. En sec, il révèle à la fois la fraîcheur des arômes floraux et la maturité des fruits exotiques. En moelleux, le nez exprime avant tout le fruit: nèfles, ananas, écorces d'oranges et le miel. En bouche, il surprend par sa fraîcheur due au passerillage, grains de raisins non botrytisés. C'est un vin légèrement corsé, plutôt sec et fruité, au bouquet subtil et tendre. En sec ou moelleux, le Pache-

Château Laffitte-Teston
32400 Maumusson

Château Laffitte-Ceston
32400 Maumusson

renc valorise très bien les cinq premières années de vieillissement. Le Pacherenc du Vic Bilh doit être servi aux environs de 8 °C. Sec, il est recommandé avec les coquillages et les poissons. Moelleux, il est préférable de le boire à l'apéritif, sur un foie gras ou du fromage de brebis.

Madiran

Robuste, tannique au point d'en être presque noir, c'est un vin « ferme » qui ne prend ses belles qualités qu'après un long vieillissement. Cela donne un vin capiteux à la belle robe d'un rouge profond, long en bouche avec des arômes de cassis et de groseille. Quatre cépages entrent dans la composition des vins de Madiran : le Tannat est le cépage de base (40 à 60% de l'encépagement). Très typé, il donne au vin sa charpente et son originalité.
Riche en tanin, le Madiran est un vin rouge corsé et charpenté. Il est soumis par décret à un vieillissement obligatoire d'un an, avant sa commercialisation. Après deux ou trois ans en bouteille, ses tanins s'assouplissent, et il développe des arômes de fruits noirs, de torréfaction et d'épices. Il atteint son plein épanouissement au bout de quatre à huit années, mais il peut séduire beaucoup plus jeune. Les Cabernets Franc et Sauvignon apportent souplesse, bouquet et finesse ; le Fer Servadou renforce le côté fruité de la palette aromatique. Servi à 17° ou 18°C, le Madiran accompagne très bien viandes rouges, gibiers, ou les fromages. Il se marie à merveille avec les plats régionaux : confit ou magret de canard, entrecôte béarnaise, salmis de palombe, agneau et fromage des Pyrénées.

Côtes de Saint Mont

VDQS depuis 1981, cette appellation est le cœur même du vignoble d'Armagnac, dans le département du Gers, et concerne quarante-neuf communes. Au cœur de la Gascogne, dans le Sud-Ouest du département du Gers, le vignoble des Côtes de Saint-Mont occupe les collines dominant les plaines de l'Adour et de ses affluents. Les pentes est et sud abritent les vignobles de vin rouge. Les sols graveleux sur lesquels les vignes sont conduites en espalier mi-haut permettent l'élaboration des vins de primeur. Sur les terrains argileux, plus lourds, les vignes donnent des vins à caractère très marqué et susceptibles de vieillir avec élégance. Les versants ouest restent le domaine des vins blancs : c'est la nature argilo-calcaire de ces sols qui permet d'obtenir des vins très fins au bouquet subtil. Le vignoble couvre actuellement une superficie de près de 1 000 ha pour une production de 60.000 hectolitres. Pour les vins rouges, les cépages principaux sont le Tannat qui donne corps et aptitude au vieillissement et le Fer Servadou. Les cépages complémentaires sont les Cabernets Franc et Sauvignon. Ils apportent finesse, rondeur et bouquet. Pour les vins blancs, le Gros Manseng, l'Arrufiac et la Clairette auxquels viennent s'ajouter deux cépages peu productifs mais qui confèrent aux vins blancs une finesse et un bouquet prestigieux : le Petit Manseng et le Petit Courbu. Les vins des Côtes de Saint-Mont se boivent jeunes; cependant, certains vins tanniques peuvent vieillir agréablement de cinq à dix ans.
Les vins rouges sont des vins d'une plénitude et d'une ampleur remarquables, rehaussés par une astringence typique. Ils sont de la couleur rouge rubis foncé. Ils ont du corps et sont charnus, mais restent fins, ronds et plaisants. Ils ont du bouquet et du parfum.Les vins rouges jeunes à 16 ou 18°C se marient à merveille avec les viandes rouges.Les vins rouges un peu vieillis doivent être chambrés pour accompagner parfaitement les plats régionaux et les fromages corsés.
Les vins rosés sont parfumés, tendres et fins. Ils finissent en bouche, fruités, vifs, charpentés. Servis à 12 à 14°C, ils sont

parfaits avec les hors-d'œuvre ou la charcuterie.
Les vins blancs sont d'une grande finesse et d'un bouquet remarquable. Très aromatiques lorsqu'ils sont jeunes, ils développent un bouquet complexe au vieillissement. Ils laissent toujours en bouche une impression fraîche et désaltérante. Servis à 10 ou 12°C ils accompagnent merveilleusement les plats de poissons et de fruits de mer.

Béarn Bellocq

Cette AOC (1 975) se subdivise en trois petits secteurs, le premier au sud de la zone de production du Madiran et du Pacherenc, le second autour de Bellocq et Salies-de-Béarn, entre les gaves d'Oloron et de Pau, et le troisième à la limite nord-est du Jurançonnais, près de Mourenx. Le Piémont pyrénéen au relief tourmenté, coupé par des vallées de gaves, offre une grande variété de terrains : zone de flysh, barres de calcaire, molasses et poudingues. Les parcelles sont généralement regroupées sur les pentes et les croupes des coteaux qui les protègent des vents dominants d'Ouest et des gelées printanières. Le vignoble de Béarn-Bellocq profite d'un microclimat alliant la douceur atlantique à une hygrométrie plus continentale. Dès Octobre les raisins achèvent leur maturation sous la caresse du vent du Sud. L'appellation Béarn-Bellocq couvre 160 ha pour une production de 8 000 hectolitres dont 90 % sur la seule commune de Bellocq. Le cépage dominant en rouge et rosé est le Tannat qui apporte aux vins corps et charpente. Les Cabernets Sauvignon et Franc (Bouchy) leur donnent souplesse et bouquet. Cultivé dans le seul terroir de Bellocq, le Raffiat de Moncade au goût caractéristique s'allie avec les Mansengs pour produire les vins blancs. Le rosé à base de Tannat dont la couleur varie du bois de rose pâle au rose framboise, est un vin soyeux, au contour ferme, aux arômes de fruits rouges.
Le rouge Béarn-Bellocq traditionnel, à base de Tannat est un vin puissant et généreux. Ses tanins lui confèrent un bouquet d'une grande finesse après 2 ou 3 années en bouteille. Le rouge Béarn-Bellocq générique a l'accent du Cabernet Franc. C'est un vin gouleyant et charnu. Le rouge traditionnel demande à vieillir. Il s'épanouit au bout de 3 à 5 ans ; les grands millésimes passent le cap de la décennie. Le rouge générique est agréable en vin jeune mais peut se conserver jusqu'à 4 ou 6 années. Le rouge tradition servi entre 16 et 18°C se marie parfaitement avec les produits régionaux : magret, salmis de palombe, fromage de brebis. Le rouge générique se sert entre 14 et 16°C avec les viandes grillées, les volailles, le mouton et les fromages légers. Le blanc de Béarn-Bellocq se sert entre 8 et 10°C sur les poissons, les crustacés ainsi qu'en apéritif, seul ou accompagné de crème de cassis ou de mûre.
Le blanc de Béarn est un vin typé, aux arômes de genêt et de fruits. Un tanin délicat lui assure une belle longueur. Le blanc de Béarn-Bellocq est un vin à boire dans sa jeunesse.
Le rosé, agréable en vin jeune, évolue favorablement pendant les deux premières années. Le rosé de Béarn-Bellocq se sert entre 8 et 10°C du début à la fin du repas. Il accompagne plus particulièrement les charcuteries, les viandes blanches et la cuisine méditerranéenne.

Jurançon

Sur 1000 ha pour une production de 50 000 hectolitres, non loin de Lourdes et de Biarritz, dans une zone de coteaux à une altitude moyenne de 300 m, le vignoble s'étale sur une quarantaine de kilomètres. Il est composé de petites parcelles blotties dans des combes ensoleillées qui s'étagent dans un cadre verdoyant parmi de nombreux palmiers et bananiers, des terrasses

Etienne Brana
64220 Saint Jean Pied de Port

du Château de Pau jusqu'au pied de la grandiose chaîne des Pyrénées. Le terroir est composé de sols silico-argileux riches en galets, poudingues de Jurançon, calcite diamant de Pau, mis en place pendant la formation des Pyrénées. Pour exploiter les meilleurs terroirs souvent très pentus, la vigne est plantée en terrasses prenant quelquefois la forme d'un amphithéâtre. Le climat associe la rigueur montagnarde, ce qui nécessite que la vigne soit conduite en hautain, à la douceur océanique marquée par une bonne répartition des pluies. Le bel été indien du Béarn et le vent du Sud, le Fœhn, permettent le «passerillage» : surmaturation sur pied indispensable à l'élaboration des grands vins moelleux.
Ce sont tous des cépages spécifiques et locaux parfaitement adaptés aux conditions climatiques. Le Gros Manseng (70 %) : cépage de base du Jurançon sec et des Jurançon moelleux jeunes. Le Petit Manseng (25 %) : cépage à petites baies, très apte au «passerillage», produit les grands moelleux de garde. Les Courbu, Camaralet, Lauzet (5 %) apportent une pointe aromatique épicée.
Le Jurançon est ambre et lumière, subtile alliance de la rondeur et d'une fringante pointe de vivacité. Ces vins offrent douceur charpentée et apparente légèreté, gages d'une parfaite harmonie. Ils exhalent des arômes de pêche, de poire, de fleurs blanches, de vanille, de miel, de grillé, de fruits confits. Tous les Jurançon présentent de remarquables aptitudes au vieillissement. Le Jurançon sec offre des vins à la robe dorée, nuancée de vert. Leur jeunesse compose une palette d'arômes frais et longs en bouche : le genêt, l'acacia, les fruits de la passion. Au vieillissement, ils développent des arômes étonnants d'amande grillée, de fruit sec, de truffe. Le Jurançon sec servi entre 8° et 10°C accompagnera coquillages, crustacés, poissons, plus particulièrement le saumon et la truite de montagne, les pibales et bien entendu les charcuteries béarnaises. Le Jurançon se sert à 10° ou 12°C dès l'apéritif. Il se marie parfaitement avec le foie gras, le saumon fumé, le fromage des Pyrénées et les fromages bleus.

Vignes dans l'appellation Irouléguy

Irouléguy

C'est un vin basque, AOC depuis 1970. Ce petit vignoble est situé sur les flancs des vallées de St-Etienne-de-Baïgorry et St-Jean-Pied-de-Port, au cœur du Pays Basque. Les sols conviennent bien à la vigne qui y trouve trois éléments essentiels : argile, silice, calcaire ; les sols argilo-calcaires incluent des galets ronds. Le vignoble couvre quelque 200 ha pour une production de plus de 7.000 hectolitres. Les vins rouges ou rosés d'Irouléguy se composent de trois cépages, les Cabernets Franc et Sauvignon qui donnent au vin sa finesse et son bouquet, et le Tannat qui lui confère couleur, charpente et corps ; tandis que les blancs sont issus des Courbus et des Mansengs. Après une sélection et un tri sévère, les raisins rouges sont vinifiés selon une technique basée sur la durée de cuvaison selon l'origine des grappes et les produits que l'on veut obtenir. Pour les rosés, la cuvaison dure 8 à 10 heures, ce sont des vins d'une nuit. Pour les rouges traditionnels, la cuvaison dure 6 à 15 jours pour obtenir des vins qui exprimeront leur potentiel dans les 5 à 6 premières années. Pour les Domaines rouges, la durée de cuvaison est plus longue afin d'obtenir des vins de garde. Des domaines sont élevés en fûts de chêne pour apporter une plus grande complexité de parfums et de tanins. Pour les blancs, dont la fermentation est relancée après une vinification traditionnelle, on obtient des blancs secs frais et très fruités.

Les vins rosés se consomment dans l'année qui suit les vendanges.Les vins rosés d'Irouléguy sont à boire jeunes, frais entre 9° et 12 °C et accompagnent bien les omelettes, les piperades ainsi que les poissons et fruits de mer.

Les vins rouges basiques se consomment deux ans après les vendanges et s'expriment dans les cinq ans. Les Domaines rouges tels le Domaine de Mignaberry ou le Domaine Iturrixte sont des vins de garde, de même que le Domaine Arretxea ou le Domaine Ilarria ou le Domaine Brana. Les vins rouges jeunes seront de préférence consommés entre 15° et 18° C et débouchés plusieurs heures avant de les servir. Ils s'harmonisent bien avec la charcuterie et les viandes rôties et plus particulièrement l'agneau , ou bien avec un fromage de brebis. Les Domaines rouges se consomment entre 17° et 20° C et accompagneront viandes rouges en sauces, gibiers, venaisons, fromages et pourquoi pas du foie gras.

Les vins blancs se consomment entre 8° et 12° C et mettront en valeur les poissons et crustacés voire de la charcuterie.

Coteaux du Quercy

Le vignoble se situe à 80 Km de Toulouse, sur deux départements : le Nord du Tarn et Garonne et le Sud du Lot. Installé sur 33 communes, dont le Terroir est des Argilo-calcaires en majorité et des Boulbènes chaudes. On y trouve des vins rouges et rosés Le vignoble couvre 400 ha pour 20 000 hectolitres produits par 27 embouteilleurs, dont 3 caves coopératives. Le cépage principal est le Cabernet Franc (40% minimum, 60% maximum), qui confère au vin le corps, la charpente. Les cépages secondaires peuvent être le Merlot, le Cot, le Tannat et le Gamay, sans qu'ils ne dépassent 20% chacun. Les vins rouges se caractérisent par leur générosité en bouche, ils sont amples, bien charpentés et très aromatiques.Les vins rouges atteignent rapidement leur plénitude, ils sont donc à boire jeunes entre 3 et 5 ans. Les vins rouges accompagnent très bien les viandes et les fromages. Ils se marient très bien avec les plats régionaux.

Les vins rosés sont acidulés, très fruités. Ils sont à boire jeunes en étant servis frais.Ils peuvent accompagner à la fois les entrées ou un repas entier. Ils sont très appréciés en apéritif.

Etienne Brana
64220 Saint Jean Pied de Port

Chinon
CHINON
CHINON
CHINON

Sommaire :

La Loire est le fleuve qui est l'élément fédérateur de plusieurs vignobles à la production très diversifiée. Dans cet ensemble de particularités régionales, les vignobles se sont développés sous un climat à tendance continentale. L'harmonie entre cépages et terroirs est exceptionnelle car quelques des grands cépages de la région ont trouvé leur origine en Val de Loire, alors que beaucoup d'autres viennent de l'est ou du sud-ouest de la France. L'originalité des vins de cette région provient de ce qu'ils sont, pour la plupart, issus d'un cépage unique.

Les vignobles de la vallée de la Loire et du Centre

Née des entrailles du mont Gerbier de Jonc et grossie par l'Allier, la Loire constitue un trait d'union entre des vignobles bien différents. Sur près de 1 000 kilomètres, elle agit comme un régulateur thermique bien bénéfique à la culture de la vigne. Les vignobles, intimement liés aux particularités du relief et du climat, forment de véritables individualités dans la grande région viticole de la vallée de la Loire et du Centre. En remontant le fleuve de son estuaire vers sa source, quatre grandes régions vont se différencier les unes des autres.
Tout d'abord, les deux premières constituées du Pays Nantais, de l'Anjou-Saumurois auquel peuvent se rattacher les vignobles du Haut-Poitou, géologiquement proches du Massif Armoricain, s'associent à un climat océanique qui atténue les variations saisonnières.
La Touraine ensuite, au sous-sol en craie de tuffeau, bénéficie d'un climat semi-continental. Il convient de compléter cette région avec les vignobles de l'Orléanais, de Cheverny et des Coteaux du Loir.
Enfin les vignobles du Centre constituent la quatrième région, différente des autres par ses sols et son climat. Elle est assez proche des vignobles voisins de Chablis.

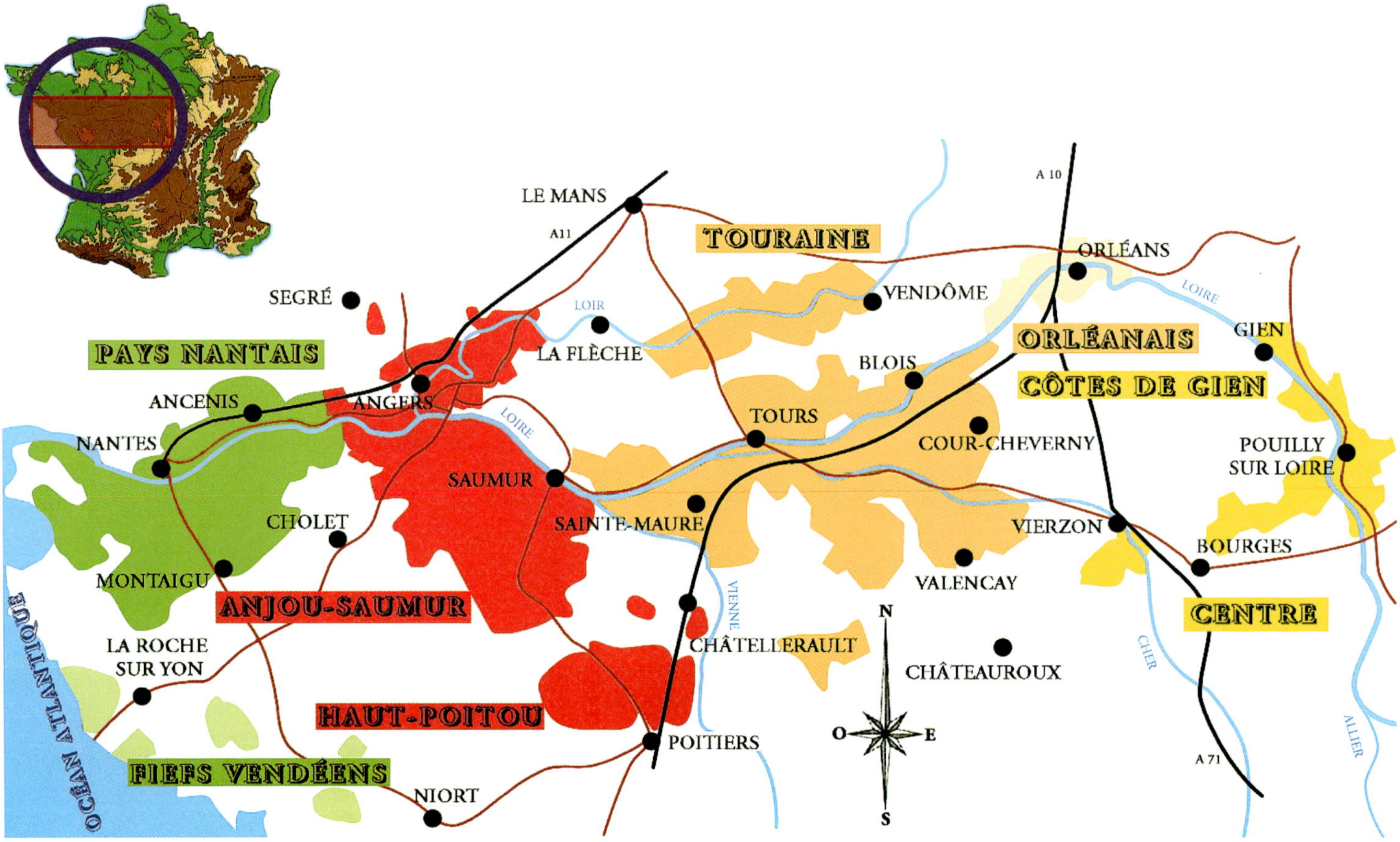

LES TERROIRS ET LES APPELLATIONS

Un seul trait d'union, la Loire et ses affluents, Cher et Allier, réunit les vignobles de ce territoire.

L'AUVERGNE

Le vignoble d'Auvergne occupe 941 hectares classés VDQS. Il se répartit sur 2 zones viticoles distinctes, les Côtes d'Auvergne, situées dans le département du Puy-de-Dôme et le Saint-Pourçain, vignoble bourbonnais de l'Allier limité à la Région de Saint-Pourçain Sur Sioule.

LE CENTRE

Les sols calcaires de cette région viticole portent un nombre restreint de cépages : Tresallier, Chasselas, Sauvignon pour les blancs, Pinot-Noir et Pinot-Gris pour les rouges. L'Orléanais quant à lui est consacré au Pinot-Meunier qui donne le très exclusif Gris Meunier.

L'ANJOU

Cette région produit toute la gamme possible des vins. On y trouve des vins blancs, des rouges, des rosés secs ou moelleux ainsi que des vins effervescents. Pour ce faire, on y cultive les cépages Chenin, Grolleau, Chardonnay, Gamay et Cabernet mais les meilleurs rouges seront issus des encépagements en Cabernet-Franc et Cabernet-Sauvigon.

LE SAUMUROIS

La région est caractérisée par un terroir constitué de sols calcaires et légers dans lesquels se plaisent les cépages Chenin qui produits des blancs secs et nerveux, Gamay, Cabernet-Franc, Cabernet Sauvignon et Grolleau pour les rouges.

LA TOURAINE

Célèbre depuis bien longtemps, le vignoble commence à profiter de l'évolution des pratiques culturales et œnologiques. Le terroir varié d'une texture proche de celle du Bassin Parisien, mêle l'argile au calcaire, avec parfois des graviers alluvionnaires dans les vignes proches des rives de la Loire. L'encépagement est réalisé majoritairement en Gamay avec une présence plus ou moins marquée du Côt nommé localement Malbec et du Cabernet. Ils produisent des vins rouges de bonne composition, certaines appellations pouvant atteindre une qualité remarquable. Les blancs sont issus des cépages Chenin, Sauvignon et vont du blanc sec au liquoreux en passant par les effervescents. Les rosés issus de Pinot d'Aunis, de Gamay et des Pinots Noir, Gris et Meunier sont tout en fraîcheur quoiqu'un peu secs.

LE PAYS NANTAIS

L'aire de production s'étend sur les départements de la Loire Atlantique et déborde sur la Vendée avec les Fiefs Vendéens. Les vignes sont établies aux flancs de coteaux ensoleillés, dans des sols légers et caillouteux. Le cépage Melon de Bourgogne qui prend ici le nom de Muscadet, règne en maître. Il est à la base des vins blancs secs et légers de cette région qui possède trois A.O.C. proches l'une de l'autre : Muscadet, Muscadet de Sèvres-et-Maine, Muscadet des Coteaux de la Loire. Elles sont complétées par les V.D.Q.S. Ancenis, Gros-Plant et Fiefs Vendéens.

Le vignoble d'Auvergne est un vignoble ancien qui produit depuis bien longtemps des vins de qualité qui gagnent à être connus.

Côtes d'Auvergne

Au pied des volcans, sur ce terroir unique, s'étend un vignoble qui commence à la commune de Saint Bonnet et se déroule jusqu'à Issoire. Des trois régions qui faisaient autrefois la réputation de ces vins d'Auvergne, connus depuis les Romains, ne subsistent aujourd'hui que Le Grand Vignoble, qui s'étire sur une quinzaine de kilomètres entre Issoire et Clermont, et celui de Riom qui réunit autour de cette ville, sur un sol essentiellement volcanique, quelques-uns des vins les plus réputés : Boudes, Chateaugay, Corent, Chanturgue, Madargue. L'appellation recouvre quelque 600 hectares. L'encépagement est réalisé en Gamay et Pinot Noir pour les rosés, en Chardonnay pour les blancs. Les vins sont charnus et frais, marqués par un léger goût de terroir. Ils gagnent à être bus assez frais et dans l'année. Les gris d'Auvergne très pâles et très secs sont de bonne notoriété. Les vins de Côtes d'Auvergne

Saint-Pourçain

Le vignoble couvre 550 hectares, étalés sur 19 communes entre Moulins et Chantelle. Il donne traditionnellement une production de vins blancs tranquilles et effervescents. L'encépagement est constitué à 95 % de Gamay, à 2 % en Pinot et 3 % en Chardonnay. La région voue un culte particulier à un cépage local : le Tressalier, valorisé par les spécificités de ce terroir. La grande réussite de ce V.D.Q.S. est sa production de vins rouges légers et fruités, nés d'un assemblage de gamay et de pinot noir. Des rosés et des blancs sont également produits.
En règle générale, les vins de Saint-Pourçain se boivent jeunes, c'est-à-dire dans les 2 ans qui suivent leur récolte. Les rosés et les blancs se dégustent à 8 °C et les rouges à 12 °C. À table, ils s'associent aux fromages d'Auvergne et sont d'un bel effet sur des poissons pour les blancs, sur de viandes pour les rouges.

MENETOU-SALON

Menetou-Salon, situé au nord-est de Bourges, est à coup sûr la plus agréable entrée en matière du Sancerre. Ce vignoble qui appartint aux ducs de Berry et à Jacques Cœur fut promu au rang d'AOC en 1959, pour ses vins blancs, rouges et rosés. L'aire d'appellation s'étend sur le territoire de dix communes dont deux sont à vocation viticole, Menetou et Morogues. Le Menetou-Salon est un vin agréable.

CHÂTEAUMEILLANT

Au sud-ouest de Saint-Amand-Montrond, s'étend l'appellation V.D.Q.S. Châteaumeillant dont la surface de production ne dépasse guère les 80 hectares. Le vignoble est connu pour son vin gris issu du pinot noir et du gamay, un rosé finement bouqueté, plutôt vif et au coloris très clair.
Les rouges de gamay produits en petite quantité sont fruités et gouleyants.

COTEAUX DU GIENNOIS

Pour ce V.D.Q.S. en pleine renaissance, sa centaine d'hectares de vignobles classés se situe sur la rive droite de la Loire entre Gien et Cosne-sur-Loire. La prospérité du vignoble, longtemps dépendant des abbayes de Saint-Benoît-sur-Loire et de la Charité, correspond à l'ouverture du canal de Briare au XVIIe siècle.
La vigne occupe aujourd'hui les coteaux de la Loire, produisant à partir du gamay et du pinot noir des vins rouges de cépage ou d'assemblage, légers, fruités et peu tanniques. Les blancs sont d'honnêtes Sauvignon demandant deux ou trois ans pour être mieux appréciés.

POUILLY SUR LOIRE, POUILLY FUMÉ

Le Nivernais, sur la rive droite de la Loire et légèrement en amont de Sancerre, abrite deux prestigieux AOC depuis 1937. Le Blanc Fumé de Pouilly ou Pouilly Fumé, produit par un seul cépage, le blanc fumé qui n'est autre que le Sauvignon, et le Pouilly-sur-Loire, issu du Chasselas, avec ou sans sauvignon. Le Pouilly Fumé, au contraire, est en pleine extension. Son aire de production recouvre 1 000 hectares avec une délimitation fort précise des crus. Ce vin rond, au bouquet puissant, aux arômes fins, poivrés et fumés, à la bouche souple et ample et à la sécheresse de pierre à fusil, est devenu un grand vin à part entière. Le goût bien typé de fumé est dû au terroir et à l'utilisation du cépage Sauvignon. Les sols d'argiles à silex donnent le corps si typique de cette appellation. Dans d'autres appellations, le même cépage produit des vins bien différents. Le raisin à la vendange est entouré d'une fine pellicule grise appelée *Pruine.* Lorsque les grappes sont vendangées, une fumée composée de champignons microscopiques se dégage. Ces champignons se présentent sous la forme de petits points noirs à la surface des grains. Le nom de fumé provient certainement de cela.
Ce sont des vins secs qui se dégustent frais, à une température de 8 à 10 °C. Ils conviennent sur des plats de crustacés, de poissons ou sur des entrées de pâtés. En cave, les Pouilly se conserveront volontiers de 4 à 6 ans.

DOMAINE MASSON-BLONDELET
58150 POUILLY SUR LOIRE

DIDIER DAGUENEAU
58150 SAINT ANDELAIN

Sancerre

Qui ne connaît la réputation du Sancerre, son site exceptionnel, une butte dominant la Loire à laquelle s'accroche le vignoble, l'alliance gastronomique entre le crottin de Chavignol et un vin au bel or vert, à l'arôme de pierre à fusil, à la sécheresse et à la fraîcheur légendaires.

Vers 1900, la superficie du vignoble dépassait 1 900 hectares. En 1960, l'AOC Sancerre ne représentait plus que 600 hectares. Depuis, c'est au rythme d'une progression de 4 % l'an que le vignoble se reconstitue. Aujourd'hui, il est de 1 800 hectares, loin encore des 3 000 hectares de son potentiel d'extension. L'aire d'appellation englobe dix villages, Baunay, Bué, Crézancy, Menetou-Râtel, Ménétreol, Montigny, Thanvenay, Veaugne, Vigny, Vinon, avec trois crus renommés. Ce sont des vins très fins d'arôme, concentrés, solides, remarquables par leur pointe de moelleux qui fait merveille sur des crottins de chèvre frais ou secs, reconnus AOC eux aussi, mais plus tard, en 1976. Si le sauvignon domine les collines de Sancerre, dont certaines sont si pentues qu'il faut l'aide d'un treuil pour y travailler, le pinot noir, environ un cinquième de la récolte, toujours un peu timide, gagne en notoriété par ses vins au bouquet de fruits rouges, à la saveur souple, fruitée.

G.A.E.C. DU CLOS DE LA ROCHE BLANCHE
41110 MAREUIL

Le vignoble et la propriété d'Henry Marionnet à Soings dans le Loir et Cher.

LA TOURAINE

La Touraine géographique commence à Blois . Elle suit la Loire jusqu'à Montsoreau, étendant son appellation à ses affluents, le Cher, l'Indre et la Vienne.
Mais la Touraine viticole se concentre surtout sur deux départements. L'Indre-et-Loire qui, par un hasard extraordinaire, affiche la forme d'une feuille de vigne, possède tous les grands crus, laissant au Loir-et-Cher les appellations régionales.
Le Cabernet franc est ici chez lui, avec sa superbe déclinaison de vins rouges à la robe intense.
Quant au Chenin blanc, il n'a jamais mieux prospéré que sur ces fameux mélanges de sable siliceux, d'argile et de calcaire, donnant de très grands vins blancs secs et liquoreux. Les prestigieux AOC de 1936,Chinon, Bourgueil, Vouvray, ne doivent pourtant pas faire oublier des appellations plus récentes, ces Touraine, Amboise, Mesland, Azay-le-Rideau ou même Cheverny, jusqu'au très berrichon vignoble de Valençay.
L'appellation Touraine se déroule sur 8 175 hectares. Elle est réputée pour produire des Gamay particulièrement aromatiques et des joyeux Sauvignons. Au cœur du vignoble, dans la vallée du Cher, ce sont les Gamay qui dominent. Ils apportent les saveurs épicées et fruitées. À côté de ce cépage voisine le Côt bien sûr, mais aussi le Cabernet. Tous deux amènent la charpente nécessaire aux vins d'assemblage.

AZAY LE RIDEAU

Ce vignoble modeste de 100 hectares encépagé en Chenin pour les vins blancs et en Grolleau, assemblé avec les Chenin pour les vins rosés, produits des vins de belle qualité.

Le vignoble de Touraine à Francueil.

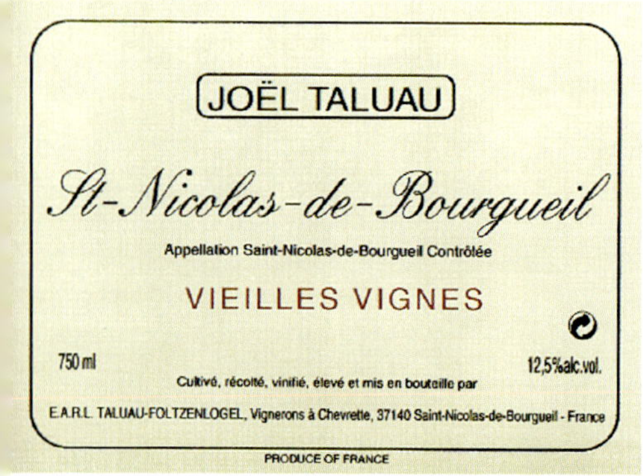

JOËL TALUAU
37140 SAINT-NICOLAS-DE-BOURGUEIL

BOURGUEIL
SAINT-NICOLAS-DE-BOURGUEIL

De Tours, pour gagner Bourgueil, empruntez la nationale 152, construite sur la levée du fleuve. Une fois passé Langeais, prenez la départementale 35. C'est la route des vins, une route qui vous fera traverser une multitude de territoires minuscules composant l'aire d'appellation, avec pour seul point de repère le nom des communes : Saint-Nicolas, Saint-Patrice, Ingrande-de-Touraine, Restigné, Berrais, La Chapelle, Chouzé-sur-Loire et, à l'ouest de celles-ci, Bourgueil.
Entre les sables alluvionnaires et les plateaux forestiers, le vignoble se déroule sur deux appellations. Les deux vignobles, qui dépendaient autrefois de l'Anjou, occupent une bande de quinze kilomètres de long, perpendiculaire à la Loire, de Saint-Patrice à Montsoreau. Comme à Chinon, le vignoble se concentre sur la vaste terrasse alluviale en bordure de Loire, donnant des vins de gravier, tôt faits, plus fins et plus fruités que ceux des coteaux de tuffeau. Ces derniers se rencontrent plus au nord, à la hauteur de Bourgueil et de Saint-Nicolas-de-Bourgueil. Ces vins, à l'opposé des précédents, sont plus durs dans leur jeunesse mais peuvent admirablement évoluer après quelques années de cave. L'appellation Bourgueil couvre 1 200 hectares. Les vignes sont étagées sur des pentes et des coteaux en pente douce.
L'appellation Saint Nicolas de Bourgueil couvre une superficie de 920 hectares. Elle produit, comme la précédente, des vins rouges et quelques rosés à partir d'un cépage unique, le Cabernet-Franc.
Les rouges fruités et aromatiques se consomment plutôt dans leur jeunesse mais qui supportent bien quelques années de cave.

PIERRE CASLOT
37140 RESTIGNÉ

CHINON

« Je scai où est Chinon et la Cave Paincte, aussi j'y ai bu maints verres de bon vin et frais » disait François Rabelais.

SERGE ET BRUNO SOURDAIS
37500 CRAVANT-LES-COTEAUX

Le vignoble chinonais s'étend sur 1 500 hectares entre la Loire et la Vienne sur le pays de Véron. Né de la confluence de la Vienne et de la Loire, ce pays présente l'une des plus originales appellations de Touraine. Il longe la vallée de la Vienne jusqu'à Crouzille, se concentrant principalement sur la rive droite la mieux exposée. Chinon, dont la forteresse dresse ses orgueilleux remparts en surplomb de la Vienne, est le cœur de l'appellation. Le vignoble de Chinon s'étend sur plus de 2000 hectares dont les sols sont majoritairement composés de graviers et tuffeau donnant leur caractère à ce vin. Le terroir compte deux types de grands vins. Ceux des sols peu profonds seront riches et tanniques. Dans d'autres communes aux terres profondes et aux coteaux plus intimes, le cépage donne des vins aux parfums délicats de violette associée à la fraise des bois. Sous une robe de pur rubis, la bouche se révèle friande et souple, avec le rappel permanent du sol par un goût très prononcé d'humus et de truffe. Comme à Bourgueil, un palais averti saura distinguer entre le vin des terrasses et celui des coteaux. Ces derniers, sur des sols argilo-calcaires ou argilo-siliceux, apportent des vins puissants bien charpentés, aptes à bien vieillir. Le vin de terrasse provenant des terrains de graviers et de sable, à dix mètres au-dessus du niveau de l'eau, sera plus fin, plus fruité, à consommer sans trop attendre. Un Chinon blanc produit à base du cépage Chenin est assez confidentiel, l'encépagement ne représentant que 1 % de la production totale.

SERGE ET BRUNO SOURDAIS
37500 CRAVANT-LES-COTEAUX

Noble-Joué

Situé au sud de Tours, le petit vignoble de Noble-Joué n'est plus entretenu que par une petite poignée de vignerons attachés à la tradition. Il produit un vin rosé aux saveurs assez heureuses.

Touraine-Amboise

Situé de part et d'autre de la Loire, le vignoble produit une large gamme de vins. L'encépagement est des blancs permet de produire des vins proches des Vouvray et des Montlouis. Les rouges et les rosés sont eux très proches de l'appellation Touraine. AOC depuis 1955, cette appellation de 200 hectares que domine le château royal d'Amboise est surtout réputée pour ses blancs particulièrement frais, fruités et légers, comparables à ceux de Montlouis.
La production en est équitablement répartie ; le gamay, le Côt et le cabernet semblent apprécier ce terroir constitué d'un sol de « perruches ». Louis XI, qui, dit-on, le goûtait fort, ordonna, en 1463, de le vendre avant tout autre vin sur le marché de Tours.

Montlouis

Face à Vouvray, sur l'autre rive de la Loire, le vignoble de Montlouis, 350 hectares, dont le vin fut longtemps le Vouvray de Montlouis, occupe la région entre Loire et Cher jusqu'à Tussault, à quelques kilomètres d'Amboise. Il est très similaire à son voisin Vouvray ; Même cépage unique le Chenin, mêmes types de vins tranquilles ou effervescents. S'il fallait les comparer, on noterait que les Montlouis sont moins corsés et qu'ils ont un caractère plus minéral. Les vins sont produits à partir de Chenin blanc.

Jacky Blot
37200 Montlouis-sur-Loire

Touraine-Cheverny

Au XVIIIe siècle, Cheverny était un vaste vignoble produisant des vins légers, pour l'approvisionnement de Paris.
Aujourd'hui, de ces vins de Sologne, il ne reste que cette appellation V.D.Q.S. (depuis 1 973) dont les 350 hectares se concentrent autour de Cour-Cheverny, haut lieu du tourisme pour son splendide château du XVIIe siècle, et de Mont-près-Chambord qui, sur les bords du Cosson, voit se dresser le plus fastueux et le plus grandiose château de la Renaissance.
L'appellation couvre des vins tranquilles, rouges ou blancs, et des vins effervescents obtenus par assemblage à partir de dix-neuf cépages. Les blancs, issus des Che-

nin, Sauvignon, Chardonnay, les plus représentatifs de l'appellation.
Ce sont des vins secs, vifs, aux arômes végétaux, bien adaptés au vieillissement. À noter également les rouges obtenus à partir du gamay, cabernet sauvignon, cabernet franc, pinot noir, Côt, et les rosés issus du pineau d'Aunis et du pinot gris.

Touraine-Mesland

Le long de la Cisse, le vignoble s'ouvre par la commune de Monteaux. Cette appellation de 350 hectares produit toute une gamme de vins. Le terroir d'argile à silex est largement recouvert de sables. Les vins rouges sont assemblés avec du Gamay, Cabernet Franc et Côt. Les rosés sont issus des Gamay et les blancs du Chenin complété par les cépages secondaires Sauvignon et Chardonnay. Ces vins sont dans les caractéristiques de l'appellation Touraine.

Valençay

Le petit vignoble de Valençay produit sur 130 hectares une gamme de vins à boire dans leur prime jeunesse. Ils vont très bien avec un plateau de fromages. Leurs saveurs sont semblables à celles de l'appellation Touraine, avec laquelle ils partagent d'ailleurs les mêmes cépages.

Vallée du Loir

Le vignoble de la Vallée du Loir couvre les deux côtés de cet affluent de la Loire. Il se compose des appellations Coteaux du Vendômois, Coteaux du Loir et Jasnières. Il produit des vins rouges, des vins rosés et des vins blancs. Les rosés sont issus du Pineau d'Aunis, cépage rouge à jus clair. Il donne un vin rosé à la robe pâle mais aux arômes très fins. Associé au Gamay, au Côt ou au Cabernet, il donne des vins rouges de belle constitution. Les blancs, vinifiés en secs, sont issus de Chenin.

Vendômois

Le vignoble de l'appellation Coteaux du Vendômois concentre 156 hectares de vignes alignées parfois au pied de falaises. De nombreuses caves troglodytiques parsèment la région célèbre par la forteresse médiévale de Lavardin.

Coteaux du Loir

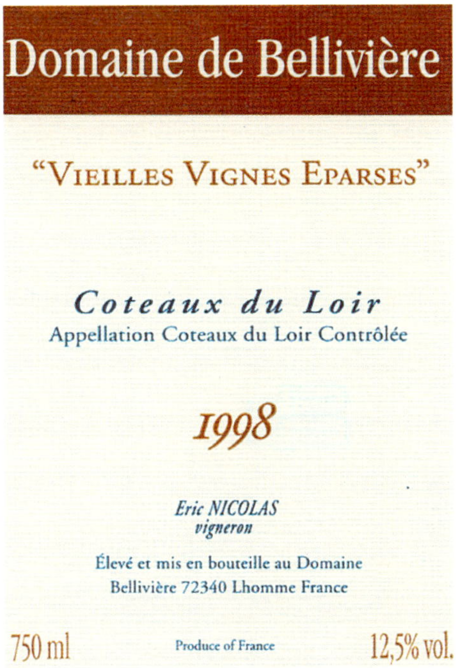

Éric Nicolas
72340 Lhomme

Entre pâturages des fonds de vallée, la route touristique s'enfonce dans un vignoble de 70 hectares. Ici encore, la région est connue pour un superbe château, le château du Lude, célèbre pour ses quatre façades d'époques différentes.

Jasnières

Curnonsky qualifiait les vins de cette appellation comme le meilleur vin du monde trois fois par siècle. Issue du cépage Chenin, la production est confidentielle. Seule une quarantaine d'hectares bénéficient de l'appellation.

Vouvray

Ce prestigieux vignoble d'environ 2000 hectares s'étend en amont de Tours, sur le versant nord de la Loire, aux portes mêmes de la ville. De Rochecorbon à Vouvray, il surplombe ces falaises truffées d'habitations troglodytiques et de caves, pour longer le cours de la Cisse jusqu'à Vernou. Là, le vignoble se scinde en deux, vers Noisay et le long de la Brenne, à côté de Chançay et Reugny. Le Vouvray, tranquille ou effervescent, est le fruit d'un seul cépage, le Pineau de la Loire ou Chenin. Sur un socle de tuffeau au sol argilo-siliceux ou argilo-pierreux riche en silex, il donne la plus exceptionnelle variété de vins blancs de toute la vallée.

Les Vouvray secs sont souples, gouleyants, fruités et quelque peu mordants dans leur jeunesse. Une dizaine d'années de cave suffit à leur plein épanouissement.

Les Vouvray demi-secs se réservent les bonnes années ensoleillées. À garder une quinzaine d'années en cave.

Les Vouvray moelleux, voire liquoreux, sont rares car ils ne proviennent que des grandes années propices à la sur maturité des raisins vendangés pas tris successifs.

Ils deviendront alors des vins de légende qui se conservent en cave vingt, trente ans et quelquefois plus, des vins onctueux, puissants, marqués par des arômes de verveine et de citron confit, avec en bouche la saveur d'abricot sec, de coing et d'épices.

Lors des années médiocres, le Vouvray est traité en pétillant ou en mousseux, élaborés selon la méthode champenoise.

Philippe Foreau
37210 Vouvray

L'Anjou

La vigne sculpte le paysage et laisse partout sa marque. Ici, comme partout dans la région, le Cabernet Franc règne en maître sur les quelque 1 700 hectares des deux appellations, même si un peu de cabernet sauvignon est encore toléré. Surprenant vignoble angevin, trop peu connu. Le vaste vignoble s'étend sur 20 000 hectares entre la Touraine et le Saumurois. Son climat tempéré favorise une étonnante diversité de vins. Un seul département, le Maine-et-Loire, regroupe à lui seul 95 % des 15 000 hectares et la plupart de ses dix-sept appellations.
Ce vignoble produit avec bonheur tout ce que le vin peut donner : des blancs – ces grands liquoreux que sont les Layon, les Bonnezeaux, les Quarts de Chaume, les Savennières – jusqu'aux Sauternes les plus prestigieux. Vinifiés en demi-secs, doux, moelleux ou liquoreux, ils sont fins, délicats, généreux... de merveilleux vins de garde. L'Anjou jouit de belles arrière-saisons ensoleillées et humides qui favorisent la sur maturité du raisin, grâce au développement de la pourriture noble. Un procédé de vinification va alors concentrer dans le vin plus ou moins de sucre résiduel. Plus le taux de sucre est élevé, plus le vin est liquoreux. De tels vins méritaient un cépage exceptionnel : le Chenin Blanc, appelé localement Pineau de la Loire, cépage semi-tardif qui apporte générosité et résistance et donne à l'Anjou et à la Touraine ses plus grands liquoreux.
Pour beaucoup, l'Anjou rime encore avec rosés, qu'ils soient moelleux, superbement fruités comme les Cabernet et les rosés d'Anjou, ou bien plus secs et plus frais comme les rosés de Loire ou les Cabernet de Saumur, tous issus du Cabernet et du Grolleau.
Les grands gagnants de ces dix dernières années sont, sans aucun doute, les vins rouges : Saumur, Saumur-Champigny, Anjou rouge, Anjou-Villages, obtenus à partir de deux cépages, le cabernet franc et le cabernet sauvignon. Enfin, cette carte des vins ne pouvait s'achever sans évoquer les vins de fête, les blancs effervescents et les rosés en pleine gloire : Saumur brut ou Crémant de Loire, qu'ils proviennent d'une lente fermentation en bouteille ou qu'ils vieillissent sur leur lie un an au minimum. Si l'Anjou jouit d'un climat si doux qu'il permet l'épanouissement en pleine terre de camélias et de palmiers, il faut aussi y ajouter les remarquables qualités de son sous-sol.
Il donne les vins de tuffeau sur un socle calcaire recouvert d'argile à silex, de dépôts alluviaux ou sableux, et les vins d'ardoise sur des schistes, des grès et des calcaires du Massif armoricain entaillé par les vallées du Layon et de la Loire.
Chaque région de France à son verre. L'Anjou aussi. Le verre a vin d'Anjou a été créé par un vigneron, Louis Mignot. Son fond large et plat permet de contempler la limpidité des vins blancs des coteaux pour lesquels il a été conçu. Les blancs d'Anjou sont des vins secs issus du cépage Chenin qui leur donne un nez frais aux senteurs de buis et de sureau.

Anjou

Cette AOC depuis 1936 couvre 8 000 hectares répartis essentiellement sur le Maine-et-Loire. On fait de moins en moins de rosés et de plus en plus de vins rouges issus du cabernet franc et du cabernet sauvignon. Grâce à une macération plus courte, les Anjou sont des vins frais, aromatiques, au point de s'exprimer davantage dans leur jeunesse, avec de subtils parfums de framboise et de cassis.
Les blancs, plus discrets, aux arômes de pommes ou d'agrumes, sont récoltés sur les sols argilo-schisteux du Layon et de l'Aubance. Ils sont secs et de pur Chenin, avec possibilité pour le vigneron de les adoucir d'une touche de sauvignon ou de chardonnay pour 20 %.

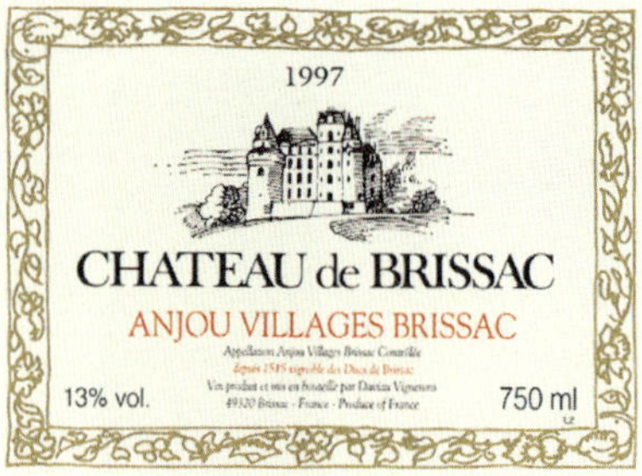

Château de Brissac
49230 Brissac

Château d'Epiré
49170 Savennières

Anjou-Villages

Cette nouvelle appellation (1 987) consacre les meilleurs Anjou rouges tirés du cabernet franc (70 %) et du cabernet sauvignon (30 %). Ils proviennent de quarante-huit communes, sur des terrains schisteux de la vallée du Layon autour de Thouarcé, Tigné, Martigné et de l'Aubance, en aval de Brissac. Une réglementation très stricte sur le rendement (50 hectolitres à l'hectare), un vieillissement en cave ou en fût, une commercialisation qui ne peut débuter que le 15 septembre de l'année suivante, apportent à l'Anjou ses meilleurs vins rouges à la belle robe grenat pourpre tirant sur le rubis. Ils sont plus fermes, plus charpentés, avec des arômes de fruits mûrs et parfois une pointe d'épice. Patientez car quelques années de cave suffisent à les « velouter ». À chaque printemps se déroule le concours des Anjou-Villages dans la grande salle des Gardes de l'impressionnant château de Brissac-Quincé sur la rive droite de l'Aubance.

Anjou-Gamay

N'oublions pas, dans les Anjou rouges, cette appellation issue exclusivement de gamay noir à jus blanc. Les Anjou-Gamay sont élaborés en « primeur », mis en vente après macération carbonique dès le troisième jeudi de novembre avec les vins à cuvaison courte, fruités, frais, gouleyants, à boire dans leur première jeunesse.

Rosé d'Anjou

L'Anjou en produit encore 160 000 hectolitres. Longtemps considérés comme synonymes des vins d'Anjou, ces fameux rosés, issus du Grolleau, subirent le contrecoup d'une baisse de qualité. Aujourd'hui, grâce à une meilleure vinification, on redécouvre avec bonheur ce vin populaire, désaltérant, fruité, agrémenté d'un léger moelleux.

Cabernet d'Anjou

Se battrait-il pour être l'un des meilleurs rosés de France ? Sa réputation n'est plus à faire ; elle date du début du siècle avec les grands vins de garde, aux reflets tuilés, admirablement fruités, au moelleux légendaire. Qualités qui se retrouvent de nos jours dans ces Cabernet d'Anjou vinifiés à l'ancienne, issus des schistes et des faluns des vignobles de Tigné et de Martigné-Briand. Du plus clair au plus pourpre selon la nature du terrain et vinifié en demi-sec, le Cabernet d'Anjou provient exclusivement du cabernet franc et du cabernet sauvignon. Avec obligation d'un degré minimum d'alcool (10°), et d'une teneur en sucre résiduel au moins égale à dix grammes par litre.

Savennières

Avec à peine 100 hectares de vignobles, nous entrons là dans la haute aristocratie des meilleurs vins blancs de France.

À situation exceptionnelle, vin exceptionnel. Savennières, aux portes d'Angers, au nord de la Loire et à l'ouest de la ville, offre à ses coteaux escarpés une exposition plein sud ou sud-ouest, idéale pour une maturation tardive du raisin. Là, le Chenin blanc, sur un relief d'éboulis de schiste et de sable, donne le meilleur de lui-même : des vins au bouquet floral de tilleul avec des notes de vanille, de miel et de fruits secs, dont la fermeté, la nervosité et la finesse, permettent un long épanouissement en cave.

L'appellation englobe les communes de Savennières, nom qui proviendrait de la fleur de saponaire, de Bouchemaine et de Possonnière, célèbre pour son moulin à vent. Parmi les coteaux qui dominent la Loire, le plus élevé est celui d'Épiré, qui s'achève par la fameuse Coulée-de-Serrant avec, sur une vingtaine d'hectares jusqu'à la Roche-aux-Moines, deux des plus prestigieux vignobles d'Anjou autorisés à joindre leur nom à l'appellation Savennières en 1952. On a parlé de véritables pièges à soleil pour ces vignes, détenues à l'origine par les moines de Saint-Nicolas d'Angers, du XIIe siècle jusqu'à la Révolution (la petite ferme du monastère existe encore). Le vin de Savennières, que fit connaître la comtesse de Serrant à la cour de Napoléon, possède comme en Bourgogne ses clos entourés de murs : le clos du Papillon, des Perrières, de la Bergerie, le clos de la Goutte d'Or, etc., produisant des vins d'une extrême finesse et d'une rare élégance, assurément parmi les plus admirables vins blancs de France.

COTEAUX DE L'AUBANCE

L'Aubance est un petit affluent de la Loire qui serpente au sud d'Angers, de part et d'autre de Brissac.

L'aire d'appellation couvre une dizaine de communes : Mûrs, Denée, Soulaines, Vauchrétien, etc., donnant des vins blancs fruités, bien charpentés, légèrement moelleux avec une note minérale. Comparés aux Coteaux du Layon, il leur manque un peu de puissance et surtout la finesse.

COTEAUX DU LAYON

L'une des plus prestigieuses appellations d'Anjou ! Elle couvre 2 000 hectares sur les coteaux du Layon, affluent de la Loire tout au long de ses 70 kilomètres de cours, de la source à l'embouchure, de Cléré-sur-Layon à Chalonnes, port fluvial construit par les Hollandais au XVIIIe siècle. Une vallée qui semble façonnée pour un unique cépage, le Chenin.

À chaque méandre du Layon correspond un terroir différent. Les meilleurs se situent sur la rive droite, de Concourson à Rochefort-sur-Loire, offrant une cascade de grands vins de garde à la complexité aromatique exceptionnelle. Sur les vingt-cinq communes du Layon, sept forment ce qui est appelé les Coteaux du Layon-Villages, produisant de grands vins blancs moelleux ou liquoreux aux parfums délicats de miel et de coing, à la somptueuse teinte d'or vert : Beaulieu, Faye-d'Anjou, Rablay, Saint-Lambert, Saint-Aubin, Rochefort-sur-Loire, et le petit bourg de Chaume.

QUARTS DE CHAUME

Quarts de Chaume rappelle cette coutume médiévale qui réservait le quart de la récolte au propriétaire, en l'occurrence l'abbaye du Ronceray d'Angers, sur un terrain jadis en friche. Ici les Chenins sur mûris et récoltés par tris successifs donnent des blancs moelleux à la robe d'or, des vins merveilleusement parfumés, longs en bouche, atteignant une longévité remarquable. Le vignoble, situé sur la commune de Rochefort-sur-Loire, couvre une trentaine d'hectares sur des pentes schisteuses très accentuées, exposées plein sud, allant du bourg de Chaume jusqu'au bord du Layon.

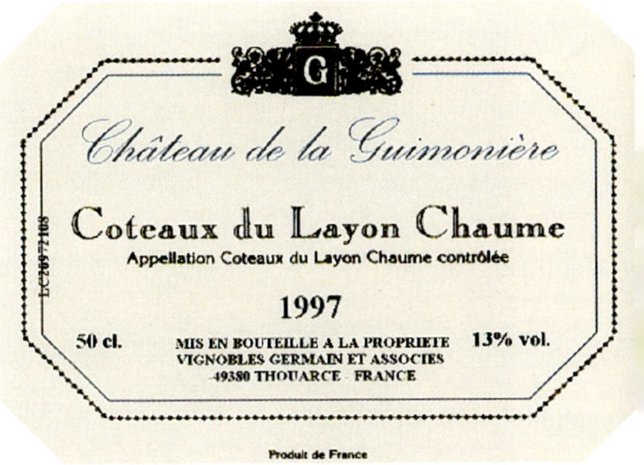

CHÂTEAU DE FESLES
49380 THOUARCÉ

DOMAINE DES BAUMARD
49190 ROCHEFORT-SUR-LOIRE

Saumur

Dans Les très riches heures du duc de Berry, le mois de septembre est illustré par une scène de vendanges au pied du célèbre château de Saumur. Aujourd'hui encore, le Saumurois est réputé pour ses vins aux fins arômes de fruits rouges et au bouquet prononcé de cassis et de framboise.
Sans doute seraient-ils plus proches par leur caractère des vins de Touraine, mais l'histoire en a décidé autrement !
L'appellation est constituée de trente-huit communes pour un bon millier d'hectares de vignes, qui s'étendent de Montsoreau à l'est, jusqu'à Montreuil-Bellay au sud-ouest.
Elle ne concerne que des vins tranquilles, qu'il s'agisse des Saumur blancs issus du chenin associé au chardonnay et au sauvignon ou des Saumur rouges provenant du cabernet franc et du cabernet sauvignon.
Ah ! ce fameux goût de « tuf » (tuffeau), mélange de fraîcheur et de fruité, accentué par un côté très suave qu'on retrouve dans le Chenin blanc, autour de Turquant et Brézé ! Les Saumur rouges, marqués eux aussi par le tuf, sont produits surtout dans la partie méridionale de l'appellation, à Puy-Notre-Dame, Montreuil-Bellay et Tourtenay. Le Cabernet de Saumur qui regroupe 60 hectares, issu du cabernet franc et du cabernet sauvignon, est un rosé à la fois vif, frais et plus sec qu'un Cabernet d'Anjou.
Il est aussi moins coloré car très souvent pressé sans avoir été foulé.

Saumur Mousseux

Quatre-vingt-treize communes, 1 700 hectares de vignes réparties sur trois départements (Maine-et-Loire, Vienne, Deux-Sèvres), sept maisons de négoce et deux coopératives font de Saumur, après la Champagne, le deuxième centre de production de vins effervescents de France avec quinze millions de cols par an.
Il suffisait tout simplement de traiter le vin à la manière champenoise.
Ici, à Saumur, un Blanc de Blanc est fait à 80 % de Chenin, avec un apport de chardonnay ou de sauvignon.
Pour les rosés, le choix des cépages est plus large : Cabernet Franc, Cabernet Sauvignon, Grolleau, Côt, Gamay, Pinot d'Aunis et Pinot Noir.
La méthode champenoise de seconde fermentation en bouteille est strictement respectée. Le vin repose au minimum neuf mois et souvent plus sur ses lies. Un Saumur pétillant, réalisé à demi-pression, a tendance à être plus vineux.

Saumur-Champigny

Voici enfin un vin rouge qui joue allégrement dans la cour des grands, ses voisins tourangeaux. Un vin où le pourpre le dispute au rubis, à l'inoubliable bouquet de violette, à la saveur de framboise, un vin d'une souplesse tout aérienne, gouleyant, enjôleur dans sa jeunesse, aux parfums plus épicés après quelques années de cave, un vin à la mode qu'il suffit de demander sans avoir à consulter la carte.
Imaginez un triangle qui a pour base la Loire et qui irait de Saumur à Montsoreau, et dont la pointe s'enfoncerait jusqu'à Saint-Juste-sur-Dive.
Dans ce secteur, la vigne plantée de cabernet franc occupe la moindre parcelle de coteaux bien exposés, sur un sous-sol de calcaires lacustres truffé de caves et de maisons troglodytiques.
Neuf communes saumuroises se partagent cette appellation, réputée depuis les Romains : Saumur, Dampierre, Souzay-Champigny, Parnay, Turquant, Montsoreau, Varrains, Chacé, Saint-Cyr-en-Bourg. « Un vin pour intellectuels », disait Jules Romains, laissant la tête froide après boire.
Une qualité de plus pour un vin qui n'a décidément pas le triomphe modeste.

Domaine Des Roches Neuves
49400 Varrains

Cave des Vignerons de Saumur
49260 Saint-Cyr-en-Bourg

Pays Nantais

Les vins du Pays Nantais dépendent d'une notion assez large. Situés à l'Est et au Sud de Nantes, ils s'étendent jusqu'à la Vendée. Dans ce vaste territoire, les terroirs sont constitués de terres anciennes mêlées de roches éruptives. Leurs caractéristiques principales sont légèreté, présence de cailloutis, et bonne fertilité. Les coteaux ensoleillés sont exposés aux influences océaniques.

L'appellation générale Muscadet domine. Le Muscadet est bien un vin de terres maritimes. Un vin de l'embouchure de la Loire, entre douceur angevine et brise océane, qui s'extraie de sols légers, peu profonds, sur socle schisteux ou granitique. Regardez sa souche vigoureuse à gros tronc, ses feuilles aussi longues que larges, ses grappes trapues, son bouquet légèrement floral, avec cette pointe musquée qui lui donne son nom.

La proximité de la mer le rend très sec, légèrement salé, avec ce côté perlant, un tantinet acidulé . C'est un vin guilleret qui se boit sans façon et qui accompagne à merveille un plateau de fruits de mer.

Le muscadet sur lie est conservé sans soutirage et repose de l'hiver au printemps. Il exhale des arômes plus riches et plus nuancés. La méthode sur lie consiste à laisser les vins sur leurs levures naturelles, les lies. Les lies se déposent progressivement au fond des cuves mais nourrissent le vin de leurs arômes pendant plusieurs mois. Au soutirage, de fines et légères bulles, le perlant, rehaussent les arômes des vins.

Merveilleux vignobles de 15 000 hectares ! Ils s'étirent le long d'un pays infiniment plat, suivant le fleuve en amont de Nantes jusqu'à toucher la mer à l'ouest, le Maine-et-Loire à l'est, et la Vendée au sud de la Loire-Atlantique. Sur ce vaste territoire, le muscadet en concède 3 000 au gros plant, cette folle blanche qu'il détrôna après le terrible hiver 1 709 où la mer gela tout le long des côtes, détruisant la quasi-totalité du vignoble. Seul le melon (melon pour la forme arrondie de ses feuilles) originaire de Bourgogne résista. Du Muscadet simple, élégant, d'un or très pâle, aux reflets verts, à la teneur en alcool limitée à 12° pour accentuer encore sa fraîcheur, on fit un vin universellement connu qui trouve ici son terroir de prédilection.

Coteaux d'Ancenis

A l'extrême limite du Pays nantais mais pas encore en Anjou, ce vignoble ne dépasse pas 400 hectares. Dans les coteaux d'Ancenis, l'encépagement est réalisé en majorité avec le Gamay noir qui donne un jus blanc. Sont aussi présents les cépages Cabernet Franc et Sauvignon, Chenin, Pinot Gris appelé localement Malvoisie.

Les vins sont tendres et fruités, qu'il s'agisse des rouges, des blancs ou des rosés. À table, ils s'associent aux hors d'œuvre et à la charcuterie.

Fiefs Vendéens

Cette appellation s'étend sur 470 hectares. Elle produit des vins blancs, rosés et rouges. D'une histoire ancienne de la culture de la vigne est née une forte tradition viticole qui s'est perpétuée jusqu'à nos jours. Dans la région de Mareuil, les cépages Gamay, Cabernet, et Pinot sont très présents. Ils donnent des vins fruités aux arrières saveurs de cassis. Dans la région de Brem, l'encépagement est réalisé en Grolleau et Chenin. Ils transmettent aux vins leur limpidité et leur fraîcheur.

Gros Plant du Pays Nantais

Son secteur recoupe celui du Muscadet, mais il se contente des sols sablo-graveleux de Loire-Atlantique et tout spécialement des abords du lac de Grandlieu.

Son unique cépage est le Gros Plant ou

Folle Blanche. Ce cépage a fait son apparition dans le vignoble au XIVe siècle. Ses 3 000 hectares donnent un vin nettement plus vert que le Muscadet. La proximité de l'océan n'est pas étrangère à son goût sec et sa petite saveur iodée. Il est particulièrement conseillé de le consommer frais, de 8 à 10 °C avec des coquillages et tout spécialement avec des huîtres.

Muscadet Sur Lie

En Pays nantais, les vendanges sont précoces, les premières de France. Le raisin peut être vinifié comme pour tous les vins blancs. Pourtant, les deux tiers des Muscadet (et de plus en plus de Gros Plant) portent la mention « sur lie jusqu'à la mise en bouteille » (en juin), effectuée sans soutirage préalable et par simple effet de gravité. À peine remué, le vin conserve une partie de son gaz carbonique qui apportera le perlant, légère effervescence, si typique des Muscadet sur Lie, à l'ouverture de la bouteille.Lors des bonnes années et après une vinification correcte, le Muscadet est un véritable bonheur, finement bouqueté, d'une légèreté presque aérienne, avec une pointe d'acidité et cette remarquable fraîcheur qui fait de ce vin l'un des plus populaires de France.

Muscadet de Sèvre-et-Maine

Les deux tiers des Muscadet proviennent de cette zone de confluence entre Sèvre et Maine. Les meilleurs vignobles, sur des terrains plutôt granitiques, y sont concentrés. Portons maintenant attention au nom des communes les plus réputées, quoique sans appellation communale. Ainsi, Vertou, dont la prospérité a pour origine les moines, qui, dès le XIe siècle, rendirent la Sèvre navigable et plantèrent les premières vignes ; puis, en suivant la départementale 59, Saint-Fiacre, Clisson, détruit par Kléber durant les guerres de Vendée, l'un des plus grands vignobles nantais au carrefour de la Bretagne, de l'Anjou et du Poitou ; Pollet, la cité d'Abélard, avec son musée du Vignoble ; Vallet, considéré comme la capitale du Muscadet, avec un vignoble de 2 200 hectares, suivi de La Chapelle-Heulin, et terminons sur les coteaux escarpés des bords de Loire dans le canton de Loroux-Bottereau.

Muscadet des Coteaux de la Loire

L'aire d'appellation s'étend autour d'Ancenis sur les deux rives du fleuve ; les 10 % de Muscadet qui y sont produits offrent des vins plus charpentés, plus corsés que ceux de Sèvre-et-Maine, certains avec des arômes de pierre à fusil.

Muscadet

L'aire d'appellation couvre le pays de Retz, bastion du célèbre Gilles de Rais, maréchal de France et compagnon de Jeanne d'Arc, jusqu'à empiéter sur la Vendée. C'est une vaste zone qui a pour cœur le lac de Grandlieu, un site de marais exceptionnel abritant plus de deux cent vingt espèces d'oiseaux. Vin rustique s'il en est, le Muscadet est vif, frais et fruité, bon à boire en primeur dès ses premières Pâques.

Bernard Landron
44690 La-Haye-Fouassière

Dominique et Vincent Richard
44330 Le Pallet

Sommaire :

De Vienne à Avignon, des vallons Nîmois au Massif du Lubéron le vignoble s'enracine sur les rives du Rhône dans une foisonnante diversité. L'éventail des terroirs et des cépages est à l'origine des caractéristiques des vins de la vallée du Rhône.

Les vignobles de la Vallée du Rhône

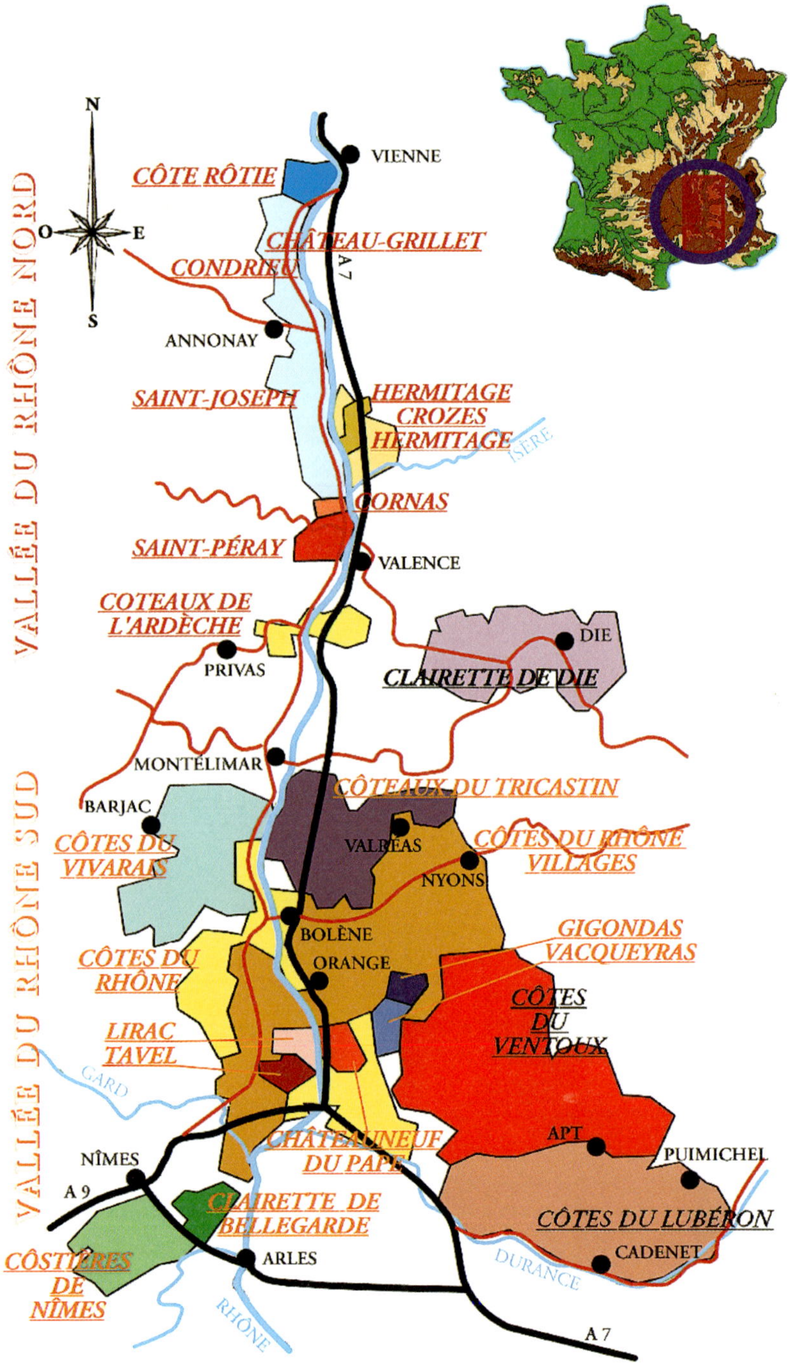

Les cépages et les terroirs

Les vignobles se succèdent en ruban, du Nord au Sud. Ils s'enroulent d'abord autour du Rhône puis s'échappent à l'Est vers le Lubéron et à l'Ouest vers les Costières de Nîmes. Dans ce vaste territoire, plus de 23 cépages sont utilisés. Les cépages principaux, Syrah, Grenache, Mourvèdre, Viognier, Marsanne, Roussanne, Clairette, Bourboulenc, sont associés aux cépages secondaires, Cinsault, Carignan, Counoise, Picpoul. Les cépages secondaires sont utilisés lors des assemblages et apportent leurs nuances et leur équilibre aux jus des cépages primaires. Le nord de la Vallée est caractérisé par un encépagement souvent mono variétal, alors que la partie sud, du fait de ses nombreuses variantes climatiques et géologiques, cultive traditionnellement une grande variété de cépages. Dans le secteur méridional du vignoble, la vigne s'est développée progressivement aux dépens des cultures fruitières. Dans la partie nord, le climat tempéré est d'influence continentale. Établies dans des sols granitiques ou schisteux, les vignes grimpent dans des coteaux pentus. Dans la partie sud, le climat méditerranéen bénéficie des vents qui s'engouffrent dans la Vallée. Les vignes sont établies sur des sols très variés qui vont des galets aux sables alluviaux. Entre ces deux zones, la partie centrale, au climat influencé par le relief montagneux, profite de sols calcaires constitués d'éboulis.

Plus qu'une unité géographique, la dominante majeure de cette région, tout du moins pour toute la partie du sud, résulte des sols dont la composition permet aux eaux de pluies de s'infiltrer dans la couche de cailloux et de se rassembler dans les ravinements des terrains imperméables en formant une nappe phréatique discontinue. Cette disposition offre à la vigne une alimentation en eau régulière tout au long de l'année, évitant ainsi aux ceps la sécheresse estivale. La vigne est également favorisée par les galets ceux-ci emmagasinent la chaleur du soleil pendant la journée et la restituent pendant la nuit. Si la couleur des terres varie d'un point à l'autre du vignoble, il en est de même pour la teneur en galets et pour l'épaisseur de la couche superficielle. Ces variations de sols sont à la base de la diversité des vins de la Vallée du Rhône. Les vins de la Vallée du Rhône sont réputés et offrent toute une palette de produits issus d'une zone de production étendue. Dans ce vaste secteur viticole, cohabitent plusieurs appellations aux dimensions inégales.

Les Côtes du Rhône

Parmi celles-ci, l'appellation Côtes du Rhône occupe la première place, tant en superficie qu'en volume de production. Elle-même se divise en trois appellations :

Les Côtes du Rhône Régionales

Représentant à elle seule plus de 80 % de la production, elle se distingue par une remarquable qualité. Ces vins rouges, rosés et blancs produits par 163 communes réparties sur les 6 départements du vignoble présentent une infinité de nuances. Ils sont variés comme les paysages d'une promenade mais toujours francs et généreux. C'est ce qui fait leur succès
Les rouges sont tous chatoyants, de bouquet riche et plein d'arômes. D'une belle couleur soutenue, ils ont de la charpente. On pourra les boire jeunes ou bien les

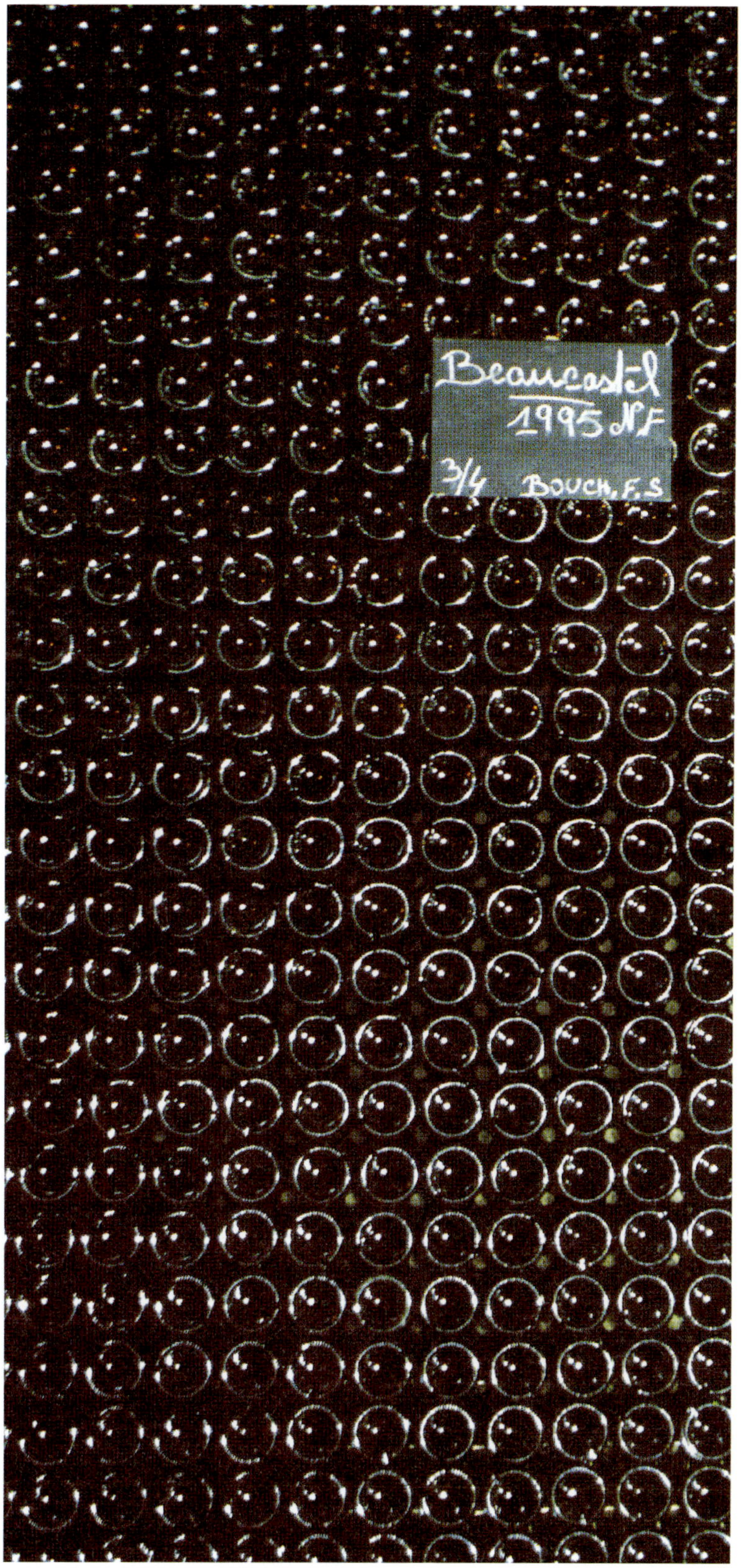

Nœud de vigneron

laisser vieillir quelque temps. Les rosés sont des vins typiques des Côtes du Rhône méridionales. Leur expression de terroir est aujourd'hui renforcée par la qualité des modes de vinification. Issus de la macération courte de raisins noirs, ils montrent une belle couleur rose framboise parfois nuancée de saumon. Ils sont fruités et généreux.
Les blancs ont relativement récents dans le sud du vignoble. Grâce à l'art des vinificateurs, on peut maintenant apprécier tout au long du vignoble des vins blancs secs, structurés, parfumés et désaltérants.

Les Côtes du Rhône-Villages

Cette appellation concerne 77 communes réparties dans les départements de la Drôme, du Vaucluse, du Gard et de l'Ardèche. Les vins, qu'ils soient rouges, rosés ou blancs, font l'objet d'une réglementation particulière : l'observation de rigoureuses règles d'encépagement, de culture, de limitation des rendements et de vinification leur donne une qualité toujours croissante depuis la reconnaissance de l'AOC Côtes du Rhône Villages en 1966. Seize des villages classés dans cette appellation, peuvent accoler leur nom à celui de Côtes du Rhône Villages :
Dans la Drôme, les communes Rochegude, Rousset-les-Vignes, Saint Maurice, Saint-Pantaléon les Vignes et Vinsobres.
Dans le Vaucluse, les 8 communes de Beaumes de Venise, Cairanne, Rasteau, Roaix, Sablet, Séguret, Vaîréas et Visan.
Dans le Gard, 3 communes de Chusclan, Laudun et Saint-Gervais.

Les Grands crus

Les 13 grands Côtes du Rhône possèdent tous une identité très marquée. Leur qualité d'expression leur fait atteindre les sommets. L'ancienneté de leur renommée, la multiplicité de leurs charmes en font des vins de légende. Certains n'existent qu'en rouges, d'autres en blancs et quelques-uns dans les deux couleurs.
Les Crus du nord de la vallée, dont le vignoble s'étend de Vienne à Valence sont par ordre géographique Côte-Rôtie, Condrieu, Château-Grillet, SaintJoseph, Crozes-Hermitage et Hermitage, Cornas et Saint-Péray. Les Crus du sud de la vallée qui se rencontrent de Montélimar à Avignon sont Châteauneuf-du-pape, Gigondas, Vacqueyras, Lirac et Tavel.

Coteaux de l'Ardèche

Le terroir se développe sur la rive ouest du Rhône, de part et d'autre de son affluent, l'Ardèche. Les coteaux crayeux sont entrecoupés de vallées. Les vignes, plantées en terrasses, permettent grâce à la diversification de l'encépagement, d'obtenir des vins rouges, rosés et blancs.

COSTIÈRES DE NÎMES

Le vignoble des Costières de Nîmes s'étend entre les villes de Meynes, Vauvert, Saint Gilles et Beaucaire. Il se situe au sud-est de Nîmes et au nord de la Camargue, entre la Provence et l'Occitanie. L'aire de production de l'appellation Costières de Nîmes s'étend sur 24 communes et couvre 25 000 hectares, dont seulement 12 000 hectares sont actuellement plantés. Les vignes se répartissent en un ensemble de coteaux. Le terroir, aux sols caillouteux constitués de galets siliceux roulés par le Rhône correspond à celui de la Vallée du Rhône.
Les vins se déclinent en trois couleurs. Les rouges et les rosés proviennent des cépages du sud de la Vallée du Rhône c'est-à-dire Grenache, Syrah, Cinsault, Mourvèdre.
Les blancs, eux, sont issus de Grenache blanc, Roussanne, Marsanne et de Clairette. Outre la spécificité du terroir et des cépages, le climat méditerranéen constitue un atout exceptionnel pour les vins de la région. Le Mistral rapproche les Costières de Nîmes de la Vallée du Rhône, avec laquelle tout le sud partage des températures chaudes et un ensoleillement exceptionnel.

CÔTES DU LUBÉRON

La vinification de L'AOC Côtes du Luberon est le résultat d'un savoir-faire qui se situe entre des traditions ancestrales, précieusement transmises de père en fils, et les derniers progrès de la technologie et de l'œnologie. Il en résulte des vins au caractère spécifique, affirmé et pourtant tout en finesse et subtilité. Leurs arômes bien particuliers soulignent leur appartenance à la Vallée du Rhône. Vins de soleil et de plaisir, ils sont à boire dans les deux ou trois années suivant la récolte.

Travaux de printemps : cisaillage et rognage

Vignes au sol en galets à Chateauneuf du Pape

Côtes du Rhône

L'appellation Côtes du Rhône (1 937) représente environ 40 000 hectares, couvre 163 communes dans six départements : Ardèche, Drôme, Gard, Loire, Rhône et Vaucluse. Elle n'utilise pas moins de vingt-trois cépages dont les principaux sont : syrah, clairette, cinsault, mourvèdre, roussette, picpoul, roussanne, marsanne, terret noir, picardan, viognier, bourboulenc. Bien que l'on puisse assembler les vins issus des deux régions, c'est la région méridionale qui est la grande productrice de Côtes du Rhône simple. L'ensemble de cette appellation produit plus de deux millions d'hectolitres de vin par an. Ce sont des vins rouges assez corsés, fruités et agréables à boire durant leur jeunesse. Les Côtes du Rhône primeurs qui sortent des chais à la mi-novembre connaissent un bel engouement dans le public et figurent au deuxième rang de ce type d'appellation derrière le Beaujolais. L'appellation Côtes du Rhône donne deux types de vins en fonction des sols sur lesquels pousse la vigne. Sur les sols argileux et calcaires, les vins sont généreux aux arômes puissants. Ceux issus des vignes poussant sur des sols caillouteux seront élégants et fruités.

Château d'Ampuis
69420 Ampuis

Domaine Lafond
30126 Tavel

Côtes du Rhône Villages

Certaines entités géographiques qui offrent de meilleures possibilités en qualité de production ont obtenu une appellation particulière. C'est ainsi qu'entre 1953 et 1979, on dénombra vingt-six communes qui obtinrent l'autorisation de s'appeler Côtes du Rhône-Villages. Ce sont, dans le département de la Drôme, les communes de Rochegude, Saint-Maurice-sur-Eygues, Vinsobres, Rousset-les-Vignes, Saint-Pantaléon-les-Vignes ; dans le département du Vaucluse, Valréas, Visan, Roaix, Rasteau, Cairanne, Séguret, Sablet, Vacqueyras, Beaumes-de-Venise ; enfin, dans le Gard, Saint-Gervais, Chusclan, Laudun. Depuis 1984, cinquante-quatre autres communes ont pu bénéficier de l'appellation « Villages » sur leur territoire, moyennant l'emploi de cépages nobles. Suivant leurs zones de production les Villages se caractérisent différemment. En général, on estime que la Drôme offre des vins fruités, souples, riches en arômes, destinés à être bus jeunes avec une exception comme le Vinsobres, plus charnu et qui ne demande qu'à vieillir. Dans le Vaucluse, ce sont des vins tanniques, puissants, corsés, qui acceptent d'attendre quelques années pour offrir une palette plus riche. Sur l'autre rive du Rhône, dans le Gard, Chusclan regroupe le territoire de cinq communes qui offrent un rosé très fruité, riche en alcool et en parfum avec des effluves d'acacia et de prune.
La ville de Laudun, située quelques kilomètres plus au sud, était connue des rois. Henri IV en appréciait son vin blanc, issu principalement de la clairette et du bourboulenc. L'appellation Laudun représente trois communes qui produisent également des rosés fruités et des rouges grenache, mourvèdre, syrah, fins et charnus.

Les grands crus

Les crus de Côtes du Rhônes comptent 8 appellations Cru Septentrional toutes au nord de Valence. Ce sont Château-Grillet, Condrieu, Cornas, Côte-Rôtie, Crozes-Hermitage, Hermitage, Saint-Joseph et Saint-Péray. Elles comptent aussi 5 appellations Cru Méridional au sud de Valence, qui sont Châteauneuf-du-Pape, Gigondas, Lirac, Tavel et Vacqueyras.

Les Crus Septentrionaux

Château-Grillet

Au cœur de Condrieu, sur des sols granitiques, s'élèvent les vignes de Château-Grillet. Son AOC date de 1936. La production ne dépasse pas les 10 000 bouteilles par an. Les heureux et rares dégustateurs de ce vin blanc issu du Viognier découvriront un vin exceptionnel, proche du Condrieu, mais d'une finesse étonnante. La robe est brillante et devient jaune paille lorsqu'il vieillit. Le nez se régale de parfums de pêche et d'abricot tandis que la bouche le découvre gras, onctueux et sans acidité. Vieilli dans de superbes caves médiévales restaurées à la Renaissance, le Château-Grillet est un vin qui se garde fort bien et qui fait merveille aussi bien avec le foie gras que le caviar.

Condrieu

Appellation contrôlée depuis 1940, son vignoble, surnommé la « côte chérie », s'étend sur 98 hectares et trois départements sur la rive droite du Rhône. On raconte que ce sont les bateliers du Rhône qui auraient amené les premiers cépages Viognier. Celui-ci nécessite un bon ensoleillement et des pentes bien orientées.
Sur un sol granitique, cette région donne un vin blanc très parfumé, au goût de terroir marqué. La robe est dorée et le nez ressent des senteurs puissantes de fleurs des champs avec quelques jolis retours de violette et d'iris. Certains le boivent jeune et frais, d'autres préfèrent le laisser vieillir. Il accompagnera tous les poissons cuisinés.

Cornas

Cornas est un tout petit vignoble de 91 hectares qui produit moins de 3 000 hectolitres par an (AOC 1 938). Ce vin à la robe très sombre, apprécié de Charlemagne et qualifié par Louis XV de « très beau vin noir », est issu de la syrah. Très tannique, dur à la naissance, il devient plus souple en prenant de l'âge. Il recèle une tendresse insoupçonnée accompagnée d'une belle puissance qu'il développe en vieillissant. C'est un vin à la forte charpente, très persistant. Il fera honneur à une table ou l'on sert un gibier mariné, mais il s'apprécie aussi un soir d'hiver, pour une soirée entre amis.

Côte Rôtie

S'étendant sur les communes de Saint-Cyr-sur-le-Rhône et Tupin-Semons et sur la célèbre commune d'Ampuis, le vignoble de la Côte Rôtie est un des plus anciens de France. C'est la zone la plus septentrionale des Côtes du Rhône. Le vignoble, tellement pentu que la vigne pousse sur des terrasses soutenues par des murets de pierre, se répartit en deux zones selon le sol : la Côte Blonde et la Côte Brune. Selon la légende, le seigneur Maugiron d'Ampuis aurait cédé un vignoble à chacune de ses filles. L'une était blonde et l'autre brune. C'est leur caractère qui aurait continué à se refléter sur ces vins rouges. La première, sur un sol de type marno-crayeux, produit des vins souples, dynamiques dans leur jeunesse. La seconde, dont le sol est plus glaiseux, avec une pointe d'oxyde de fer, donne des vins plus

Jean-Michel Gerin
69420 Ampuis

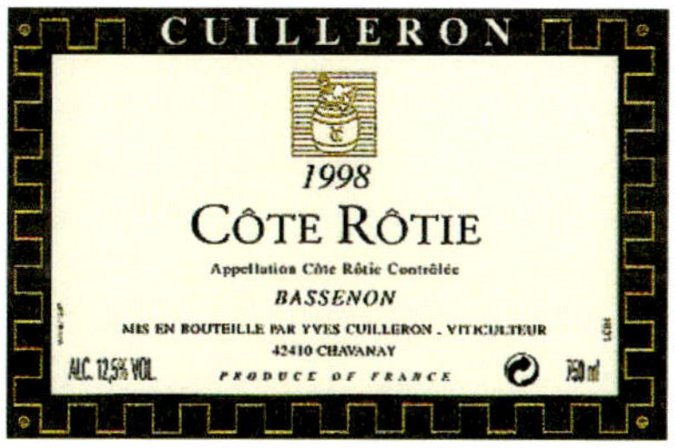

Domaine Cuilleron
42410 Chavanay

Pierre Gaillard
42520 Malleval

CAVE DE TAIN L'HERMITAGE
26600 TAIN L'HERMITAGE

robustes et vieillissant mieux. Cependant, on a tendance à assembler les deux côtes pour obtenir à partir du Syrah que vient adoucir un peu de Viognier. C'est un vin lent à mûrir. Déjà au bout de 10 ans, on lui trouvera une belle robe rouge, profonde. Le nez, très riche, passe des épices aux parfums de vanille. Il va gagner de la puissance avec l'âge. La bouche devient d'une grande longueur aromatique. À table, il se servira avec des viandes fines et des gibiers mais devra être débouché 2 à 3 heures avant consommation.

Dans une boucle du Rhône, le Coteau de l'Hermitage

HERMITAGE

C'est un seigneur, devenu ermite, qui a laissé ce nom à ce cru des Côtes du Rhône. En effet, le chevalier Gaspard de Sterimberg, au retour de la croisade contre les Albigeois, décide de se retirer dans ce lieu isolé, histoire de méditer sur ses fautes et autres méfaits commis durant sa vie guerrière. Quittant l'épée pour la charrue et la houe, il cultive ce coteau escarpé développant la vigne. Cette région inspira aussi Alexandre Dumas.

Les vallées des Bessards et Greffieux sont plutôt orientées vers le rouge et la Vallée des Murets, vers le blanc.

On cultive le cépage syrah auquel on peut adjoindre, dans la limite de 15 %, les cépages blancs de Roussanne et de Marsanne. La tendance à consommer jeunes les vins de l'Hermitage a modifié les méthodes de vinification. Traditionnellement, après la fermentation, le vin reste plusieurs semaines en cuve afin d'augmenter ses tanins, puis vieillit trois ou quatre ans en fût de chêne avant d'être mis en bouteilles. Les rouges ont une belle robe rubis foncé, les blancs évoluent dans les dorés. Au nez, le rouge se roule dans un bouquet de fleurs sauvages qui se transforment en nuances de fruits à noyaux avec l'âge. Le blanc est tout en fleurs blanches avec des parfums de vanille et d'amande. En bouche, le rouge qui gagne à vieillir, évolue dans des saveurs de fruits confits. Ce vin de garde s'épanouira au bout de 10 à 15 ans, voire 20 ans. Le blanc pourra presque suivre le même chemin que le rouge. Sa souplesse et sa longue persistance le lui permettent. L'un comme l'autre sont assez charpentés pour accompagner les plats d'une cuisine élaborée : viande rouge et gibier pour l'un, viandes blanches et poissons pour l'autre.

CAVE DE TAIN L'HERMITAGE
26600 TAIN L'HERMITAGE

CROZES-HERMITAGE

Bénéficiant de la renommée de son grand voisin, l'appellation s'est considérablement étendue et dépasse 1 200 hectares, sur des terrains granitiques et caillouteux répartis sur 11 communes de la Drôme situées sur la rive gauche du Rhône. Cette appellation est la plus importante en volume des crus septentrionaux. Elle produit en majorité des rouges, mais aussi des blancs. Tous les Crozes-Hermitage gardent un peu le même caractère que leur grand frère. Les rouges sont solides et harmonieux. Ils exhalent des parfums de fruits rouges, cerise, mûre, avec une bouche riche et de bonne longueur. Les

Crozes-Hermitage sont d'une bonne longévité, mais en général ils se boivent dans les cinq ans. Ils souligneront une cuisine bourgeoise et traditionnelle.
Les blancs sont secs et frais. Leur nez est fruité avec quelques notes florales. C'est un vin typé, plaisant, équilibré, agréable à consommer jeune avec une volaille rôtie.

SAINT-JOSEPH

S'étalant tout le long de la rive droite de la Vallée du Rhône, depuis le département de la Loire jusqu'à quelques kilomètres de Valence, l'appellation Saint-Joseph (A0C 1956) couvre 500 hectares et le territoire de 23 communes dans l'Ardèche et 3 dans la Loire. Les terroirs sont variés avec des microclimats qui influencent les productions locales. Ces vins rouges et blancs sont de bonne compagnie.
Les vins rouges sont relativement corsés, colorés et surtout fruités avec des arômes de fruits rouges, framboise et cassis. Le nez est fin avec parfois des nuances boisées. Agréables durant leur jeunesse, ils acquièrent une intéressante plénitude quelques années plus tard.
Les blancs sont nerveux et très frais. Les robes sont jaune clair avec des nuances de vert. La bouche est fine et complexe, offrant des notes de fruits secs, amandes et noisettes, puis d'acacia et de miel.
L'un ou l'autre sera l'accompagnateur parfait d'une cuisine légère.

PIERRE COURSODON
07300 MAUVES

SAINT-PERAY

Le vignoble concerne 2 communes de l'Ardèche et un peu moins de 70 hectares pour cette appellation qui remonte à 1936. Ce petit vignoble produit des vins blancs secs à partir de cépages roussanne et marsanne, sur des sols granitiques couverts de lœss et de débris calcaires. Il donne des vins fins, légers, délicats, exhalant un bon bouquet avec un agréable arôme de violette qui évolue assez rapidement. Ils se consomment jeunes sur un bon plat de poisson. Il faut noter que l'appellation produit un vin mousseux au bouquet floral qui peut se servir, bien rafraîchi, en l'apéritif.

LES CRUS MÉRIDIONAUX

CHÂTEAUNEUF-DU-PAPE

Ce vignoble s'étend sur plus de 3 140 hectares, qui se trouvent sur presque toute la commune de Châteauneuf du Pape et sur certains terrains de même nature des communes limitrophes de Bédarrides, Courthézon, Orange et Sorgues. Il doit son nom aux papes français qui ont fait de cette dernière ville leur résidence principale, puis leur capitale.
On raconte que Jean XXII était un amateur de Beaune et qu'il fut le premier à planter de la vigne dans ce bourg qui s'appelait alors Châteauneuf-Calcernier. Né à Cahors, ce second pape avignonnais voulut doter cette résidence secondaire d'un vignoble bien à elle. Il y faisait récolte d'excellents vins.
Les grandes familles suivirent peu à peu cet exemple. Au XVIIIe siècle, le vignoble connaissait sa plus grande extension, l'appellation devenant célèbre. Au XIXe siècle les grands propriétaires décidèrent de codifier les conditions de production pour améliorer la qualité.
De ce très riche passé, la cité a gardé les vestiges de l'ancienne résidence des

Pendant trois semaines en 1956, la température ne dépassa pas moins quinze degrés. La plupart des oliviers fut détruits par le gel. La vigne résista si bien qu'elle devînt la culture principale.

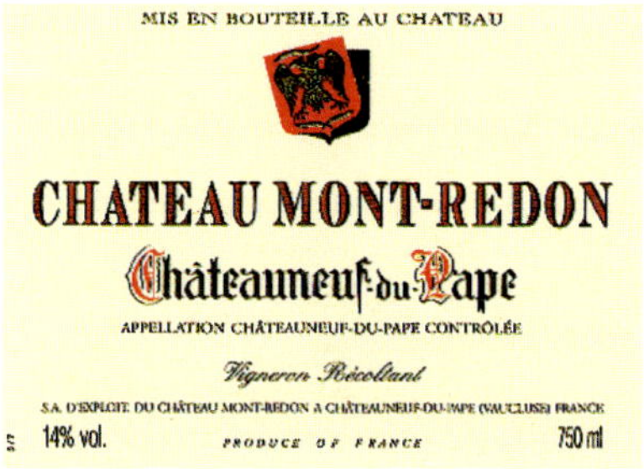

CHÂTEAU MONT-REDON
84230 CHÂTEAUNEUF DU PAPE

CHÂTEAU CABRIÈRES
84230 CHÂTEAUNEUF DU PAPE

CHÂTEAU MAUCOIL
84230 CHÂTEAUNEUF DU PAPE

CHÂTEAU D'AMPUIS
69420 AMPUIS

JEAN ET MICHEL GONNET
84370 BÉDARRIDES

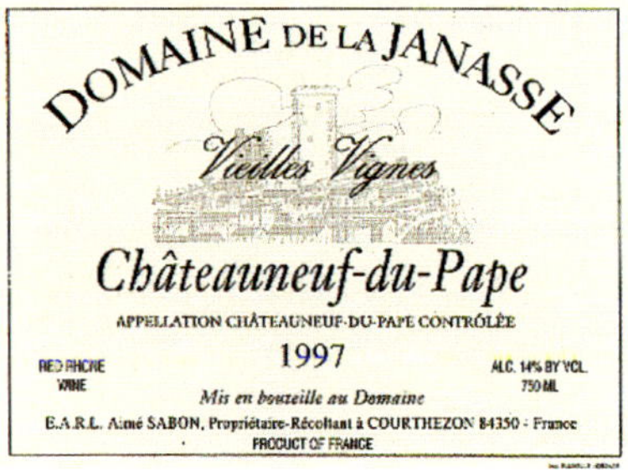

AIMÉ SABON
84350 COURTHEZON

papes, un majestueux château de solide allure bâti au XIVe siècle, et de nombreuses demeures construites par les familles nobles. La production atteint les 110 500 hectolitres dont 90 % en rouge.

Le sol est un terrain alluvial plus ou moins profond et très caillouteux, mélangé à de l'argile rouge sableuse. Ces galets captent la chaleur le jour et la restituent la nuit.

La richesse des cépages laisse à chaque vigneron la possibilité d'adapter ses assemblages en fonction des terroirs. Traditionnellement, 13 cépages sont autorisés. Le grenache, dominant autrefois, s'est fait supplanter par des cépages plus riches comme le Syrah, le Mourvèdre ou le Muscadin mais aussi la Coumoise, la Clairette et le Bourboulenc. Les vendanges sont faites avec un soin particulier, puisqu'après la cueillette on trie et on élimine les raisins abîmés ou pas assez mûrs. Quant à la vinification, elle fait l'objet d'une attention particulière : longue cuvaison et un vieillissement en fûts.

Capiteux, puissants, légèrement épicés, les Châteauneuf-du-Pape sont dotés d'une belle robe rouge sombre aux couleurs intenses. Leur nez est puissant, riche et complexe. On y trouve des notes fruitées, boisées et poivrées, suivies de teintes d'anis et de réglisse. La bouche est concentrée, aromatique, assez longue, avec des tanins puissants en finale, presque balsamique. Bien alcoolisés, ils vieillissent avec beaucoup d'art. Ils peuvent se boire dès 5 ans mais peuvent encore s'épanouir à 10 ans et plus selon les millésimes.

En revanche, les blancs sont à boire jeunes. Ils offrent un beau bouquet aromatique et floral, accentué par une richesse alcoolique peu courante. À table, ils seront parfaitement à leur aise en accompagnant un poisson grillé.

GIGONDAS

Entouré au nord par la région de production du Rasteau, au sud par celle de Beaumes-de-Venise, à l'est du Vacqueyras, le vignoble de Gigondas accroche ses racines sur les flancs escarpés des célèbres Dentelles de Montmirail. C'est une région productrice très ancienne, déjà citée par Pline l'Ancien. Elle connut d'autres bonnes fortunes avec les moines vignerons puis la protection des évêques d'Orange. Aujourd'hui, elle occupe 1 250 hectares et produit un vin rouge et un peu de rosé. Puissants, bien charpentés, corsés, ces vins offrent un nez de cerises dans leur jeunesse. Les rosés ont un parfum d'amandes. Le pourpre de la robe des rouges laisse présager un vin corsé et charnu de maturation lente. C'est un vin de longue garde qui sera servi comme le dernier rouge du repas. Les rosés capiteux se boivent jeunes.

Lirac

Situé au nord de Tavel, les coteaux secs et caillouteux accueillent l'appellation Lirac (AOC 1947) et produisent des vins rouges, rosés et blancs. Le vignoble s'étend sur les communes de Lirac, Saint-Laurent-des-Arbres, Saint-Géniès-de-Comolas et Roquemaure. Les rouges sont puissants et peuvent atteindre en quelques années une grande élégance. Le rosé et le blanc sont à

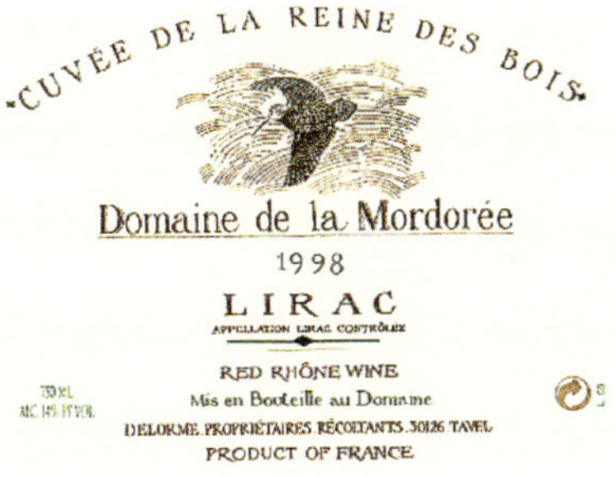

Domaine de la Mordorée
30126 Tavel

Château Mont-Redon
84230 Châteauneuf du Pape

boire jeunes et accompagnent avec bonheur des poissons de la Méditerranée.

Domaine Lafond
30126 Tavel

Tavel

Implanté sur la rive droite du Rhône, à quelques kilomètres de Châteauneuf-du-Pape et d'Avignon, le vignoble de Tavel atteint presque 1 000 hectares et produit uniquement un vin rosé de grande réputation. C'est le vin Provençal par excellence. Dans sa composition entrent principalement les cépages Grenache, Cinsault, Clairette Blanche et Rose, Picpoul et Calitor. Sa couleur rosée évolue parfois vers des teintes orangées. Le nez est résolument orienté vers les fruits rouges. Sur la table, de telles qualités vont lui permettre de bien s'associer à la douceur de la cuisine asiatique.

Vacqueyras

Cette appellation est toute jeune puisqu'elle ne date que de 1990. Le cépage Grenache entre au minimum pour moitié dans la composition de rouges généreux, accompagné principalement par le Syrah et le Mourvèdre et complété par les autres cépages des Côtes du Rhône tel le Viognier. Les blancs, élégants, sont d'une production très modeste. Puissants, bien bouquetés, les Vacqueyras ont une teneur alcoolique d'au minimum 12°5 pour les rouges, et 12° pour les blancs et rosés.

Dominique Ay
84190 Gigondas

Jean-Pierre et Martine Meffre
84190 Gigondas

Domaine Colombier
07150 Vallon Pont-d'Arc

Le vignoble Ardéchois s'étend sur des terroirs variés. Les sols limono-sableux sont réservés aux rouges et aux rosés, auxquels ils apportent fraîcheur et légèreté. Sur les anciennes terrasses de l'Ardèche, les sols argilo-calcaires apportent finesse et charpente au Merlot et à la Syrah. Enfin, sur les coteaux argile-siliceux, plus caillouteux, le Viognier Blanc puise toute la complexité de son bouquet Les assemblages de Syrah, Grenache et Carignan donnent des rouges à consommer jeune et à température de 15 à 16 °C sur des viandes, grillages ou fromages. Grenache, Cinsault et Carignan composent le rosé obtenu par saignée. Il fera merveille de 9 à 10 °C sur des plats d'été. Les Cuvées issues exclusivement de Syrah donnent un rouge capiteux qui pourra vieillir 2 à 3 ans avant de rejoindre sur la table les plats d'une cuisine plus relevée. Les Cuvées de Viognier, cépage dont proviennent les grands blancs de Condrieu, donnent des vins fins et élégants avec des notes fraîches. La finesse des nuances aromatiques les destine à accompagner des poissons grillés.

Le Rhône, long fleuve prenant sa source dans les Alpes, se divise en deux, avant de se jeter dans la mer Méditerranée, formant ainsi le Delta du Rhône. Tout au long de la Vallée du Rhône se sont déposées, à l'ère glaciaire, des alluvions caillouteuses qui ont contribué à la formation du sol exceptionnel des vignobles de la région. C'est sur la rive droite du fleuve que l'on trouve le terroir des Costières de Nîmes, formé de collines et de plateaux de faible altitude. Le terroir est composé de cailloutis datant de l'ère quaternaire. Ces galets sont souvent enveloppés, sur une épaisseur de 5 à 15 mètres, dans un sable dont la couleur varie du jaune clair au rouge foncé.

LES CÉPAGES

Les vins des Costières de Nîmes résultent de l'assemblage de plusieurs cépages. Les cépages utilisés, d'origine méditerranéenne, ont permis d'élaborer des vins alliant l'originalité due à leur terroir si spécifique et une grande harmonie. Les vins rouges et rosés sont associés à des cépages tels que la Syrah, le Grenache, le Mourvèdre, le Carignan et le Cinsault. La Syrah confère l'aspect tannique et des arômes de fruits rouges. Tout comme le Mourvèdre, elle participe grandement à l'intensité des caractères olfactifs. Le Grenache, lui aussi élément dominant du vignoble méditerranéen, apporte la richesse en alcool, le côté bouqueté et charpenté. Le Carignan fournit des vins structurés avec une belle couleur. Le Cinsault est un élément précieux par sa finesse. On le retrouve dans les rosés en assemblage avec la Syrah et le Grenache. L'encépagement des vins blancs fait appel au Grenache blanc à la Marsanne et la Roussanne, encore que la Clairette, le Bourboulenc, le Maccabeo et le Rolle soient ici et là aussi employés.

LES VINS

Qu'ils soient rouges, blancs ou rosés, les vins des Costières de Nîmes dégagent tous la même chaleur provençale. Même s'il est difficile, en raison de leur variété, de décrire l'ensemble des vins de l'appellation, il est néanmoins possible de dégager des caractéristiques communes

LES VINS ROUGES.
Ils sont élégants et bien équilibrés. Ronds, généreux et fins, ces vins se caractérisent par leurs arômes de fruits rouges et de fruits à noyau : prune, mirabelle, cerise. Jeunes, ils se marient parfaitement avec les viandes grillées. Plus âgés, ils accompagnent agréablement les viandes rouges en sauce, gibiers, fromages ou chocolat.

LES VINS ROSÉS.
Gorgés de soleil, essentiellement obtenus par saignée, ils sont amples et délicats. Leur expression aromatique s'ordonne autour de fruits rouges et de fruits secs. Légers et frais en bouche, ce sont des vins à boire dans leur prime jeunesse. Ils peuvent parfaitement accompagner tout un repas et, en particulier, les viandes blanches.

LES VINS BLANCS.
Ils se caractérisent par un ensemble aromatique floral et fruité. À la rondeur et la souplesse du Grenache blanc s'ajoutent les arômes de la Marsanne et de la Roussanne. Délicieux à l'apéritif, ils se marient harmonieusement avec les fruits de mer et les poissons grillés.

Climat et terroir constituent des facteurs importants pour obtenir des vins de qualité. Mais le savoir-faire reste primordial : chaque vigneron possède ses secrets d'assemblage qui signent sa production et la différencie des autres. C'est cette diversité qui fait tout le charme des vins des Costières de Nîmes.

MAS CARLOT
30127 BELLEGARDE

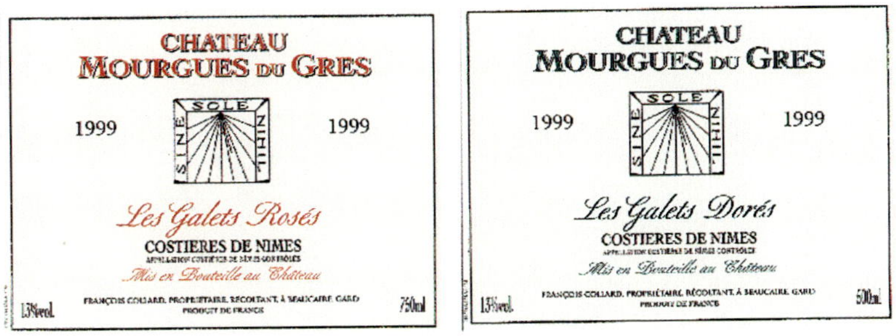

MAS DES MOURGUES DU GRÈS
30300 BEAUCAIRE

Vignes dans le Petit Lubéron, à Oppède

Vignes dans le Lubéron

LE VIGNOBLE

La superficie du vignoble en production est de 3700 hectares s'étirant le long du Lubéron, massif de plus de 50 kilomètres de long et 20 kilomètres de large. Ce massif commence du côté de Cavaillon puis rejoint Manosque dans les Alpes de Haute-Provence. Il est bordé au Nord par la Vallée du Calavon et au Sud par la Vallée de la Durance. Les vignes sont cultivées sur les deux versants, reliés par la combe de Lourmarin, où la viticulture est impossible en raison des difficultés d'accès. L'AOC Côtes du Lubéron s'étend sur 36 communes, toutes situées à l'intérieur du Parc Naturel Régional du Lubéron. Ce parc a pour vocation de promouvoir le site du Lubéron tout en le préservant.

LE SOL ET LE CLIMAT

La typicité des vins provient de l'interaction entre deux éléments spécifiques, le sol et le climat. Au-delà de la nature du sol, le milieu méditerranéen chaud et d'une pluviométrie assez faible, doit avoir une réserve en eau dans son sous-sol afin que la vigne puisse s'installer. La réserve en eau est largement conditionnée par la profondeur du sol, sa pierrosité, sa texture. La réserve en eau est capitale car le vin est composé d'éléments organiques solubles dans l'eau. Selon la teneur en eau du sol, les caractéristiques du vin sont différentes. Dans le Lubéron, il existe plusieurs types de sols favorables à la production de vins de qualité : le sud de l'aire d'appellation avec ses sols caillouteux., le sud-ouest et le nord de l'aire avec des sols de pierrailles assez semblables aux Côtes du Rhônes du sud de la Vallée. Le massif jouit d'un climat de type méditerranéen, nuancé d'un climat plus continental en provenance des Alpes et de la Vallée du Rhône qui se traduit par la présence importante de vent, notamment du Mistral et de la Tramontane.

La vinification de l'A.O.C. Côtes du Lubéron est le résultat de traditions ancestrales. Il en résulte des vins affirmés et pourtant tout en finesse et subtilité.

Le climat influe sur la qualité du vin dans la mesure où chaque cépage nécessite une certaine somme de température pour arriver à une maturité convenable, ainsi qu'un apport en eau. Pour produire des vins de grande qualité, il faut que les conditions climatiques pendant les phases essentielles du développement de la vigne soient idéales. Dans le Lubéron, pendant la nuit la température baisse nettement, la vigne se réhumecte, se repose.

L'ENCÉPAGEMENT

Tous les vins de l'AOC Côtes du Lubéron résultent de l'assemblage de plusieurs cépages en conformité avec les dispositions du Décret du 28 février 1988. On retrouve les cépages primaires et les cépages secondaires.

Les Vins Rouges sont issus des cépages principaux Syrah noire, Grenache noir, Mourvèdre noir. Les cépages en Syrah et Grenache doivent représenter au moins 60 % de l'encépagement sur l'ensemble des parcelles. Le Grenache se plaît sur les coteaux maigres et caillouteux, il donne un support alcoolique au vin, ainsi que des arômes primaires de fruits. La Syrah doit représenter 10 % de l'encépagement. La Syrah enrichit la robe du vin d'une belle couleur rubis, et d'arômes sauvages. Elle contribue également à la rondeur et à la finesse du vin. On trouve aussi le Carignan et le Cinsault. Ce dernier tempère le caractère vigoureux du Grenache en apportant de la finesse,

Les cépages secondaires sont représentés par Picpoul, Gamay noir à jus blanc, Counoise noire, Pinot noir. Ils ne doivent pas représenter plus de 10 % de l'encépagement. Les vignes plantées en cépages secondaires postérieurement à la publication du Décret ne peuvent bénéficier de l'AOC Côtes du Lubéron.

LesVins rosés sont issus des mêmes cépages que ceux utilisés pour la production de vins rouges.

Les Vins blancs proviennent des cépages principaux Grenache, Vermentino, Ugni blanc, Bourboulenc et Clairette blanche. Le grenache blanc apporte des arômes délicats, la clairette et le bourboulenc donnent de la finesse et du fruit. Les cépages secondaires sont Roussanne blanc, Marsanne blanc.

Domaine de Grangeneuve
26230 Roussas

Au sud de Montélimar, couvrant plus de 2 000 hectares, les coteaux du Tricastin furent tout d'abord classés VDQS en 1964 puis AOC en 1973.

Le sol et le climat

Le terroir est caractérisé par d'anciennes terrasses d'alluvions du Rhône, constitués de galets et d'éboulis sur un support calcaire. Dans ces sols, les vignerons cultivent la vigne dans des coteaux exposés au sud. La faible pluviométrie entraîne des couleurs intenses et des fruités très riches.

L'encépagement

Les vins rouges se partagent les cépages Grenache, Syrah et Cinsault, alors que les blancs sont issus des cépages Viognier, Roussane, Marsanne et Grenache blanc, cépages classiques des Côtes du Rhône qui donnent des rouges fruités, bien sèveux et assez fins. Les rosés sont rares et les blancs, presque confidentiels, sont secs et agréablement parfumés.

Le plus souvent, les rouges sont assemblés et élevés en cuvées. Les meilleures sont d'une dégustation étonnante : belle robe rouge aux reflets violets, nez d'épices et de cassis, bouche forte en densité, arômes de réglisse avec des notes de griottes. Ces vins se boivent jeunes et s'accordent merveilleusement avec des viandes rouges rôties, du gibier ou un fromage de caractère. Le service se fera à une température de 16 à 18 °C.

Les vins blancs, également issus d'assemblages, peuvent se boire en apéritif. Mais ils peuvent accompagner des poissons en sauce, du veau ou un chapon rôti. Ils seront servis à une température de 10 à 12 °C. Leur robe brillante aux reflets verts se poursuit par des arômes de fleurs blanches et quelques teintes de laurier.

Les rosés, vinifiés par saignée directe, sont souples et légers. Ils s'accordent avec des charcuteries ou avec la cuisine orientale.

LE SOL ET LE CLIMAT

Les vignobles se situent dans la Vallée du Rhône méridionale, à l'est de Gigondas. Ils s'établissent dans des coteaux de faible altitude sur des sols en général composés de graves et de cailloutis argilo-calcaires. Les vignobles des Côtes du Ventoux bénéficient d'un climat méditerranéen tempéré propice à la culture de la vigne. Le Massif du Ventoux offre sa protection contre les vents du nord. Il permet même la création d'un micro-climat particulier avec des températures nocturnes fraîches et des températures diurnes chaudes.

L'ENCÉPAGEMENT

Tous les cépages présents traditionnellement dans le bassin méditerranéen se retrouvent ici : Syrah, Grenache, Viognier, Chardonnay, Clairette, Roussane et Sémillon. Le plus souvent, ils sont conduits en palissage de un à cinq fils pour assurer le meilleur ensoleillement des grappes. Certains vins peuvent bénéficier d'un vieillissement prolongé en fûts de chêne. Le Viognier qui donne toute sa noblesse au Condrieu ou autre Château-Grillet du nord de la Vallée, s'exprime parfaitement bien dans cette région. Sous sa robe dorée se cache un nez floral avec des arômes de fruits à noyau. La bouche harmonieuse et fraîche le destine à accompagner des poissons fumés, un foie gras ou un fromage de chèvre. Servir en 10 et 12 °C. Mais seuls quelques domaines parviennent à se hisser à un bon niveau de réussite. En ce cas, rouges, blancs et rosés, dont l'évolution en bouteille ne devra pas dépasser 2 à 3 ans, sont agréables. Les rouges se parent d'une robe rubis brillante et dégagent volontiers des arômes de fruits rouges. Les meilleures cuvées se laissent aller à un nez fin et plus complexe. La bouche ample révèle leur structure équilibrée. Ils seront servis à 18 °C en accompagnement de viandes rouges ou de grillades.

CHÂTEAU PESQUIÉ
84570 MORMOIRON

Rien n'est plus délicat que de recommander un vin pour accompagner un plat car ne peut y avoir de vin idéal. Au chapitre de l'association des mets et des vins, les goûts bien sûr, mais aussi les modes peuvent déterminer les choix. En vérité, le vin idéal n'existe pas. Seule une bonne cave permet par essais successifs et en fonction de son inspiration, d'approcher de la vérité ; ce qui ne doit pas empêcher pour autant de faire des expériences nouvelles en profitant de l'extrême variété des vins français. Toutefois, il vaut mieux respecter quelques principes de base dans le service, qu'il s'agisse de crus prestigieux ou de vins d'origine plus modeste : le service des vins blancs précède toujours celui des vins rouges, les vins légers seront servis avant les vins plus corsés, les vins secs précèdent les vins sucrés. D'autres règles sont également immuables : le Bordeaux rouge précède le Bourgogne rouge tandis que le Bourgogne blanc précède le Bordeaux blanc.

HORS-D'ŒUVRE, ENTRÉES

Artichauts à la Dieppoise : Coteaux d'Aix-en-Provence rosé, rosé de Loire, Bordeaux rosé.
Asperges sauce mousseline : Alsace, Muscadet.
Cuisses de grenouilles : Corbières blanc, Entre-Deux Mers, Touraine Sauvignon.
Escargots à la bourguignonne : Bourgogne Aligoté, Alsace Riesling, Touraine Sauvignon.
Foie gras au naturel : Sauternes, Corton Charlemagne, Listrac, Banyuls.
Foie gras en brioche : Tokay d'Alsace, Montrachet, Pécharmant.
Foie gras poêlé : Banyuls, Jurançon, Graves rouge, Condrieu.
Melon : Corbières rosé, Alsace Riesling, Beaujolais blanc.
Salade niçoise : Alsace Sylvaner, Côtes du Rhône rouge, Coteaux d'Aix-en-Provence rosé.
Salade russe : Clairette de Die, muscadet, Mâcon blanc.
Tomates à l'antiboise : Alsace Tokay, Clairette du Languedoc, Muscadet.

CHARCUTERIE

Jambon braisé : Alsace Tokay, Côtes du Rhône rouge, Côtes du Roussillon rosé.
Jambon persillé : Chassagne Montrachet, Coteaux du Tricastin rouge, Beaujolais rouge.
Jambon de Bayonne : Côtes du Roussillon, Bordeaux clairet, Corbières rosé.
Jambon fumé : Côtes de Bordeaux rouge, Bandol rouge, Sancerre blanc.
Pâtés de viandes : Côtes de Duras rouge, Sauvignon de Saint-Bris, Moulin à Vent.
Rillettes : Bourgogne rouge, Alsace pinot noir, Touraine gamay.
Saucisson : Côtes du Roussillon, Beaujolais, Côtes du Roussillon rosé.
Terrine de foie : Meursault, Saint Nicolas de Bourgueil, Morgon Côtes de Py.

COQUILLAGES ET CRUSTACÉS

Bouquet mayonnaise : Bourgogne blanc, Alsace Riesling, Vallée de la Loire Sauvignon.

Brochettes de Saint Jacques : Graves blancs, Alsace Sylvaner, Beaujolais-Villages rouge.
Calmars farcis : Mâcon Villages, Premières Côtes de Bordeaux, Gaillac rosé.
Cassolette de moules aux épinards : Muscadet, Bourgogne Aligoté, Jurançon.
Clovisses au gratin : Pacherenc du Vic-Bilh, Santenay blanc, Beaujolais blanc.
Cocktail de crabe : Jurançon sec, Fiefs Vendéens blanc, Bordeaux sec Sauvignon.
Écrevisses à la nage : Sancerre blanc, Côtes du Rhône blanc, Gaillac blanc.
Homard à l'américaine : Arbois jaune, Juliénas.
Homard grillé : Hermitage blanc, Pouilly-Fuissé, Savennières.
Huîtres de Marennes : Muscadet, Bourgogne Aligoté, Chablis,
Huîtres chaudes : Bourgogne Hautes Côtes de Nuit, Coteaux Champenois blanc.
Langouste mayonnaise : Patrimonio blanc, Alsace Riesling, Savoie Apremont.
Langoustines au cognac : Chablis Premier Cru, Graves blanc, Muscadet de Sèvre-et-Maine.
Mouclade des Charentes : Saint-Véran, Bergerac sec, Vallée de la Loire Chardonnay.
Moules (crues) : Coteaux du Languedoc blanc, Muscadet de Sèvre-et-Maine.
Moules marinières : Bourgogne blanc, Alsace pinot, Bordeaux sec Sauvignon.
Palourdes farcies : Graves blanc, Montagny, Anjou blanc.
Plateau de fruits de mer : Chablis, Muscadet, Alsace Sylvaner, Pinot noir.
Salade de coquillages au concombre : Graves blanc, Muscadet, Alsace Sylvaner.

POISSONS

Aiglefin sauce persil : Jurançon sec, Sancerre blanc, Gaillac blanc.
Anguille poëlée persillade : Corbières rosé, Gros Plant du Pays Nantais, Blaye blanc.
Alose à l'oseille : Anjou blanc, Rosé de Loire, Haut-Poitou Chardonnay.
Bar grillé : Auxey Duresses blanc, Bellet blanc, Bergerac sec.
Barbue à la dieppoise : Graves blanc, Puligny-Montrachet, Coteaux du Languedoc blanc.
Barquettes girondines : Bâtard-Montrachet, Graves supérieurs, Quincy.
Baudroie en gigot de mer : Mâcon-villages blanc, Châteauneuf-du-Pape blanc.
Bouillabaisse : Côtes du Roussillon blanc, Coteaux d'Aix-en-Provence blanc
Brandade : Vallée de la Loire rosé, Bandol rosé, Corbières rosé.
Colin froid mayonnaise : Pouilly-Fuissé, Savoie, Chignin Bergeron, Alsace Sylvaner.
Coquilles de poissons : Saint Aubin blanc, Saumur sec blanc, Crozes-Hermitage blanc.
Darnes de saumon grillées : Chassagne Montrachet blanc, Cahors, Côtes du Rhône rosé.
Filets de sole : graves blanc, chablis grand cru, sancerre blanc.
Feuilleté de turbot : Côtes de Brouilly, Crozes-Hermitage blanc, Patrimonio blanc.
Koulibiak de saumon : Pouilly-Vinzelles, Graves blanc, rosé de Loire.
Lamproie à la bordelaise : Graves rouges, Bergerac rouge, Bordeaux rosé.
Matelote d'anguille : Chablis premier cru, Arbois blanc, Alsace riesling.
Merlan : Alsace, Entre-Deux Mers, Seyssel.
Morue à l'aïoli : Coteaux d'Aix-en-Provence rosé, Bordeaux rosé, Vallée de la Loire rosé.

Morue grillée : Gros Plant du Pays Nantais, Rosé de Loire, Coteaux d'aix-en-provence rosé.
Oeufs de saumon : Vallée de la Loire rosé, Graves rouge, Côtes du Rhône rouge.
Fritures de poisson : Beaujolais blanc, Béarn blanc, Sauvignon.
Fritures mêlées : Beaujolais blanc, Béarn blanc, Fief Vendéens blanc.
Rougets grillés : Chassagne Montrachet blanc, Gaillac blanc, Bergerac.
Quenelle de brochet lyonnaise : Montrachet, Pouilly-Vinzelles, Beaujolais villages rouge.
Sandre au beurre blanc : Auxey Duresses blanc, Saumur blanc, Saint Joseph blanc.
Sardines grillées : Clairette de Die, Jurançon sec, Bourgogne Aligoté.
Saumon fumé : Puligny-Montrachet premier cru, Pouilly-Fumé, Bordeaux sec Sauvignon.
Saumon grillé : Graves blanc, Bourgogne blanc, Muscadet
Sole meunière : Meursault blanc, Alsace riesling, Entre-Deux Mers.
Soufflé de poisson : Bâtard-Montrachet, Crozes-Hermitage blanc, Bergerac sec.
Thon grillé : Coteaux d'Aix blanc, Coteaux du Languedoc blanc, Côtes de duras Sauvignon.
Tourteau farci : Premières côtes de Bordeaux blanc, Bourgogne blanc, Muscadet.
Truite aux amandes : Chassagne Montrachet blanc, Sylvaner, Côtes du Roussillon blanc.
Turbot sauce hollandaise : Graves blanc, Saumur blanc, Gaillac blanc.

VIANDES ROUGES ET BLANCHES

Agneau

Baron d'agneau au four : Margaux, Saint-Chinian, Minervois.
Carré d'agneau : Saint Julien, Cahors, Coteaux du Lyonnais.
Épaule d'agneau boulangère : Gaillac rouge, Côtes de Bourg rouge, Moulin à Vent.
Filet d'agneau en croûte : Pomerol, Mercurey, Coteaux du Tricastin.
Gigot de pré-salé : Condrieu, Côte Rôtie, Morgon Côtes de Py, Juliénas.
Ragoût d'agneau : Châteauneuf-du-Pape rouge, Saint-Chinian, Fleurie.
Sauté d'agneau : Gigondas, Côtes de Provence rouge, Bourgogne Passetoutgrain rouge.
Selle d'agneau aux herbes : vin de Corse rouge, Côtes du Rhône, Coteaux du Giennois .

Bœuf

Bœuf bourguignon : Santenay rouge, Saumur rouge, Côtes du Rhône rouge.
Bœuf à la mode : Listrac rouge, Côtes du Lubéron rouge, Costières du Gard rouge.
Bœuf sauté lyonnaise : Bergerac rouge, Arbois rosé, Chenas.
Chateaubriand : Margaux, Alsace Pinot, Coteaux du Tricastin.
Daube : Corbières rouge, Côtes du Vivarais rouge, Arbois rouge.
Entrecôte bordelaise : Saint Julien, Saint Joseph rouge, Côtes du Roussillon-villages.
Entrecôte forestière : Bordeaux Grave rouge, Arbois rosé, Cornas.
Filet de bœuf en croûte : Côtes Rôtie, Gigondas, Graves rouge.

Fondue bourguignonne : Bordeaux rouge, Côtes du Ventoux rouge, Bourgogne rosé.
Pot-au-feu : Anjou rouge, Bordeaux rouge, Beaujolais rouge.
Miroton de Bœuf : Madiran, Côtes de Beaune rouge, Cahors.
Rumsteck grillé : Moulis, Aloxe-Corton, Côtes du Rhône rouge.
Tournedos béarnaise : Listrac, Saint Aubin rouge, Touraine Amboise rouge.

Mouton

Brochettes de rognons : Saint Aubin blanc, Bordeaux rouge, Entre-Deux Mers.
Curry de mouton : Montagne Saint Émilion, Alsace Tokay, Côtes du Rhône.
Daube de mouton : Patrimonio rouge, Côtes du Roussillon rouge, Morgon côtes de Py.
Gigot à la ficelle : Morey Saint Denis, Saint Émilion, Côte de Provence rouge.
Mouton en carbonade : Graves de Vayres rouge, Fitou, Crozes-Hermitage rouge.
Navarin : Anjou rouge, Bordeaux côtes bourg rouge, Bourgogne Marsannay rouge.
Poitrine de mouton farcie : Côtes du Jura rouge, Graves rouge, Vallée de la Loire gamay.

Porc

Andouillette à la crème : Touraine blanc, Bourgogne blanc, Saint Joseph blanc.
Andouillette grillée : Coteaux champenois blanc, Petit Chablis, Beaujolais rouge.
Baeckeoff : Alsace Riesling, Alsace Sylvaner.
Cassoulet : Côtes du Frontonnais rouge, Minervois rouge, Bergerac rouge.
Chou farci : Côtes du Rhône rouge, Touraine gamay, Bordeaux sec Sauvignon.
Choucroute : Alsace Riesling, Alsace Sylvaner.
Cochon de lait en gelée : Graves de Vayres, Costières du Gard rosé, Beaujolais villages.
Confit : Rasteau rouge, Corbières rouge, Cahors.
Côte de porc charcutière : Bourgogne blanc, Côtes d'Auvergne rouge, Bordeaux Clairet.
Palette aux lentilles : Bergerac sec, Mâcon rouge, Bordeaux rosé.
Potée : Côtes du Lubéron, Côte de brouilly, Bourgogne Aligoté.
Rôti de porc à la sauge : Santenay blanc, Côtes du Rhône rouge, Minervois rosé.
Rôti de porc froid : Bourgogne blanc, Listrac rouge, Bordeaux sec.
Saucisse de Toulouse grillée : Saint Joseph rouge, Bergerac rouge, Côtes du frontonnais.

Veau

Brochettes de rognons : Cornas, Beaujolais-Villages, Coteaux du Languedoc rosé.
Blanquette de veau à l'ancienne : Arbois blanc, Alsace Riesling, Côtes de Provence rose.
Côte de veau grillée : Côtes du Rhône rouge, Anjou blanc, Bourgogne rosé.
Escalope : Côtes du Jura blanc, Corbières blanc, côtes du Ventoux rouge.
Foie de veau à l'anglaise : Médoc, Coteaux d'Aix-en-Provence rouge, Vallée de la Loire .

Fricandeau à l'oseille : Médoc, Coteaux d'Aix-en-Provence rouge, Vallée de la Loire rosé.
Grenadin de veau braisée : Pouilly blanc, Côtes de duras rouge, Brouilly.
Foie de veau poêlé : Médoc, Coteaux d'Aix-en-Provence rouge, Vallée de la Loire rosé.
Paupiettes de veau : Anjou gamay, Minervois rosé, Costières du Gard blanc.
Ris de veau aux langoustines : Graves blanc, Alsace Tokay, Bordeaux rosé.
Rognons de veau grillés : Saint -Émilion, Sauvignon de Saint Bris,
Rognons sautés au vin jaune : Arbois blanc, Gaillac, Bourgogne Aligoté.
Rognons sautés au madère : Alasace Pinot noir, Beaujolais villages, Tavel.
Selle braisée : médoc : Coteaux d'Aix-en-Provence rouge, vallée de la Loire rosé.
Veau marengo : Côtes de Duras Merlot, Alsace Sylvaner, Coteaux du Tricastin rosé.
Veau Prince Orlof : Chassagne Montrachet blanc, Chiroubles, Listrac rosé.

VOLAILLES, LAPIN

Caneton nantais aux olives : Saint-Chinian rouge, Canon-Fronsac, Anjou Cabernet rouge.
Brochettes de foies de volailles : Richebourg, Chinon, Côtes du Rhône-villages.
Canard à l'orange : Côtes du Jura jaune, Cahors, Graves rouge.
Canard farci : Saint -Émilion grand cru, Bandol rouge, Corbières rouge.
Canard aux navets : Saint Émilion, Sauvignon de Saint Bris, Trousseau.
Canette en civet : Banyuls, Chinon rouge, Graves rouge.
Chapon rôti : Bourgogne blanc, Beaujolais blanc, Côtes du Rhône rosé.
Civet d'Oie : Anjou Cabernet rouge, côtes du Rhône rouge, Beaujolais-villages.
Coq au vin rouge : Côtes de Beaune, Châteauneuf-du-Pape, Touraine Cabernet.
Curry de poulet : Montagne Saint Émilion, Alsace Tokay, Côtes du Rhône.
Dinde aux marrons : Saint Joseph rouge, Sancerre rouge, Meursault blanc.
Fricassée de lapin : Touraine rosé, Côtes de Blaye blanc, Beaujolais-villages rouge.
Fricassée de poulet : Touraine rosé, Bourgogne blanc, Chinon.
Galantine de volaille : Bordeaux blanc, Bourgogne blanc, Muscadet.
Lapin aux pruneaux : Madiran, Côtes de Beaune rouge, Cahors.
Lapin chasseur : Margaux, Minervois, Châteauneuf-du-Pape rouge.
Lapin en blanquette : Arbois blanc, Riesling, Sancerre rouge.
Lapin en gibelotte : Fronsac, Châteauneuf-du-Pape rouge, Moulin à Vent.
Lapin rôti : Auxey Duresses rouge, Saint Émilion, Crozes-Hermitage rouge.
Lapin rôti à la moutarde : Sancerre rouge, Tavel, Côtes de Provence blanc.
Magret de canard au poivre vert : Saint Joseph rouge, Bourgueil rouge, Bergerac rouge.
Pigeonneaux braisés : Crozes-Hermitage rouge, Bordeaux rouge, Touraine gamay.
Pintade aux choux : Alsace riesling, Alsace sylvaner, Fleurie.
Pintadeau à l'armagnac : Chiroubles, Chassagne Montrachet rouge, Fleurie.
Poularde braisée : Listrac, Mâcon Villages blanc, Côtes du Rhône rouge.
Poulet pochée : Alsace grand cru Riesling, Touraine Sauvignon, Côtes du Rhône rosé.

Poularde rôtie : Côtes de Brouilly, Arbois blanc, Juliénas.
Poulet au blanc : Arbois blanc, Alsace grand cru Riesling, Côtes de Provence rose.
Poulet basquaise : Côtes de Duras Sauvignon, Bordeaux sec, Coteaux du Languedoc rosé.
Poulet grillé : Montagne Saint Émilion, Alsace Tokay, Côtes du Rhône.
Poulet Marengo : Premières Côtes de Bordeaux blanc, Bourgogne blanc, Muscadet.
Poulet sauté aux morilles : Crozes Hermitage, Arbois blanc, Sancerre blanc.
Quenelles de volaille : Alsace grand cru Riesling, Arbois blanc, Sancerre blanc.
Salmis de canard : Côte Rôtie, Chinon rouge, Bordeaux supérieur.

GIBIER

Bécasse flambée : Bouzy, Chambolle Musigny, Gaillac.
Bécasse rôtie : Mercurey rouge, pomerol, côtes du Ventoux rouge.
Cailles à la casserole : côte rôtie, Chinon rouge, Bordeaux supérieur.
Cailles aux raisins : Aloxe-Corton, Coteaux Champenois rouge, Fleurie.
Cailles en daube : Saint Émilion, Barsac, Chenas.
Cailles farcies en gelée : Touraine blanc, Bourgogne blanc, Saint Joseph blanc.
Civet de lièvre : Canon-Fronsac, Hautes Côtes de Nuits, Minervois rouge.
Côtelettes de chevreuil : Lalande de Pomerol, Crozes-Hermitage rouge.
Côtelettes de marcassin : Graves de Vayres rouge, Fitou, Crozes-Hermitage rouge.
Cuissot de sanglier : Chambertin, Montagne Saint Émilion, Corbières rouge.
Faisan aux choux : Moulis, Pommard, Saint Nicolas de Bourgueil.
Faisan en galantine : Bourgogne blanc, Côtes du Rhône rosé.
Faisan rôti : chablis, Sauvignon de Touraine, Bourgogne Aligoté.
Filet de sanglier braisé : Pomerol, Bandol, Gigondas.
Gigue de chevreuil : Gaillac rouge, Corton rouge, Côtes du Roussillon rouge.
Lièvre en daube : Saint Joseph rouge, Volnay, Pécharmant.
Lièvre en pâté : Côtes de Provence rouge, Coteaux du Languedoc rouge.
Perdreau rôti : Margaux, Romanée Saint Vivant, Bourgueil.
Perdrix aux choux : Bourgogne Irancy, Arbois rosé, Cornas.
Perdrix à la Périgourdine : Minervois, Côtes du Roussillon rouge, Beaujolais villages.
Râble de lièvre au genièvre : Chambolle Musigny, Saint-Chinian.
Salamis de palombe : Saint Julien, Côte de Blaye, Patrimonio.

LÉGUMES

Aubergines farcies : Bourgogne blanc, Côtes d'Auvergne rouge, Bordeaux clairet.
Beignets d'aubergines : Bourgogne rouge, Beaujolais rouge, Bordeaux sec.
Céleri braisé : Côtes du Ventoux rouge, Alsace pinot noir, Touraine Sauvignon.
Céleri gratiné : Saint Aubin blanc, Saumur sec blanc, Crozes-Hermitage blanc.

Ceps à la bordelaise : Saint Julien, Saint Joseph rouge, Fitou.
Champignons : Sainte Croix du Mont, Alsace Tokay, Coteaux du Giennois rouge.
Courgettes farcies : Bergerac sec, Mâcon rouge, Bordeaux rosé.
Endives au jambon : Bordeaux côtes de Castillon, Gaillac rouge, Côtes de Provence rouge.
Haricots verts : Côtes de Beaune blanc, Sancerre blanc, Pouilly.
Pâtes : Côtes du Rhône rouge, Coteaux d'Aix rosé.
Petits pois au beurre : Entre-Deux Mers, Côtes du Jura blanc, Touraine Sauvignon.
Pois gourmands : Graves blanc, Côtes du Rhône rouge, Côtes du Jura.
Purée de pois cassés : Givry rouge, Côtes du Rhône rosé, Vacqueyras.

FROMAGES

Au lait de vache

Abondance : Chorey les Beaune, Margaux, Saumur.
Beaufort : Meursault, Côtes de bourg, Saint-Pourçain.
Bleu d'Auvergne : Bergerac moelleux, Riesling, Petit Chablis.
Bleu de Bresse : Côtes du Jura blanc, Mâcon rouge, Côtes de Bergerac blanc.
Bleu des Causses : Beaume de Venise, Gewurzstraminer, Pommerol.
Bleu de Gex : Arbois Pupillin, Marcillac, Cornas.
Bries : Crozes-Hermitage, Côtes du Rhône, Saumur.
Camembert : Rasteau, Pouilly-Vinzelles, Chiroubles, Chablis.
Cantal : Tavel, Gaillac rosé, Coteaux de Tricastin.
Carré de l'est : Saint Joseph rouge, Coteaux d'Aix-en-Provence rouge, Brouilly.
Chaource : Champagne rosé, Gevrey-Chambertin, Pécharmant.
Coulommiers : Montagne Saint Émilion, Alsace Tokay, Côtes du Rhône.
Comté : Chorey les Beaune, Meursault, Cairanne.
Édam : Bouzy, Fixin, Costières du Gard rouge.
Époisses : Savigny, Côtes du Jura rouge, Côte de Brouilly.
Fourme d'Ambert : Banyuls, Givry blanc, Jurançon.
Gouda : Chiroubles, Chinon, Coteaux du Tricastin.
Laguiole : Fixin, Côtes du Corbières.
Langres : Champagne brut, Puligny-Montrachet, Morgon côtes de Py.
Livarot : Pommard, Moulin à Vent, Corbières.
Maroilles : Gewurztraminer Vendanges Tardives, Gigondas, Chinon.
Mimolette : Graves rouge, Santenay, Côtes du Rhône rouge.
Morbier : Gevrey-Chambertin, Madiran, Côtes du Ventoux rouge.
Munster : Juliénas, Loupiac, Alsace Gewurztraminer.
Neufchâtel : Sylvaner, Moulin à Vent, Fronsac.
Pont l'Évêque : Meursault, Bourgueil, Pinot d'Alsace.

Raclette : Vin de Savoie, Apremont, Sauvignon de Touraine.
Reblochon : Loupiac, Brouilly, Minervois rosé.
Rigotte : Savigny, Côtes de Beaune, Saint-Amour, Médoc.
Saint-Marcellin : Faugères, Rasteau rouge, Chiroubles.
Saint-Nectaire : Chiroubles, Faugères, Mâcon-Villages blanc.
Salers : Coteaux du Vivarais rouge, Côtes du Forez, Condrieu.
Tomme : Vallée de la Loire Sauvignon, Côtes du Rhône Villages.
Vacherin : Trousseau, Saint Julien, Sauternes.

Au lait de chèvre

Chabichou : Mâcon blanc, Coteaux Varois, Fitou.
Crottin de Chavignol : Sancerre blanc, Riesling, Coteaux d'Aix.
Chèvre frais : champagne, Montlouis demi-sec, crémant d'Alsace.
Ossau-Iraty : Lalande de Pomerol, Champagne, Irouleguy.
Pelardon : Condrieu, Coteaux du Lyonnais rouge, Cérons.
Picodon : Saint Joseph, Chateauneuf du Pape, Clairette de Dié.
Pouligny Saint-Pierre : Vouvray, Bourgogne blanc, Gaillac blanc.
Roquefort : Sauternes, Monbazillac, Champagne.
Sainte-Maure : Rivesaltes blanc, Bourgogne aligoté, Chinon blanc.
Selles-sur-Cher : Bourgueil, Montlouis, Corbières rouge.
Valencay : Vouvray mœlleux, Vallée de la Loire rosé, Valençay gamay.

DESSERTS

Brioche mousseline : Beaumes-de-Venise, Alsace Vendanges Tardives.
Buche de noël : Champagne demi-sec, Vouvray champagnisé.
Crème renversée : Coteaux du Giennois, Sauternes, rosé d'Anjou.
Far breton : Pineau des Charentes, Côtes du Jura, Barsac.
Fraisier : Muscat de Rivesaltes, Côtes de Duras.
Gâteau au chocolat : Banyuls grand cru, Pineau des Charentes rosé.
Glaces et Sorbets : Loupiac, Rivesaltes, Banyuls.
Île flottante : Rasteau doux, Muscat de Rivesaltes.
Marbré : Vouvray, Alsace vendanges Tardives, Muscat de Rivesaltes.
Moka : Côtes du Ventoux, Clairette de Die, Alsace Vendanges Tardives.
Noyer : Muscat d'Alsace, Pinot gris, Crémant d'Alsace.
Pithiviers : Crémant d'Alsace, Muscat Passerillée, Tokay.
Salade de fruits : Rivesaltes blanc, Côtes de Provence rosé.
Tarte aux abricots : Amboise rouge, Alsace Vendanges Tardives, Bandol.
Tarte au citron : Madiran, Rivesaltes blanc, Poulsard.

Remerciements

place me manquant pour pouvoir les citer tous, un immense merci à tous ceux, Comités Interprofessionnels des Vins, propriétaires, viticulteurs et autres amateurs de vin, qui nous ont permis de réaliser cet ouvrage grâce à leurs contributions.

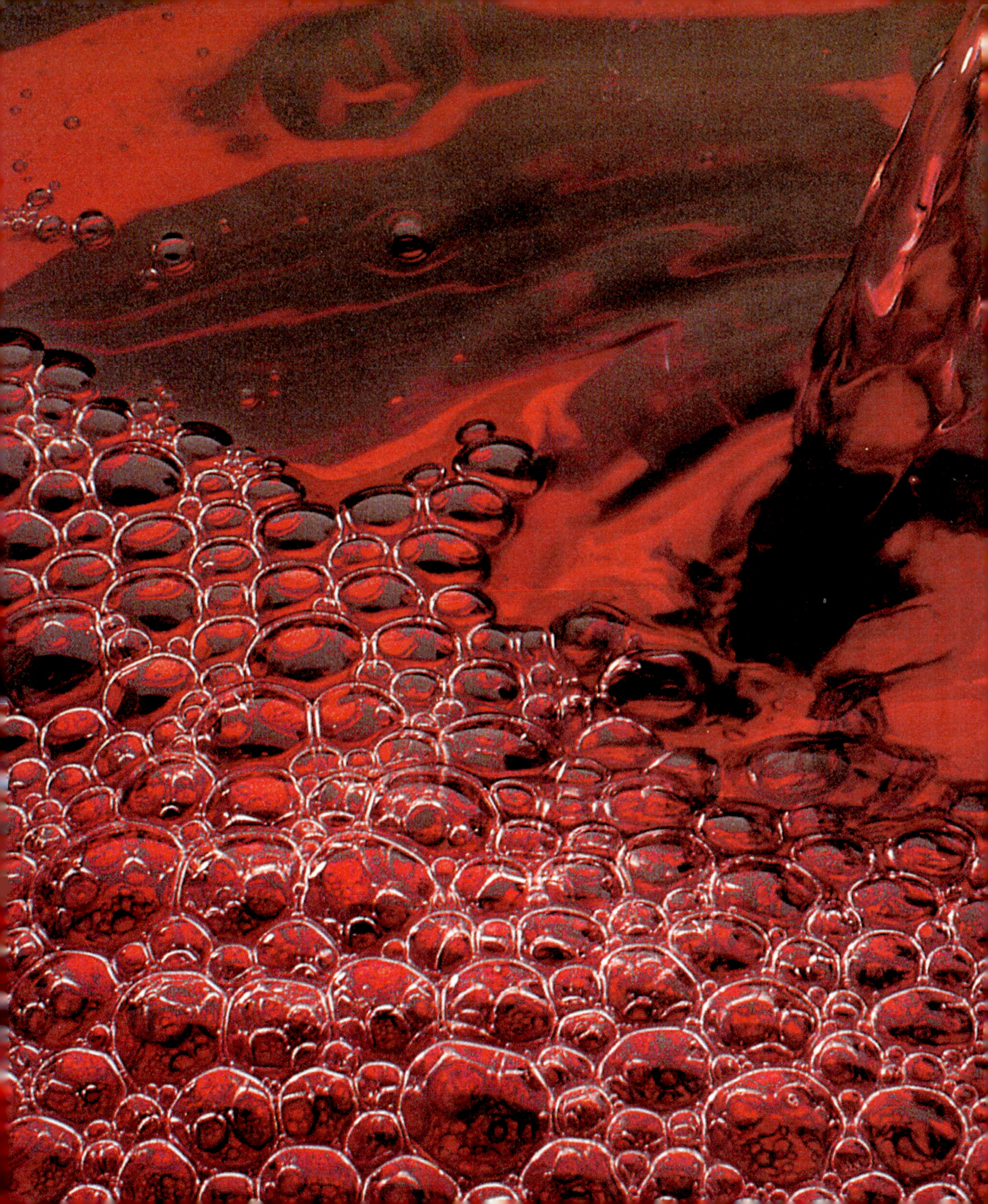